职业技能提高实战演练丛书

数控铣工（FANUC系统）编程与操作实训

JIAGONG ZHONGXIN CAOZUOGONG(FANUC XITONG)BIANCHENG YU CAOZUO SHIXUN

编审委员会

主任 卜学军 李 钰

委员 刘 锐 刘宝丰 周宝冬 刘克城
周 伟 徐洪义 刘桂平 董焕和

编写人员

主编 王 茜 韩 勇

编者 王 茜 韩继东 王 钢 赵春婷
张海玲 唐 铭 韩 勇 王新亮
李春强

中国劳动社会保障出版社

图书在版编目(CIP)数据

数控铣工（FANUC 系统）编程与操作实训/人力资源和社会保障部教材办公室组织编写. —北京：中国劳动社会保障出版社，2015

(职业技能提高实战演练丛书)

ISBN 978-7-5167-1873-5

Ⅰ.①数… Ⅱ.①人… Ⅲ.①数控机床-铣床-程序设计-技术培训-教材②数控机床-铣床-操作-技术培训-教材 Ⅳ.①TG547

中国版本图书馆 CIP 数据核字(2015)第 139941 号

中国劳动社会保障出版社出版发行

（北京市惠新东街 1 号　邮政编码：100029）

*

三河市华骏印务包装有限公司印刷装订　新华书店经销

787 毫米×1092 毫米　16 开本　11.5 印张　261 千字

2015 年 6 月第 1 版　　2015 年 6 月第 1 次印刷

定价：25.00 元

读者服务部电话：(010) 64929211/64921644/84643933

发行部电话：(010) 64961894

出版社网址：http://www.class.com.cn

前　　言

为了落实切实解决目前中职院校中机械设计制造类专业（含数控类专业）教材不能满足院校教学改革和培养技术应用型人才需要的问题，人力资源和社会保障部教材办公室组织一批学术水平高、教学经验丰富、实践能力强的老师与行业、企业一线专家，在充分调研的基础上，共同研究、编写了机械设计制造类专业（含数控类专业）相关课程的教材，共16种。

在教材的编写过程中，我们贯彻了以下编写原则：

一是充分汲取中等职业院校在探索培养技术应用型人才方面取得的成功经验和教学成果，从职业（岗位）分析入手，构建培养计划，确定相关课程的教学目标；

二是以国家职业技能标准为依据，使内容分别涵盖数控车工、数控铣工、加工中心操作工、车工、工具钳工、制图员等国家职业技能标准的相关要求；

三是贯彻先进的教学理念，以技能训练为主线、相关知识为支撑，较好地处理了理论教学与技能训练的关系，切实落实“管用、够用、适用”的教学指导思想；

四是突出教材的先进性，较多地编入新技术、新设备、新材料、新工艺的内容，以期缩短学校教育与企业需要的距离，更好地满足企业用人的需要；

五是以实际案例为切入点，并尽量采用以图代文的编写形式，降低学习难度，提高学生的学习兴趣。

在上述教材的编写过程中，得到天津市职业技能培训研究室、天津市机电工艺学院的大力支持，教材的诸位主编、参编、主审等做了大量的工作，在此我们表示衷心的感谢！同时，恳切希望广大读者对教材提出宝贵的意见和建议，以便修订时加以完善。

人力资源和社会保障部教材办公室

内容简介

本书根据中等职业院校教学计划和教学大纲，由从事多年数控理论及实训教学的资深教师编写，集数控专业（数控铣床方向）理论知识和操作技能于一体，针对性、实用性较强，并加入了大量的加工实例，通过数控铣床编程与操作基础、基础零件加工、复杂零件加工、大赛实例、实战篇等模块的学习，使学生在每一个模块完成过程中学习相关知识与技能，掌握FANUC系统数控铣床编程方法和加工技术。

本书适用于中等职业院校数控车床实训教学。本书围绕数控加工的工艺基础、编程技术和操作技能三大核心环节，采用模块式结构，突破了传统教材在内容上的局限性，突出了系统性、实践性和综合性等特点。

由于时间仓促，加上编者水平有限，书中可能有不妥之处，望读者批评指正。

目　录

《职业技能提高实战演练丛书》 CONTENTS

模块一

数控铣床操作与编程基础

项目一　数控铣床控制面板

项目目标

1. 培养学生自主学习、探索的能力。
2. 掌握数控铣床的基本操作技能，熟悉数控铣床的控制面板。

项目描述

通过数控铣床控制面板的学习，能掌握数控铣床机床操作。

项目分析

通过熟悉数控铣床的控制面板，掌握良好的学习方法，掌握一定的技能。

项目知识与技能

一、FANUC 0 标准立式加工中心

1. FANUC 0 系列 CRT/MDI 键盘操作（见图 1—1—1）

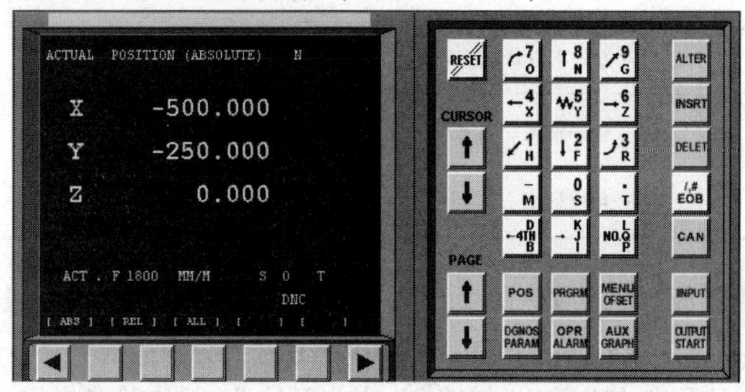

图 1—1—1　FANUC 0 系列 CRT/MDI 键盘

（1）MDI 键盘说明（见表 1—1—1）。

表 1—1—1　MDI 键盘说明

按键	功　能
RESET	复位
CURSOR ↑、↓	向上、下移动光标
7 O、8 N、9 G、4 X、5 Y、6 Z、1 H、2 F、3 R、- M、0 S、. T、D 4TH B、K J I、NO. L Q P	字母/数字输入，输入时自动识别所输入的为字母还是数字 D 4TH B、K J I、NO. L Q P 三个键需要连续点击，在相应字母间实现切换
PAGE ↑、↓	向上、下翻页
ALTER	编辑程序时修改光标块内容
INSRT	编辑程序时在光标处插入内容；插入新程序
DELET	编辑程序时删除光标块的程序内容；删除程序
/,# EOB	编辑程序时输入“;”换行
CAN	删除输入区最后一个字符
POS	切换 CRT 到机床位置界面
PRGRM	切换 CRT 到程序管理界面
MENU OFSET	切换 CRT 到参数设置界面
DGNOS PARAM	显示自诊断参数
OPR ALARM	显标报警号
AUX GRAPH	自动方式下显示运行轨迹
INPUT	DNC 程序输入；参数输入
OUTPUT START	DNC 程序输出

（2）机床位置界面（见图 1—1—2、图 1—1—3、图 1—1—4）。点击 POS 进入机床位置界面。点击［ ABS ］、［ REL ］、［ ALL ］对应的软键，分别显示绝对位置、相对位置和所有位置。坐标下方显示进给速度 F、转速 S、当前刀具 T、机床状态（如“回零”）。

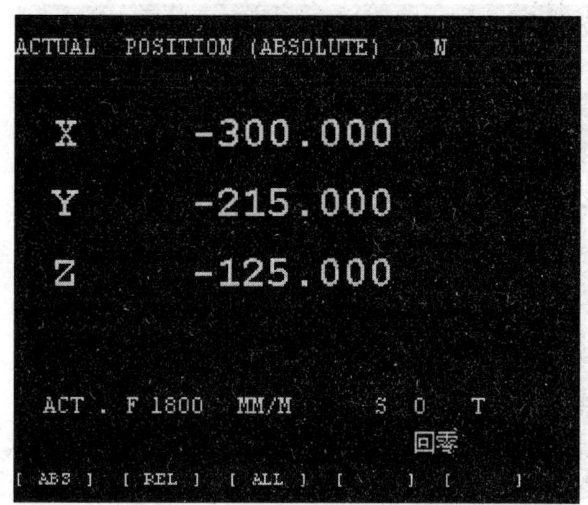

图 1—1—2 显示绝对位置

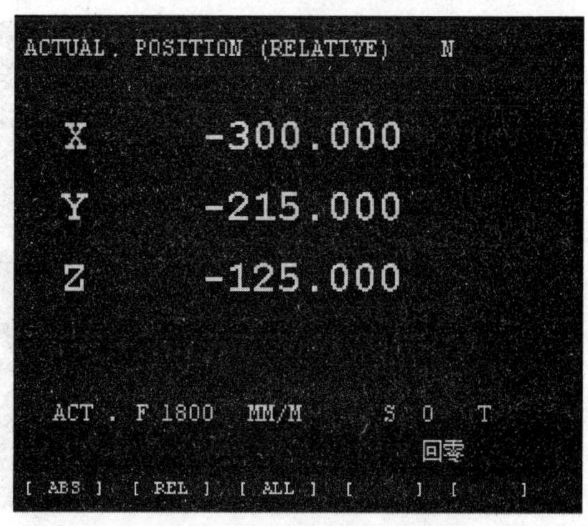

图 1—1—3 显示相对位置

（3）程序管理界面。点击PRGRM进入程序管理界面，如图 1—1—5 和图 1—1—6 所示。点击［PROGAM］显示当前程序，点击［ LIB ］显示程序列表。PROGRAM 一行显示当前程序号 O0001、行号 N0001。

（4）数控程序处理

1）数控程序编制。程序编制可分成手工编程和自动编程两类。

①手工编程。整个程序的编制过程是由人工完成的。要求编程人员不仅要熟悉数控代码及编程方法，而且还必须具备机械加工工艺知识和数值计算能力。对于点位加工或几何形状不太复杂的零件，数控编程计算较简单，程序段不多，手工编程即可实现。

ACTUAL POSITION N
(RELATIVE) (ABSOLUTE)
X -300.000 X -300.000
Y -215.000 Y -215.000
Z -125.000 Z -125.000
(MACHINE) (DISTANCE TO GO)
X -300.000 X 0.000
Y -215.000 Y 0.000
Z -125.000 Z 0.000
ACT . F 1800 MM/M S 0 T
回零
[ABS] [REL] [ALL] [ ] [ ]

图 1—1—4 显示所有位置

②自动编程。在编程过程中，除了分析零件图样和制定工艺方案由人工进行外，其余工作均由计算机辅助完成。根据输入方式的不同，可将自动编程分为图形数控自动编程、语言数控自动编程（APT）和语音数控自动编程、视觉系统编程等。目前，图形数控自动编程是使用最为广泛的自动编程方式。

操作流程：将机床置于 DNC 模式，通过计算机输入程序；也可通过 MDI 键盘在程序管理界面手动输入程序名 O××××（O 后输入 1～9999 的整数程序号），点击INPUT键，手动输入预先编辑好的数控程序。

注：程序中调用子程序时，主程序和子程序需分开导入。

2）数控程序管理

①选择一个数控程序。将 MODE 旋钮置于 EDIT 挡或 AUTO 挡，在 MDI 键盘上按PRGRM键，

```
PROGRAM        O0001            N  0001
O0001 ;
G28 X0 Y0 ;
T1 M6 ;
G55 ;
G00 X12.045 Y25.830 Z5. S1000 M03 ;
G01 Z-4. F100. ;
X2.719 Y5.831 ;
G02 X-2.719 R3. ;
G01 X-12.045 Y25.830 ;
G00 Z5. ;
X27.529 Y7.376 ;
                          S  0    T  3
 ADRS                     DNC
[PROGRAM][  LIB  ][        ][CHECK]  [        ]
```

图 1—1—5　显示当前程序

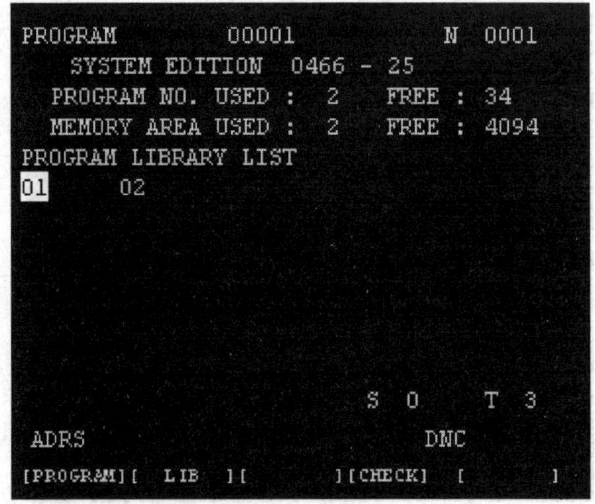

图 1—1—6　显示程序列表

进入编辑页面，按 O 键入字母“O”，按数字键键入搜索的号码××××（搜索号码为数控程序目录中显示的程序号），按 CURSOR ↓ 开始搜索。搜索完毕后，“O××××”显示在屏幕右上角程序号位置，NC 程序显示在屏幕上。

②删除一个数控程序。将 MODE 旋钮置于 EDIT 挡，在 MDI 键盘上按 PRGRM 键，进入编辑页面，按 O 键入字母“O”，按数字键键入要删除的程序号码××××。按 DELET 键，程序即被删除。

③新建一个数控程序。将 MODE 旋钮置于 EDIT 挡，在 MDI 键盘上按 PRGRM 键，进入编辑页面，按 O 键入字母“O”，按数字键键入程序号。按 INSRT 键，若所输入的程序号已存在，将此程序设置为当前程序，否则新建此程序。

注：MDI 键盘上的数字/字母键，第一次按下时输入的是字母，以后再按下时均为数字。若要再次输入字母，需先将输入域中已有的内容显示在 CRT 界面上（按 INSRT 键，可将输入域中的内容显示在 CRT 界面上）。

④删除全部数控程序。将 MODE 旋钮置于 EDIT 挡，在 MDI 键盘上按 PRGRM 键，进入编辑页面，按 O 键键入字母“O”，按 - 键键入“-”，按 9 键键入“9999”，按 DELET 键。

⑤编辑数控程序。将 MODE 旋钮置于 EDIT 挡，在 MDI 键盘上按 PRGRM 键，进入编辑页面，选定了一个数控程序后，此程序显示在 CRT 界面上，可对数控程序进行编辑操作。

移动光标：按 PAGE ↓ 或 ↑ 翻页，按 CURSOR ↓ 或 ↑ 移动光标。

插入字符：先将光标移到所需位置，点击 MDI 键盘上的数字/字母键，将代码输入到输入域中，按 INSRT 键，把输入域的内容插入到光标所在代码后面。

删除输入域中的数据：按 CAN 键删除输入域中的数据。

删除字符：先将光标移到所需删除字符的位置，按 DELET 键，删除光标所在位置的代码。

查找：输入需要搜索的字母或代码，按 CURSOR ↓ 开始在当前数控程序中光标所在位置后搜索（代码可以是一个字母或一个完整的代码，例如“N0010”“M”等）。如果此数控程序中有所搜索的代码，则光标停留在找到的代码处；如果此数控程序中光标所在位置后没有所搜索的代码，则光标停留在原处。

替换：先将光标移到所需替换字符的位置，将替换成的字符通过 MDI 键盘输入到输入域中，按ALTER键，用输入域的内容替代光标所在位置的代码。

（5）参数设置界面。连续点击MENU OFSET，可以在各参数界面中切换。用 PAGE ↓或↑键在同一坐标界面翻页；用 CURSOR ↓或↑选择所需修改的参数；按 MDI 键盘输入新参数值，按CAN依次逐字符删除输入域中的内容；按INPUT键，把输入域的内容输入到所指定的位置。

注：输入数值时需输入小数点，如 X-100.00，需输入“X-100.00”；若输入“X-100”，则系统默认为 X-0.100。

数控铣床/加工中心输入刀具补偿的方法：

点击MENU OFSET直到切换进入半径补偿参数设定页面，如图 1—1—7 所示。选择要修改的补偿参数编号，点击 MDI 键盘，将所需的刀具半径输入到输入域内。按INPUT键，把输入域的补偿值输入到所指定的位置。

用同样的方法进入长度补偿参数设定页面（见图 1—1—8）设置长度补偿。

OFFSET N
NO. DATA NO. DATA
001 0.000 007 0.000
002 0.000 008 0.000
003 0.000 009 0.000
004 0.000 010 0.000
005 0.000 011 0.000
006 0.000 012 0.000
Actual Position(RELATIVE)
X -620.000 Y -250.000
Z 0.000
S 0 T
ADRS AUTO
[OFFSET][ ][ ][WORK][ ]

图 1—1—7 半径补偿参数设定页面

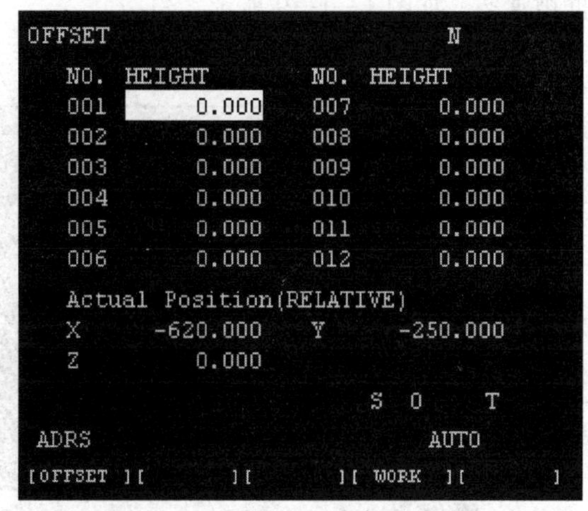

图 1—1—8 长度补偿参数设定页面

（6）MDI 模式

1）将控制面板上 MODE 旋钮切换到 MDI 模式，进行 MDI 操作。

2）在 MDI 键盘上按PRGRM键，进入编辑页面，如图 1—1—9 所示。

3）输入程序指令。在 MDI 键盘上点击数字/字母键，第一次点击为字母输出，其后点击均为数字输出。按CAN键，删除输入域中最后一个字符。若重复输入同一指令字，后输入的数据将覆盖前面输入的数据。

4）按键盘上INPUT键，将输入域中的内容输入到指定位置。CRT 界面如图 1—1—10 所示。

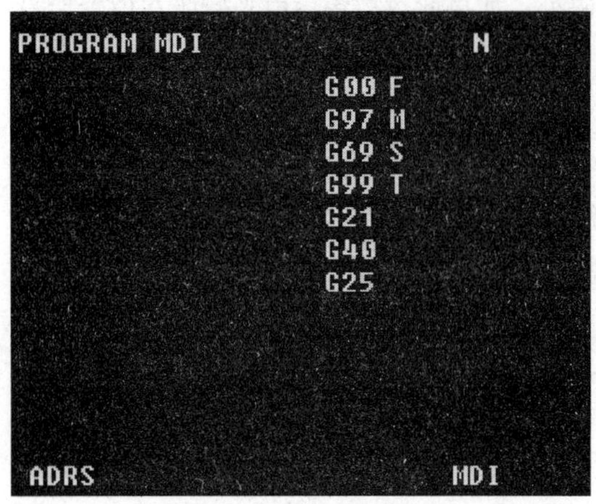

图 1—1—9　编辑页面

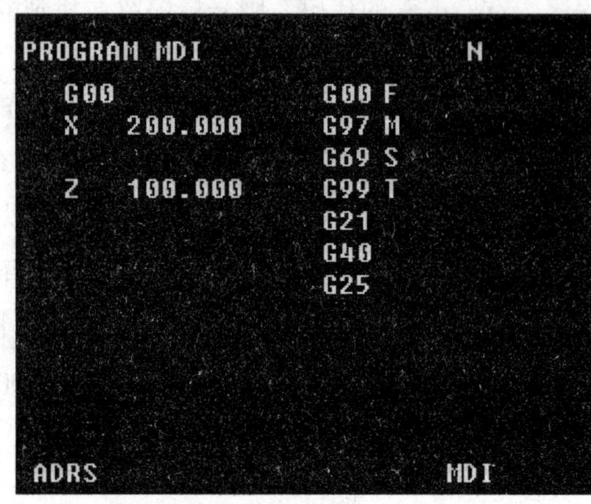

图 1—1—10　CRT 界面

5）按RESET键，已输入的 MDI 程序被清空。

6）输入完整数据指令后，按循环启动按钮Start运行程序。运行结束后 CRT 界面上的数据被清空，如图 1—1—9 所示。

2. FANUC 0 标准立式加工中心面板操作（见图 1—1—11）

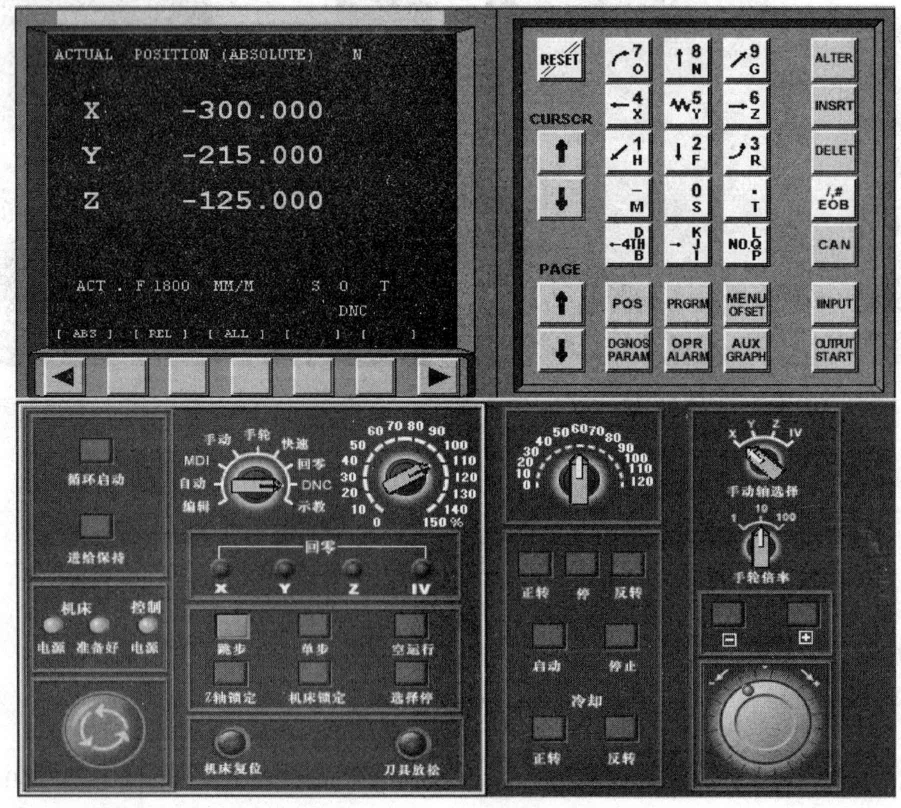

图 1—1—11　FANUC 0 标准立式加工中心面板

（1）面板说明（见表1—1—2）。

表1—1—2　　面板说明

按键	名称	功能	
循环启动	循环启动	程序运行开始，系统处于自动运行或MDI模式时按下有效，其余模式下使用无效	
进给保持	进给保持	程序运行暂停，在程序运行过程中，按下此按钮运行暂停，再按循环启动按钮，从暂停的位置开始执行	
	紧急停止	紧急停止	
手动 手轮 快速 MDI 回零 自动 DNC 编辑 示教	模式选择	示教	手动将数值转换到程序中
		DNC	进入DNC模式，输入输出资料
		回零	进入回零模式，机床必须首先执行回零操作，然后才可以运行
		快速	进入快速模式，快速移动机床主轴
		手轮	进入点动/手轮模式
		手动	进入手动模式，连续移动机床主轴
		MDI	进入MDI模式，手动输入并执行指令
		自动	进入自动加工模式
		编辑	进入编辑模式，用于直接通过操作面板输入数控程序和编辑程序
	进给倍率	将光标移至此旋钮上后，通过旋转调节进给倍率	
跳步	跳步	当此按钮按下时，程序中的“/”有效	
单步	单步	将此按钮按下后，运行程序时每次执行一条数控指令	
空运行	空运行	进入空运行模式	
Z轴锁定	*Z*轴锁定	机床在*Z*方向不能移动	
机床锁定	机床锁定	锁定机床	
选择停	选择停	当此按钮按下时，程序中的M01代码有效	
机床复位	机床复位	机床复位	
	快速进给倍率	通过旋转调节快速进给倍率	
正转 停 反转	主轴控制	手动状态下使主轴正转、停止、反转	

续表

按键	名称	功　能
	手动轴选择	通过旋转选择进给轴
	手轮倍率	1、10、100 分别代表移动量为 0.001 mm、0.01 mm、0.1 mm
	机床移动	机床进给轴正向移动、机床进给轴负向移动
	手轮	通过转动控制手轮

（2）机床准备

1）激活机床。检查急停按钮是否松开至状态，若未松开，点击急停按钮，将其松开。

2）机床回参考点。将 MODE 旋钮拨到回零挡，如图 1—1—12 所示。

图 1—1—12　旋钮回零

先将 *X* 轴方向回零，在回零模式下，将操作面板上的手动轴选择旋钮置于 X 挡，如图 1—1—13 所示；点击按钮，此时 *X* 轴将回零，相应操作面板上 *X* 轴的指示灯亮，同时 CRT 上的 X 坐标变为“0.000”；依次调整手动轴选择旋钮，使其分别置于 Y、Z 挡，再点击按钮，可以将 *Y* 轴和 *Z* 轴回零，此时操作面板上的指示灯变亮，同时 CRT 和机床变化如图 1—1—14 和图 1—1—15 所示。

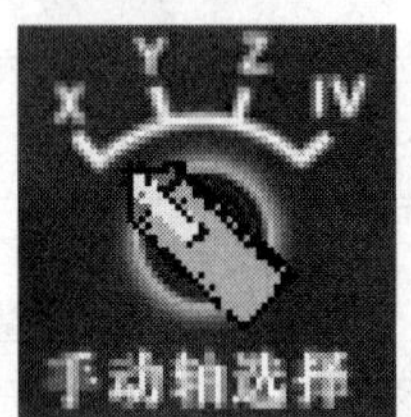

图 1—1—13　旋钮置于 X 挡

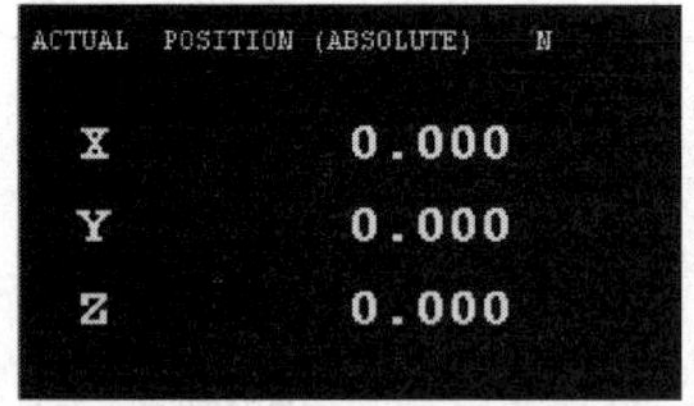

图 1—1—14　CRT 变化

3）对刀。数控程序一般按工件坐标系编程，对刀的过程就是建立工件坐标系与机床坐标系之间关系的过程。

一般数控铣床及加工中心在 *X*、*Y* 方向对刀时使用的基准工具包括刚性靠棒和寻边器两种。对 *Z* 轴对刀时采用的是实际加工时所要使用的刀具，通常有塞尺检查法和试切法。下面具体说明立式加工中心对刀的方法。其中将工件上表面中心点设为工件坐标系原点。将工件上其他点设为工件坐标系原点的对刀方法与之类似。

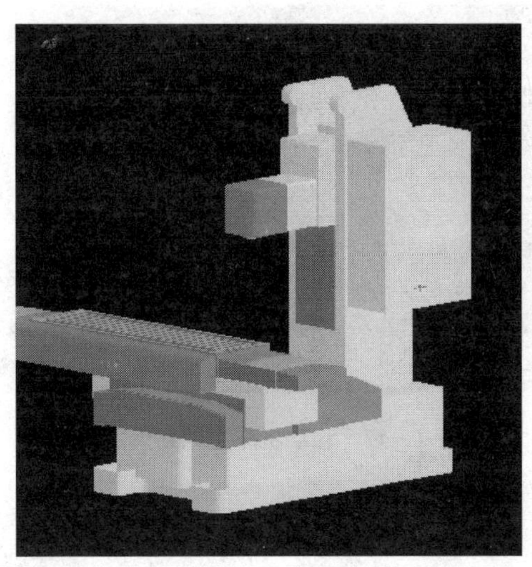

图 1—1—15 机床变化

①刚性靠棒 X、Y 轴对刀。如图 1—1—16 所示，左边模拟的是刚性靠棒基准工具，右边模拟的是寻边器。

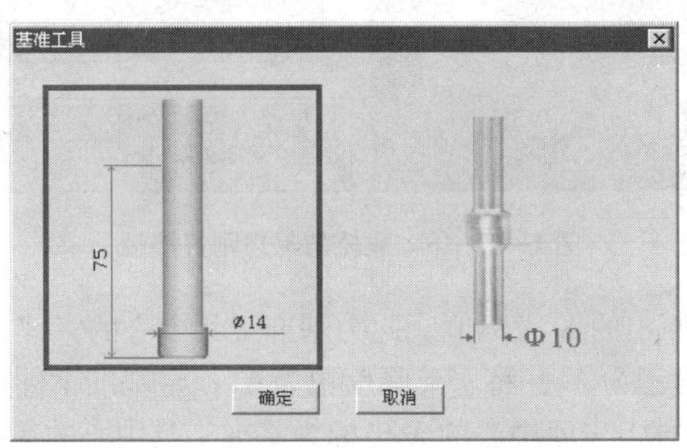

图 1—1—16 刚性靠棒 X、Y 轴对刀

刚性靠棒采用检查塞尺松紧的方式对刀，具体过程如下：

首先 X 轴方向对刀。将操作面板中模式旋钮切换到手动，进入手动方式；点击 MDI 键盘上的，使 CRT 界面上显示坐标值；利用操作面板上的按钮和手动轴选择旋钮，将机床主轴移动到如图 1—1—17 所示的大致位置。移动到大致位置后，可以采用手轮方式移动机床主轴，将操作面板的模式旋钮切换到手轮挡，通过调节操作面板上的倍率旋钮，使用手轮移动靠棒，使其与毛坯刚好接触，如图 1—1—18 所示。

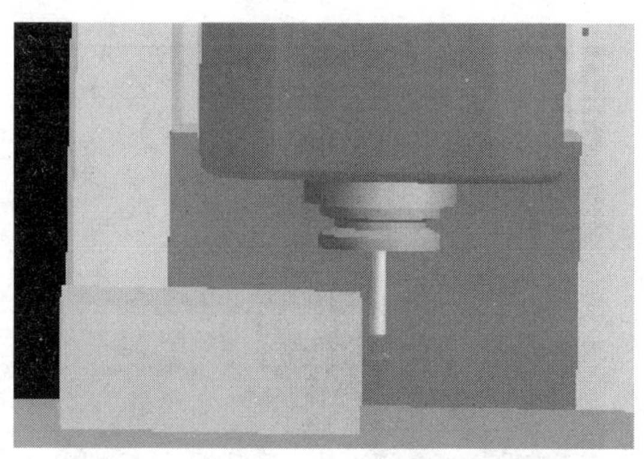

图 1—1—17　移动机床主轴到大致位置

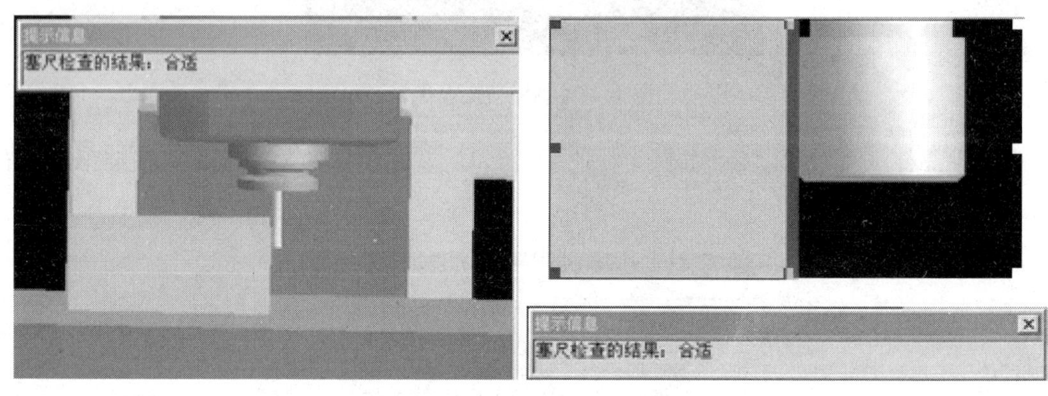

图 1—1—18　靠棒与毛坯刚好接触

记录下此时 CRT 界面中的 X 坐标值，此为基准工具中心的 X 坐标，记为 X_1；将定义毛坯数据时设定的零件长度记为 X_2；将塞尺厚度记为 X_3；将基准工件直径记为 X_4（可在选择基准工具时读出），则工件上表面中心的 X 坐标为基准工具中心的 X 坐标（X_1）减去零件长度的一半（$\frac{1}{2}X_2$）、塞尺厚度（X_3）和基准工具半径（$\frac{1}{2}X_4$），记为 X。

Y 方向对刀采用同样的方法。得到工件中心的 Y 坐标，记为 Y。完成 X、Y 方向对刀后，拿走量块。将操作面板中模式旋钮切换到手动，机床转入手动操作状态；将手动轴选择旋钮设在 Z，点击按钮，将 Z 轴提起；拆除基准工具。

注：塞尺有各种不同尺寸，可以根据需要调用。

②寻边器 X、Y 轴对刀。寻边器由固定端和测量端两部分组成。固定端由刀具夹头夹持在机床主轴上，中心线与主轴轴线重合。在测量时，主轴以 400 r/min 旋转。

通过手动方式，使寻边器向工件基准面移动靠近，让测量端接触基准面。在测量端未接触工件时，固定端与测量端的中心线不重合，两者呈偏心状态。当测量端与工件接触后，偏心距减小，这时使用点动方式或手轮方式微调进给，寻边器继续向工件移动，偏心距逐渐减小。当测量端和固定端的中心线重合的瞬间，测量端会明显地偏出，出现明显的偏心状态。

这时主轴中心位置距离工件基准面的距离等于测量端的半径。

首先 X 轴方向对刀：

将操作面板中模式旋钮切换到手动，进入手动方式；点击 MDI 键盘上的，使 CRT 界面上显示坐标值；利用操作面板上的按钮和手动轴选择旋钮，将机床移动到靠近工件大致位置。

在手动状态下，点击操作面板上的正转或反转按钮，使主轴转动。未与工件接触时，寻边器测量端大幅度晃动。移动到大致位置后，可以采用手轮方式移动机床主轴，将操作面板的模式旋钮切换到手轮挡，通过调节操作面板上的倍率旋钮，使用手轮精确移动寻边器，寻边器测量端晃动幅度逐渐减小，直至固定端与测量端的中心线重合，如图 1—1—19 所示；若此时再进行增量或手轮方式的小幅度进给时，寻边器的测量端突然大幅度偏移，即认为此时寻边器与工件恰好吻合，如图 1—1—20 所示。

图 1—1—19 固定端与测量端的中心线重合

图 1—1—20 寻边器与工件恰好吻合

记下寻边器与工件恰好吻合时 CRT 界面中的 X 坐标值，此为基准工具中心的 X 坐标，记为 X_1；将定义毛坯数据时设定的零件的长度记为 X_2；将基准工件直径记为 X_3（可在选择基准工具时读出），则工件上表面中心的 X 坐标为基准工具中心的 X 坐标（X_1）减去零件长度的一半（$\frac{1}{2}X_2$）再减去基准工具半径（$\frac{1}{2}X_3$），记为 X。

Y 方向对刀采用同样的方法，得到工件中心的 Y 坐标，记为 Y。

完成 X、Y 方向对刀后，将操作面板中模式旋钮切换到手动，机床转入手动操作状态；将手动轴选择旋钮设在 Z，点击按钮，将 Z 轴提起；拆除基准工具。

③塞尺检查法 Z 轴对刀。立式加工中心 Z 轴对刀时，首先要将选定的刀具放置在主轴上，再逐把对刀。

将操作面板中模式旋钮切换到手动，进入手动方式。

点击 MDI 键盘上的POS，使 CRT 界面上显示坐标值；利用操作面板上的按钮−、+和手动轴选择旋钮，用类似 X、Y 方向对刀的方法进行塞尺检查，得到检查结果为“合适”时 Z 的坐标值，记为 Z_1，如图 1—1—21 所示，则 Z_1 减去塞尺厚度后的数值为 Z 坐标原点，此时工件坐标系在工件上表面。

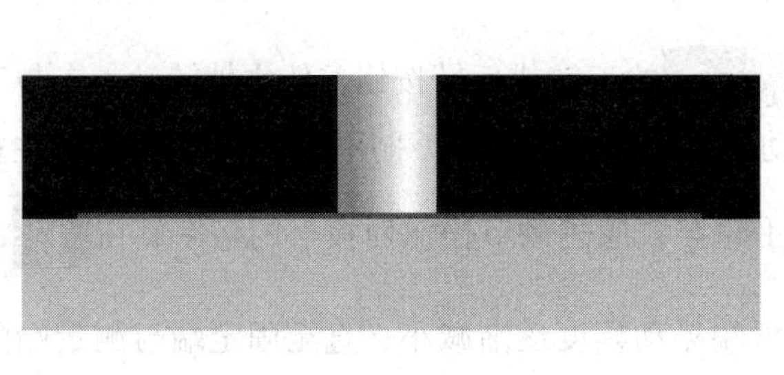

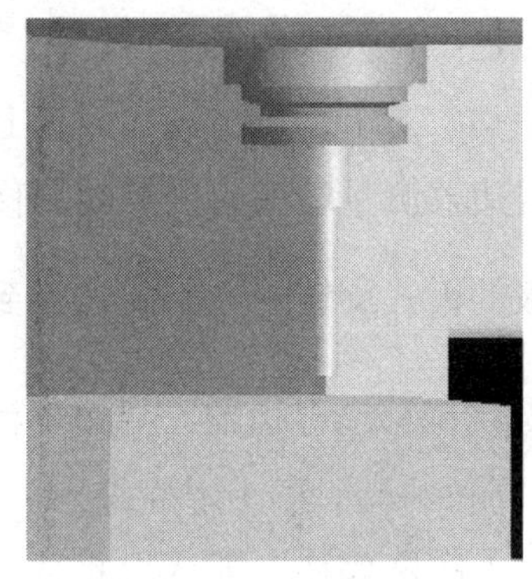

图 1—1—21　得到检查合适时 Z 的坐标值 Z_1

④试切法 Z 轴对刀。立式加工中心 Z 轴对刀时，首先要将选定的刀具放置在主轴上，再逐把对刀。

将操作面板中模式旋钮切换到手动，进入手动方式。

点击 MDI 键盘上的POS，使 CRT 界面上显示坐标值；利用操作面板上的按钮−、+和手动轴选择旋钮，将机床移动到如图 1—1—21 所示的大致位置。

操作面板上的正转或反转按钮使主轴转动；将手动轴选择旋钮设在 Z 轴位置；点击操作面板上的按钮−，切削零件的声音刚响起时停止，使铣刀将零件切削小部分，记下此时 Z 的坐标值，记为 Z；此为工件表面一点处 Z 的坐标值。

通过对刀得到的坐标值（X，Y，Z）即为工件坐标系原点在机床坐标系中的坐标值。

4）手动加工方式

①手动/连续方式。将操作面板中模式旋钮切换到手动，进入手动方式。

利用操作面板上的按钮−、+和手动轴选择旋钮移动机床。点击正转、停、反转中的按钮，控制主轴的转动、停止。

注：刀具切削零件时，主轴需转动。加工过程中刀具与零件发生非正常碰撞后（非正常碰撞包括车刀的刀柄与零件发生碰撞、铣刀与夹具发生碰撞等），需要及时按下急停按钮，让主轴停止转动，调整到适当位置，继续加工时需再次点击正转、停、反转中的按钮，使主轴重新转动。

②手动/手轮方式。在手动/连续加工或在对刀中，需精确调节机床时，可用手轮方式移动机床。

将操作面板的模式旋钮切换到手轮挡；通过调节操作面板上的倍率旋钮，及手轮旋钮精确控制机床。其中 1 为 0.001 mm，10 为 0.01 mm，100 为 0.1 mm。

点击按钮，控制主轴的转动、停止。

5）自动加工方式

①自动/连续方式

a. 自动加工流程。检查机床是否回零。若未回零，先将机床回零。

导入数控程序或自行编写一段程序。将操作面板旋钮置于自动挡。按循环启动按钮，数控程序开始运行。

b. 中断运行。数控程序在运行过程中可根据需要暂停、停止、急停和重新运行。数控程序在运行时，点击进给保持按钮，程序暂停运行，再次点击循环启动按钮，程序从暂停行开始继续运行。

数控程序在运行时，按下急停按钮，数控程序中断运行，继续运行时，先将急停按钮松开，再按循环启动按钮，余下的数控程序从中断行开始作为一个独立的程序执行。

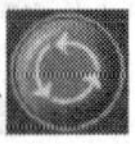

②自动/单段方式。检查机床是否回零。若未回零，先将机床回零。

导入数控程序或自行编写一段程序。将操作面板中旋钮置于自动挡。

点击单步按钮，按钮将变亮。

按循环启动按钮，数控程序开始运行。

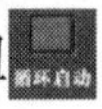

注：自动/单段方式执行每一行程序均需点击一次循环启动按钮，跳步按钮亮时，数控程序中的跳过符号“/”有效。选择停按钮亮时，“M01”代码有效。

根据需要调节进给速度调节旋钮，来控制数控程序运行的进给速度，调节范围为 0～150%。

按键，可使程序重置。

③检查运行轨迹。数控程序输入后，可检查运行轨迹。

将操作面板旋钮置于自动挡，点击控制面板中命令，转入检查运行轨迹模式；再点击操作面板上的按钮，即可观察数控程序的运行轨迹，检查运行轨迹时，暂停运行、停止运行、单段执行等同样有效。

二、FANUC 0i XK714/B 立式加工中心（北京第一机床厂）

1. FANUC 0i MDI 键盘操作

（1）MDI 键盘说明。如图 1—1—22 所示为 FANUC 0i 系统的 MDI 键盘（右半部分）和 CRT 界面（左半部分）。MDI 键盘用于程序编辑、参数输入等功能。MDI 键盘各键的功能见表 1—1—3。

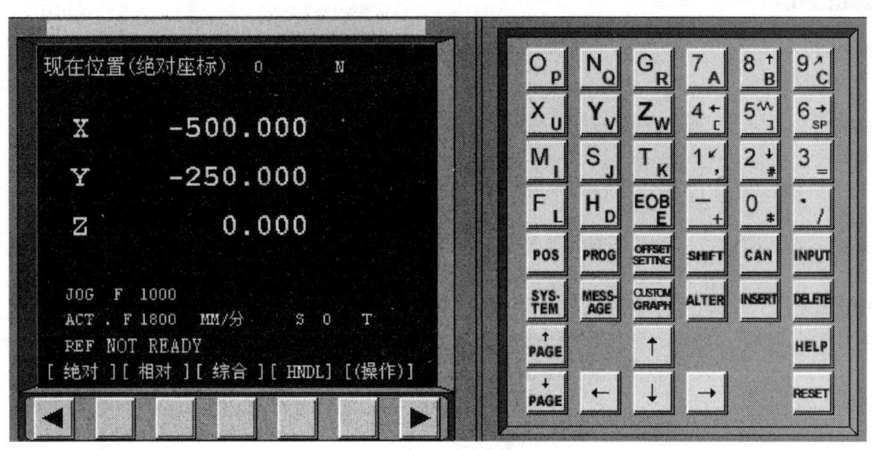

图 1—1—22　FANUC 0i MDI 键盘和 CRT 界面

表 1—1—3　　MDI 键盘各键的功能

MDI 按键	功　　能
↑PAGE ↓PAGE	按键↑PAGE实现左侧 CRT 中显示内容的向上翻页；按键↓PAGE实现左侧 CRT 中显示内容的向下翻页
↑ ← ↓ →	移动 CRT 中的光标位置。按键↑实现光标的向上移动；按键↓实现光标的向下移动；按键←实现光标的向左移动；按键→实现光标的向右移动
O P N Q G R X U Y V Z W M I S J T K F L H D EOB E	实现字符的输入，点击SHIFT键后再点击字符键，将输入右下角的字符。例如，点击O P将在 CRT 的光标所处位置输入“O”字符；点击按键SHIFT后再点击O P将在光标所处位置处输入“P”字符；按键EOB E中的 EOB 将输入“;”号，表示换行结束
7 A 8 B 9 C 4 [5] 6 SP 1 , 2 # 3 = — + 0 * . /	实现字符的输入。例如，点击按键5]将在光标所在位置输入“5”字符，点击按键SHIFT后再点击5]将在光标所在位置输入“]”
POS	在 CRT 中显示坐标值
PROG	将进入程序编辑和显示界面

续表

MDI 按键	功　　能
OFFSET SETTING	将进入参数补偿显示界面
SYS-TEM	系统参数界面
MESS-AGE	报警信息界面
CUSTOM GRAPH	在自动运行状态下将数控显示切换至轨迹模式
SHIFT	输入字符切换键
CAN	删除单个字符
INPUT	将数据域中的数据输入到指定区域
ALTER	字符替换
INSERT	将输入域中的内容输入到指定区域
DELETE	删除一段字符
HELP	显示帮助信息
RESET	机床复位

（2）机床位置界面。点击 POS 进入坐标位置界面。点击菜单软键［绝对］、［相对］、［综合］，对应 CRT 界面将显示绝对坐标（见图 1—1—23）、相对坐标（见图 1—1—24）和综合坐标（见图 1—1—25）。

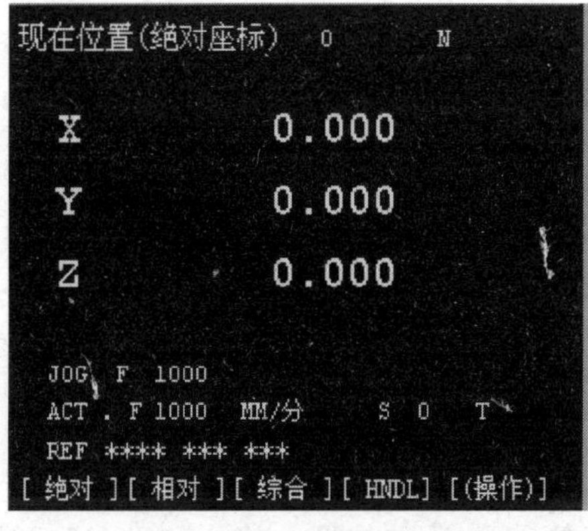

图 1—1—23　绝对坐标界面

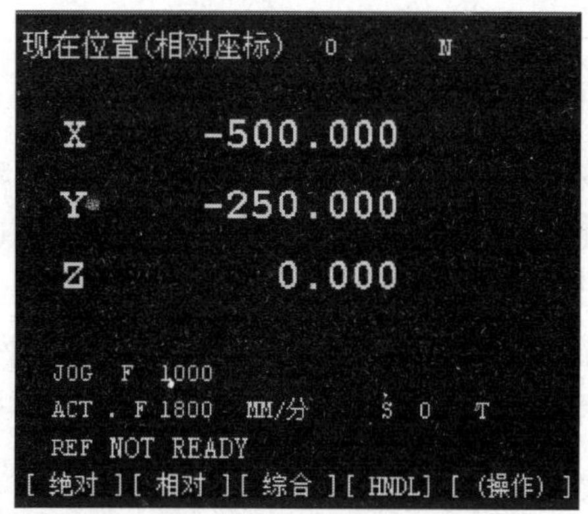

图 1—1—24　相对坐标界面

现在位置 O N
（相对座标） （绝对座标）
X 0.000 X 0.000
Y 0.000 Y 0.000
Z 0.000 Z 0.000
（机械座标）
X 0.000
Y 0.000
Z 0.000
JOG F 1000
ACT . F 1000 MM/分 S 0 T
REF **** *** ***
[绝对][相对][综合][HNDL] [（操作）]

图 1—1—25　综合坐标界面

（3）程序管理界面。点击POS进入程序管理界面，点击菜单软键［LIB］，将列出系统中所有的程序（见图 1—1—26），在所列出的程序列表中选择某一程序名，点击PROG将显示当前程序（见图 1—1—27）。

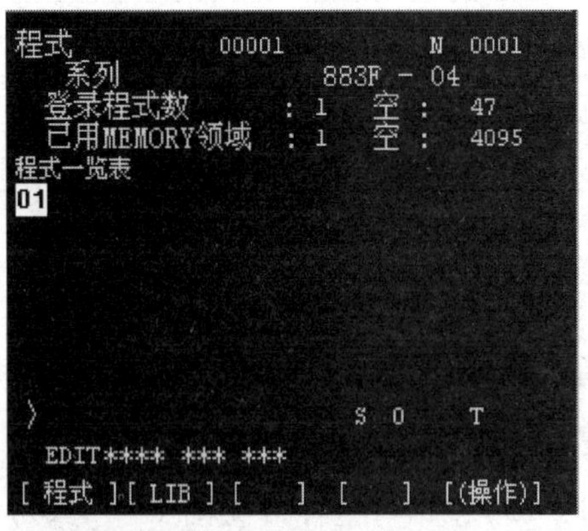

图 1—1—26　显示程序列表

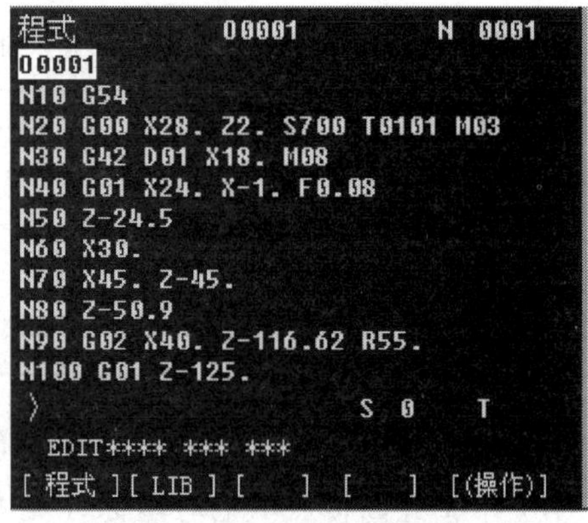

图 1—1—27　显示当前程序

（4）设置参数

1）G54—G59 参数设置。在 MDI 键盘上点击OFFSET SETTING键，按菜单软键［坐标系］，进入坐标系参数设定界面，输入“0×”（01 表示 G54，02 表示 G55，以此类推），按菜单软键［NO 检索］，光标停留在选定的坐标系参数设定区域，如图 1—1—28 所示。

也可以用方位键↑ ↓ ← →选择所需的坐标系和坐标轴。利用 MDI 键盘输入通过对刀所得到的工件坐标原点在机床坐标系中的坐标值。设通过对刀得到的工件坐标系原点在机床坐标系中的坐标值为（-500，-415，-404），则首先将光标移到 G54 坐标系 X 的位置，在 MDI 键盘上输入“-500.00”，按菜单软键［输入］或按INPUT，参数输入到指定区域。按CAN键可逐个删除输入域中的字符。点击↓，将光标移到 Y 的位置，输入“-415.00”，按菜单软键［输入］或按INPUT，参数输入到指定区域。同样可以输入 Z 值。此时 CRT 界面如图

1—1—29 所示。

```
WORK COONDATES          O        N
  (G54)
 番号  数据              番号  数据
 00      X    0.000     02      X    0.000
 (EXT)   Y    0.000     (G55)   Y    0.000
         Z    0.000             Z    0.000

 01      X    0.000     03      X    0.000
 (G54)   Y    0.000     (G56)   Y    0.000
         Z    0.000             Z    0.000
 >
  EDIT**** *** ***
```

图 1—1—28　参数设定区域

```
WORK COONDATES          O        N
  (G54)
 番号  数据              番号  数据
 00      X     0.000    02      X    0.000
 (EXT)   Y     0.000    (G55)   Y    0.000
         Z     0.000            Z    0.000

 01      X  -500.000    03      X    0.000
 (G54)   Y  -415.000    (G56)   Y    0.000
         Z  -404.000            Z    0.000
 >
  EDIT**** *** ***
```

图 1—1—29　CRT 界面

注：X 坐标值为 -100，需输入 “X-100.00”；若输入 “X-100”，则系统默认为 -0.100。如果按软键 “+输入”，键入的数值将和原有的数值相加以后输入。

2）设置数控铣床及加工中心刀具补偿参数。数控铣床及加工中心的刀具补偿包括刀具的直径补偿和长度补偿。

①输入直径补偿参数。FANUC 0i 的刀具直径补偿包括形状直径补偿和磨耗直径补偿。

➢ 在 MDI 键盘上点击 OFFSET SETTING 键，进入参数补偿设定界面，如图 1—1—30 所示。

➢ 用方位键 ↑ ↓ 选择所需的番号，并用 ← → 确定需要设定的直径补偿是形状补偿还是磨耗补偿，将光标移到相应的区域。

➢ 点击 MDI 键盘上的数字/字母键，输入刀具直径补偿参数。

➢ 按菜单软键［输入］或按 INPUT，参数输入到指定区域。按 CAN 键逐个删除输入域中的字符。

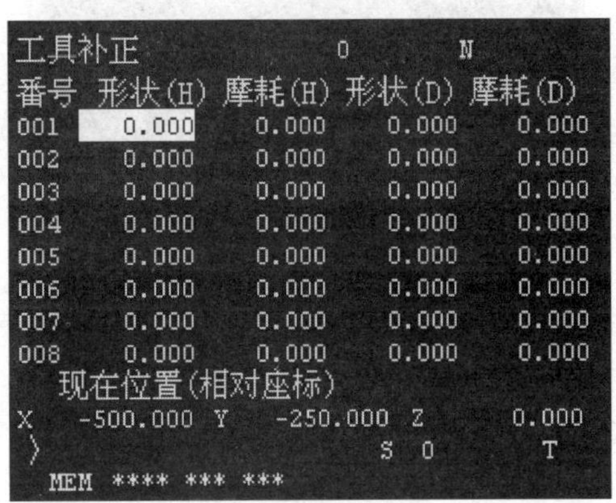

图 1—1—30　参数补偿设定界面

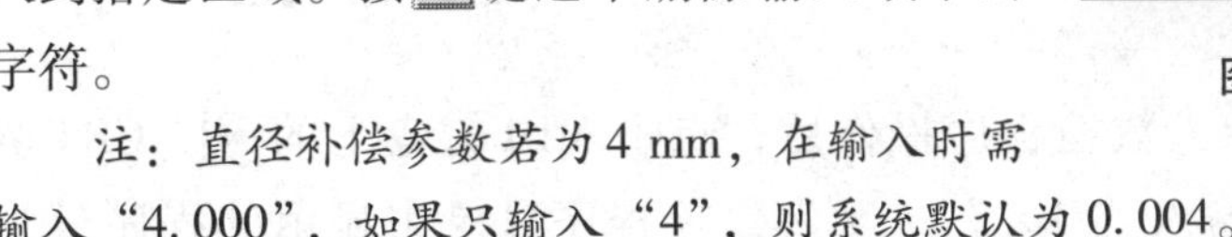

注：直径补偿参数若为 4 mm，在输入时需输入 “4.000”，如果只输入 “4”，则系统默认为 0.004。

②输入长度补偿参数。长度补偿参数在刀具表中按需要输入。FANUC 0i 的刀具长度补偿包括形状长度补偿和磨耗长度补偿。

➢ 在 MDI 键盘上点击 OFFSET SETTING 键，进入参数补偿设定界面。

➢ 用方位键 ↑ ↓ ← → 选择所需的番号，并确定需要设定的长度补偿是形状补偿还是磨耗补偿，将光标移到相应的区域。

➢ 点击 MDI 键盘上的数字/字母键，输入刀具长度补偿参数。

➢ 按软键［输入］或按 INPUT，参数输入到指定区域。按 CAN 键逐个删除输入域中的字符。

（5）数控程序处理

1）数控程序输入。数控程序可自动输入，也可直接用 FANUC 0i 系统的 MDI 键盘手动输入。

点击操作面板上的编辑键，编辑状态指示灯变亮，此时已进入编辑状态。点击 MDI 键盘上的PROG，CRT 界面转入编辑页面。再按菜单软键［操作］，在出现的下级子菜单中按软键▶，按菜单软键［READ］，转入如图 1—1—31 所示界面，点击 MDI 键盘上的数字/字母键，输入“O×”（×为任意不超过四位的数字），按软键［EXEC］；也可通过自动编程导入，选择导入命令，数控程序被导入并显示在 CRT 界面上。

2）数控程序管理

①显示数控程序目录。经过导入数控程序操作后，点击操作面板上的编辑键，编辑状态指示灯变亮，此时已进入编辑状态。点击 MDI 键盘上的PROG，CRT 界面转入编辑页面。按菜单软键［LIB］，经过 DNC 传送的数控程序名列表显示在 CRT 界面上，如图 1—1—32 所示。

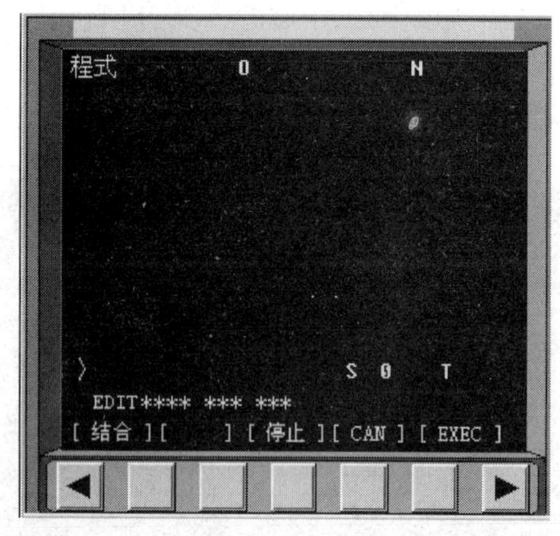

图 1—1—31　转入界面

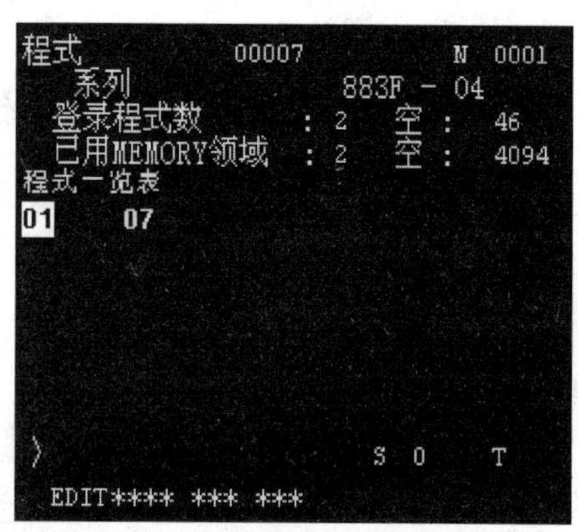

图 1—1—32　数控程序名列表显示在 CRT 界面上

②选择一个数控程序。经过导入数控程序操作后，点击 MDI 键盘上的PROG，CRT 界面转入编辑页面。利用 MDI 键盘输入“O×”（×为数控程序目录中显示的程序号），按↓键开始搜索，搜索到后“O×”显示在屏幕首行程序号位置，数控程序将显示在屏幕上。

③删除一个数控程序。点击操作面板上的编辑键，编辑状态指示灯变亮，此时已进入编辑状态。利用 MDI 键盘输入“O×”（×为要删除的数控程序在目录中显示的程序号），按DELETE键，程序即被删除。

④新建一个数控程序。点击操作面板上的编辑键，编辑状态指示灯变亮，此时已

进入编辑状态。点击 MDI 键盘上的PROG，CRT 界面转入编辑页面。利用 MDI 键盘输入“O ×”（×为程序号，但不能与已有的程序号重复），按INSERT键，CRT 界面上将显示一个空程序，可以通过 MDI 键盘开始输入程序。输入一段代码后，按INSERT键则数据输入域中的内容将显示在 CRT 界面上，用回车换行键EOB E结束一行的输入后换行。

⑤删除全部数控程序。点击操作面板上的编辑键，编辑状态指示灯变亮，此时已进入编辑状态。点击 MDI 键盘上的PROG，CRT 界面转入编辑页面。利用 MDI 键盘输入“0-9999”，按DELETE键，全部数控程序即被删除。

3）数控程序处理。点击操作面板上的编辑键，编辑状态指示灯变亮，此时已进入编辑状态。点击 MDI 键盘上的PROG，CRT 界面转入编辑页面。选定了一个数控程序后，此程序显示在 CRT 界面上，可对数控程序进行编辑操作。

①移动光标。按↑PAGE和↓PAGE用于翻页，按方位键↑ ↓ ← →移动光标。

②插入字符。先将光标移到所需位置，点击 MDI 键盘上的数字/字母键，将代码输入到输入域中，按INSERT键，把输入域的内容插入到光标所在代码后面。

③删除输入域中的数据。按CAN键用于删除输入域中的数据。

④删除字符。先将光标移到所需删除字符的位置，按DELETE键，删除光标所在位置的代码。

⑤查找。输入需要搜索的字母或代码，按↓开始在当前数控程序中光标所在位置后搜索（代码可以是一个字母或一个完整的代码。例如“N0010”“M”等）。如果此数控程序中有所搜索的代码，则光标停留在找到的代码处；如果此数控程序中光标所在位置后没有所搜索的代码，则光标停留在原处。

⑥替换。先将光标移到所需替换字符的位置，将替换成的字符通过 MDI 键盘输入到输入域中，按ALTER键，用输入域的内容替代光标所在处的代码。

4）保存程序。编辑好程序后需要进行保存操作。点击操作面板上的编辑键，编辑状态指示灯变亮，此时已进入编辑状态。按照命令提示，选择保存命令。

（6）MDI 模式。点击操作面板上的 MDI 键，使其指示灯变亮，进入 MDI 模式。在 MDI 键盘上按PROG键，进入编辑页面。

输入数据指令：在输入键盘上点击数字/字母键，可以做取消、插入、删除等修改操作。按数字/字母键键入字母“O”，再键入程序号，但不可以与已有的程序号重复。

输入程序后，用回车换行键EOB E结束一行的输入后换行。按↑PAGE ↓PAGE上下方向键翻页。按方位键↑ ↓ ← →移动光标。按CAN键，删除输入域中的数据；按DELETE键，删除光标所在位置的代码。按键盘上INSERT键，输入所编写的数据指令。输入完整数据指令后，按循环启动按钮运行程序。用RESET清除输入的数据。

2. 面板操作（见图 1—1—33）

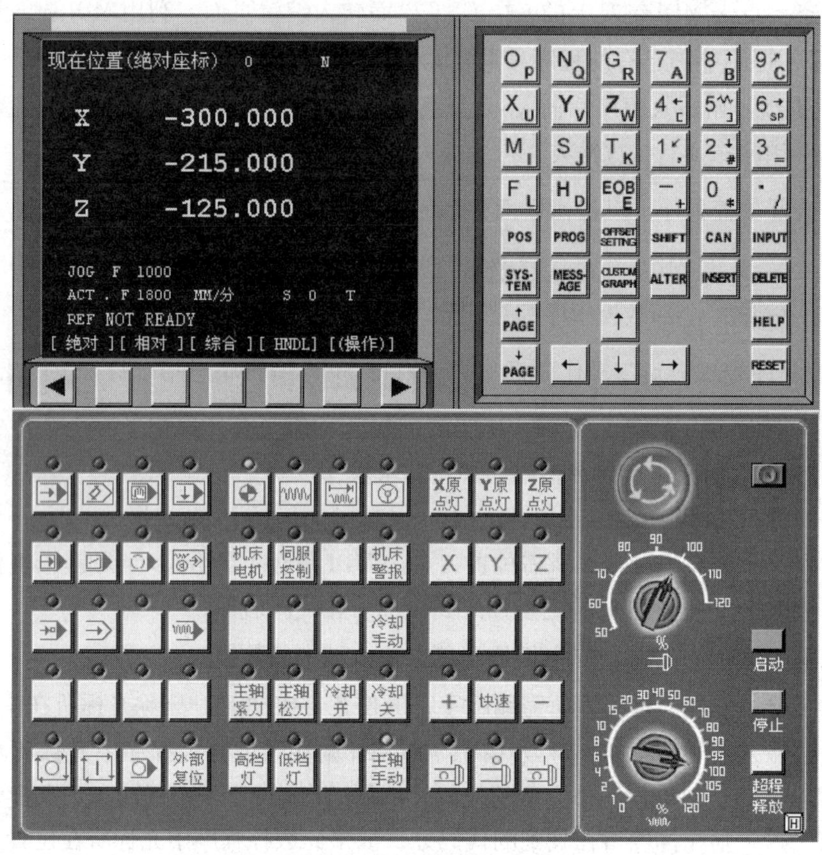

图 1—1—33　北京第一机床厂立式加工中心面板操作说明

（1）面板按钮说明（见表 1—1—4）。

表 1—1—4　面板按钮说明

按钮	名称	功能说明
	自动运行	此按钮被按下后，进入自动加工模式
	编辑	此按钮被按下后，进入程序编辑状态，用于直接通过操作面板输入数控程序和编辑程序
	MDI	此按钮被按下后，进入 MDI 模式，手动输入并执行指令
	远程执行	此按钮被按下后，系统进入远程执行模式
	单节	此按钮被按下后，运行程序时每次执行一条数控指令
	单节忽略	此按钮被按下后，数控程序中的注释符号“/”有效
	选择性停止	点击该按钮，M01 代码有效
	机械锁定	锁定机床

续表

按钮	名称	功能说明
	试运行	程序在 G00 模式下运行
	进给保持	程序运行暂停，在程序运行过程中，按下此按钮运行暂停。按循环启动恢复运行
	循环启动	程序运行开始，系统处于自动运行或 MDI 位置时按下有效，其余模式下使用无效
	循环停止	程序运行停止，在数控程序运行中，按下此按钮停止程序运行
外部复位	外部复位	复位系统
	回原点	机床进入回原点模式
	手动	机床进入手动模式
	手动脉冲	机床进入手轮增量模式
	手轮	机床进入手轮模式
X	*X* 轴选择按钮	手动状态下，选择 *X* 轴为进给轴
Y	*Y* 轴选择按钮	手动状态下，选择 *Y* 轴为进给轴
Z	*Z* 轴选择按钮	手动状态下，选择 *Z* 轴为进给轴
+	正向移动按钮	机床进给轴正向移动
-	负向移动按钮	机床进给轴负向移动
快速	快速按钮	点击该按钮，将进入手动快速状态
	主轴倍率	调节主轴旋转倍率
	进给倍率	调节运行时的进给速度倍率
	急停按钮	按下急停按钮，使机床移动立即停止，并且所有的输出如主轴的转动等都会关闭
超程释放	超程释放	系统超程释放

续表

按钮	名称	功能说明
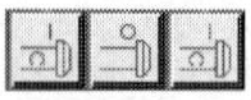	主轴控制	依次为主轴正转、主轴停止、主轴反转
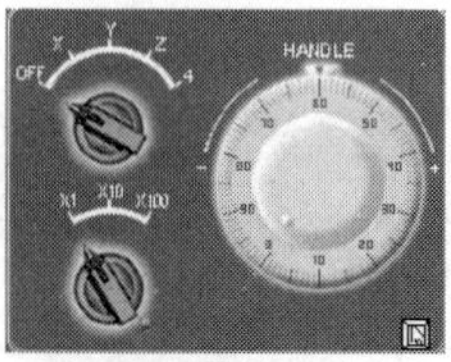	手轮面板	调节手轮
	手轮轴选择	手轮状态下，通过旋转选择进给轴
	手轮进给倍率	手轮状态下，通过旋转调节手轮步长。×1、×10、×100 分别代表移动量为 0.001 mm、0.01 mm、0.1 mm
	手轮	转动手轮，调整坐标
启动	启动	启动控制系统
停止	关闭	关闭控制系统

（2）机床准备

1）激活机床。点击启动按钮启动，此时机床电动机和伺服控制的指示灯变亮机床电机 伺服控制。检查急停按钮是否松开至状态，若未松开，点击急停按钮，将其松开。

2）机床回参考点。检查操作面板上回原点指示灯是否亮，若指示灯亮，则已进入回原点模式；若指示灯不亮，则点击回原点按钮，转入回原点模式。

在回原点模式下，先将 X 轴回原点，旋转操作面板上的 X 轴选择按钮 X，使 X 轴方向移动指示灯变亮 X，点击 +，此时 X 轴将回原点，X 轴回原点灯变亮 X原点灯，CRT 上的 X 坐标变为 0.000。

同样，再分别点击 Y 轴、Z 轴方向按钮 Y、Z，使指示灯变亮，点击 +，此时 Y 轴、Z 轴将回原点，Y 轴、Z 轴回原点灯变亮 X原点灯 Y原点灯 Z原点灯。此时 CRT 界面如图 1—1—34 所示。

（3）对刀。数控程序一般按工件坐标系编程，对刀的过程就是建立工件坐标系与机床坐标系之间关系的过程。

下面将具体说明立式加工中心对刀的方法。将工件上表面中心点设为工件坐标系原点。将工件上其他点设为工件坐标系的原点与对刀方法类似。

立式加工中心在选择刀具后，刀具被放置在刀架上。对刀时，首先要使用基准工具在 *X*、*Y* 轴方向对刀，再拆除基准工具，将所需刀具装载在主轴上，在 *Z* 轴方向对刀。

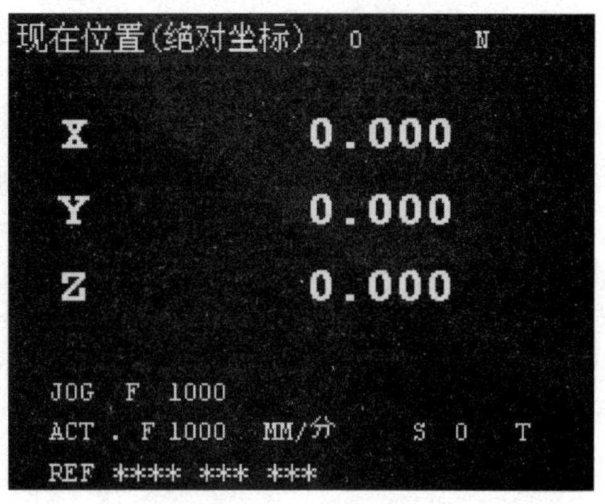

图 1—1—34　CRT 界面

1）刚性测棒 *X*、*Y* 轴对刀。刚性测棒采用检查塞尺松紧的方式对刀，具体过程如下，左边模拟的是刚性测棒基准工具，右边模拟的是寻边器，如图 1—1—35 所示。

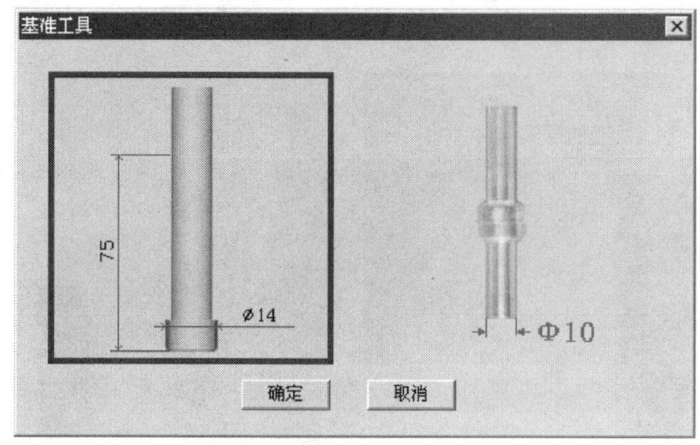

图 1—1—35　基准工具

X 轴方向对刀：点击操作面板中的手动按钮，手动状态灯亮，进入手动方式。点击 MDI 键盘上的 POS，使 CRT 界面上显示坐标值；适当点击 X、Y、Z 按钮和 +、- 按钮，将机床主轴移动到如图 1—1—36 所示的大致位置。

移动到大致位置后，可以采用手轮调节方式移动机床，在基准工具和零件之间插入塞尺。点击操作面板上的手动脉冲按钮或，使手动脉冲指示灯变亮，采用手动脉冲方式精确移动机床，将手轮对应轴旋钮置于 X 挡，调节手轮进给速度旋钮，使用手轮精确移动测棒。记下塞尺检查结果为“合适”时（见图 1—1—37）CRT 界面中的 *X* 坐标值，此为基准工具中心的 *X* 坐标，记为 X_1，将定义毛坯数据时设定的零件长度记为 X_2，将塞尺厚度记为 X_3，将基准工件直径记为 X_4（可在选择基准工具时读出），则工件

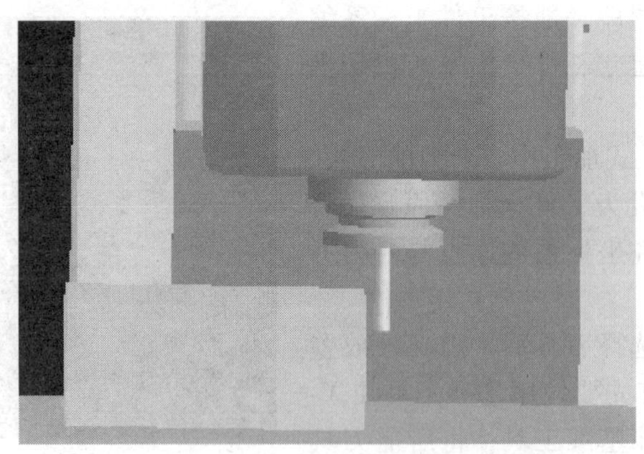

图 1—1—36　机床主轴移动到大致位置

上表面中心的 X 坐标为基准工具中心的 X 坐标（X_1）减去零件长度（X_2）的一半、减去塞尺厚度（X_3）、减去基准工具半径（X_4），记为 X。

Y 方向对刀采用同样的方法，得到工件中心的 Y 坐标，记为 Y。

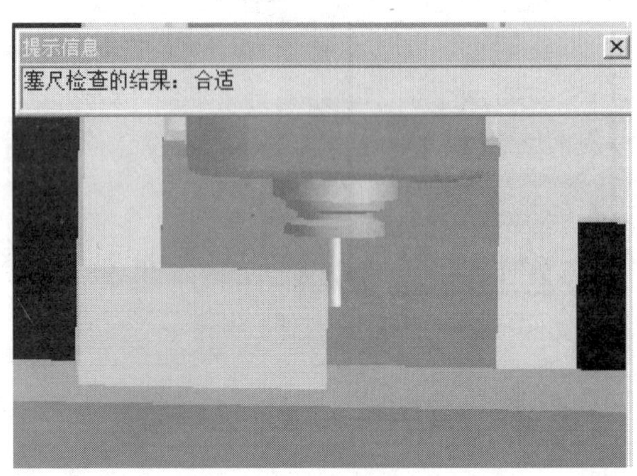

图 1—1—37　塞尺检查结果为“合适”

完成 X、Y 方向对刀后，收回塞尺。点击手动按钮，手动灯亮，机床转入手动操作状态，点击 Z 和 + 按钮，将 Z 轴提起，拆除基准工具。

注：塞尺有各种不同尺寸，可以根据需要调用。

2）寻边器 X、Y 轴对刀。寻边器由固定端和测量端两部分组成。固定端由刀具夹头夹持在机床主轴上，中心线与主轴轴线重合。在测量时，主轴以 400 r/min 旋转。通过手动方式，使寻边器向工件基准面移动靠近，让测量端接触基准面。在测量端未接触工件时，固定端与测量端的中心线不重合，两者呈偏心状态。

当测量端与工件接触后，偏心距减小，这时使用点动方式或手轮方式微调进给，寻边器继续向工件移动，偏心距逐渐减小。当测量端和固定端的中心线重合的瞬间，测量端会明显地偏出，出现明显的偏心状态。这时主轴中心位置距离工件基准面的距离等于测量端的半径。

X 轴方向对刀：点击操作面板中的手动按钮，手动灯亮，系统进入手动方式。点击 MDI 键盘上的 POS 使 CRT 界面显示坐标值，适当点击操作面板上的 X、Y、Z 和 +、- 按钮，将机床主轴移动到靠近工件大致位置。

在手动状态下，点击操作面板上的或按钮，使主轴转动。未与工件接触时，寻边器测量端大幅度晃动。移动到大致位置后，可采用手动脉冲方式移动机床，点击操作面板上的手动脉冲按钮或，使手动脉冲指示灯变亮，采用手动脉冲方式精确移动机床，将手轮对应轴旋钮置于 X 挡，调节手轮进给速度旋钮，使用手轮精确移动寻边器。寻边器测量端晃动幅度逐渐减小，直至固定端与测量端的中心线重合，如图 1—1—38 所示。若此时用增量或手轮方式以最小脉冲当量进给，寻边器的测量端突然大幅度偏移，即认为此时寻边器与工件恰好吻合，如图 1—1—39 所示。

图 1—1—38　固定端与测量端的中心线重合

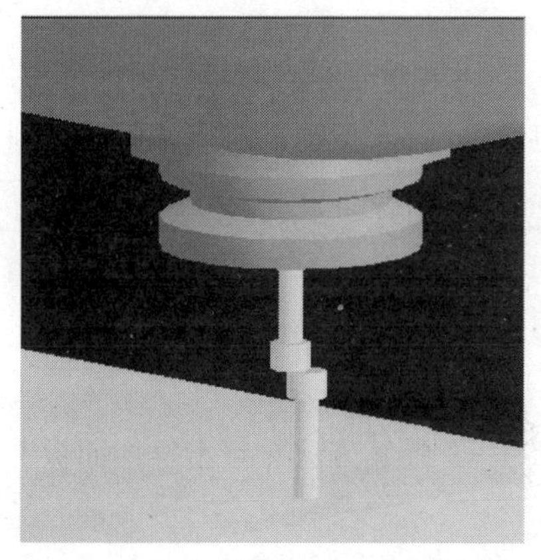

图 1—1—39　寻边器与工件恰好吻合

记下寻边器与工件恰好吻合时 CRT 界面中的 X 坐标值，此为基准工具中心的 *X* 坐标，记为 X_1；将定义毛坯数据时设定的零件长度记为 X_2；将基准工件直径记为 X_3（可在选择基准工具时读出），则工件上表面中心的 *X* 坐标为基准工具中心的 *X* 坐标（X_1）减去零件长度的一半（$\frac{1}{2}X_2$）和基准工具半径（$\frac{1}{2}X_3$），记为 X。

Y 方向对刀采用同样的方法，得到工件中心的 *Y* 坐标，记为 Y。

完成 *X*、*Y* 方向对刀后，点击 Z 和 + 按钮，将 *Z* 轴提起，停止主轴转动，再拆除基准工具。

3）塞尺法 *Z* 轴对刀。立式加工中心 *Z* 轴对刀时采用实际加工时所要使用的刀具。

装好刀具后，点击操作面板中的手动按钮，手动状态指示灯亮，系统进入手动方式。利用操作面板上的 X 、 Y 、 Z 按钮和 + 、 - 按钮，将机床主轴移到如图 1—1—40 所示的大致位置。

类似在 X、Y 方向对刀的方法进行塞尺检查，得到塞尺检查结果为“合适”时 Z 的坐标值，记为 Z_1，如图 1—1—41 所示，则 Z_1 减去塞尺厚度后的数值为 Z 坐标原点，此时工件坐标系在工件上表面。

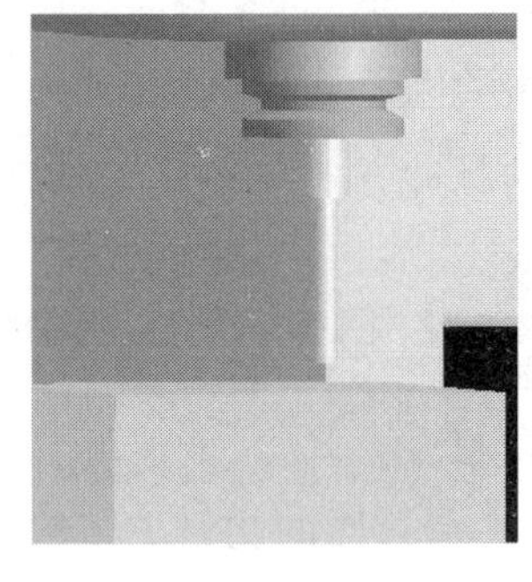

图 1—1—40　*Z* 轴对刀大致位置

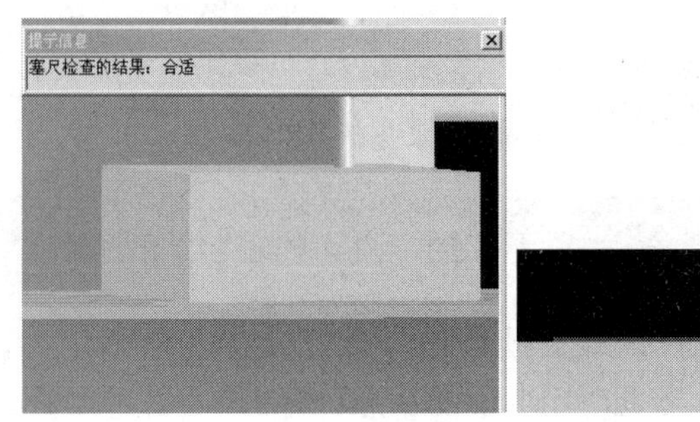

图 1—1—41　塞尺检查结果为“合适”

4）试切法 Z 轴对刀。选择所需对刀的刀具。装好刀具后，利用操作面板上的 X 、 Y 、 Z 按钮和 + 、 - 按钮，将机床主轴移到如图 1—1—40 所示的大致位置。点击操作面板上或使主轴转动。点击操作面板上的 Z 和 - ，切削零件的声音刚响起时停止，使铣刀将零件切削小部分，记下此时 Z 的坐标值，记为 Z，此为工件表面一点处 Z 的坐标值。

通过对刀得到的坐标值（X，Y，Z）即为工件坐标系原点在机床坐标系中的坐标值。

（4）手动操作

1）手动/连续方式。点击操作面板上的手动按钮，使其指示灯亮，机床进入手动模式。

分别点击 X 、 Y 、 Z 键，选择移动的坐标轴。

分别点击 + 、 - 键，控制机床的移动方向。

点击控制主轴的转动和停止。

注：刀具切削零件时，主轴需转动。加工过程中刀具与零件发生非正常碰撞后（非正常碰撞包括车刀的刀柄与零件发生碰撞、铣刀与夹具发生碰撞等），需按下急停按钮，主轴自动停止转动，当调整到适当位置，继续加工时需再次点击按钮，使主轴重新转动。

2）手动脉冲方式。在手动/连续方式或在对刀中，需精确调节机床时，可用手动脉冲方式调节机床。

点击操作面板上的手动脉冲按钮或，使指示灯变亮。

点击手动轴选择旋钮，选择坐标轴。

点击手轮进给速度旋钮，选择合适的脉冲当量。

点击手轮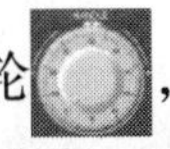，精确控制机床的移动。

点击，控制主轴的转动和停止。

(5) 自动加工方式

1) 自动/连续方式

①自动加工流程。检查机床是否回零，若未回零，先将机床回零。导入数控程序或自行编写一段程序。

点击操作面板上的自动运行按钮，使其指示灯变亮。

点击操作面板上的循环启动按钮，程序开始执行。

②中断运行。数控程序在运行过程中可根据需要暂停、停止、急停和重新运行。

数控程序在运行时，按进给保持按钮，程序停止执行；再点击键，程序从暂停位置开始执行。

数控程序在运行时，按停止按钮，程序停止执行；再点击键，程序从开头重新执行。

数控程序在运行时，按下急停按钮，数控程序中断运行，继续运行时，先将急停按钮松开，再按按钮，余下的数控程序从中断行开始作为一个独立的程序执行。

2) 自动/单段方式。检查机床是否回零。若未回零，先将机床回零。再导入数控程序或自行编写一段程序。

点击操作面板上的自动运行按钮，使其指示灯变亮。

点击操作面板上的单节按钮。

点击操作面板上的循环启动按钮，程序开始执行。

注：自动/单段方式执行每一行程序，均需点击一次循环启动按钮。点击单节跳过按钮，则程序运行时跳过符号“/”有效，该行成为注释行，不执行。

点击选择性停止按钮，则程序中“M01”有效。

可以通过主轴倍率旋钮和进给倍率旋钮来调节主轴旋转的速度和移动的速度。

按键可将程序重置。

3) 检查运行轨迹。数控程序导入后，可检查运行轨迹。点击操作面板上的自动运行按钮，使其指示灯变亮，转入自动加工模式，点击 MDI 键盘上的按钮，点击数字/字母键，输入“O×”（×为所需要检查运行轨迹的数控程序号），按↓开始搜索，找到后，程序显示在 CRT 界面上。点击CUSTOM GRAPH按钮，进入检查运行轨迹模式，点击操作面板上的循环启动按钮，即可观察数控程序的运行轨迹。

①装刀（FANUC 0）。立式加工中心装刀有两种方法，一是手动装刀；二是用 MDI 指令方式将刀架上的刀具放置在主轴上。这里介绍采用 MDI 指令方式装刀。将操作面板上的模式旋钮置于 MDI 挡，进入 MDI 编辑模式。按PRGRM键，使 CRT 显示 MDI 编辑界面，如图 1—1—42 所示。

点击 MDI 键盘上的数字/字母键，输入“G28”，按INPUT键将输入域中的内容输入到指定位置，此时 CRT 界面上的第一行出现“G28”。

点击 MDI 键盘上的数字/字母键，输入“Zx”（x 表示任意小于或等于 0 的数字），按INPUT键将输入域中的内容输入到指定位置，告知机床通过某点回换刀点。此时 CRT 界面如图 1—1—43 所示，点击循环启动按钮，机床运行到换刀点。

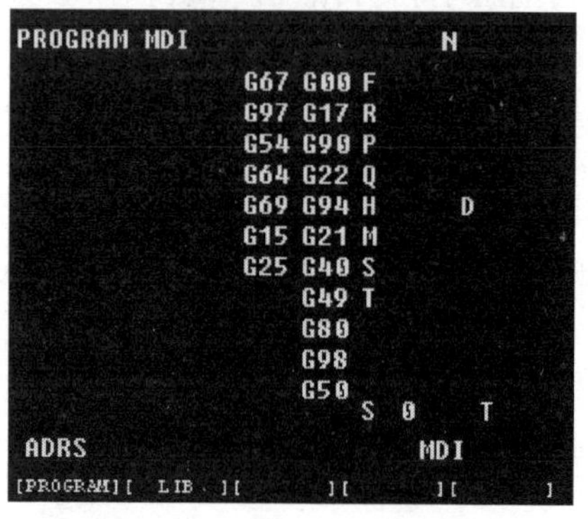

图 1—1—42　MDI 编辑界面

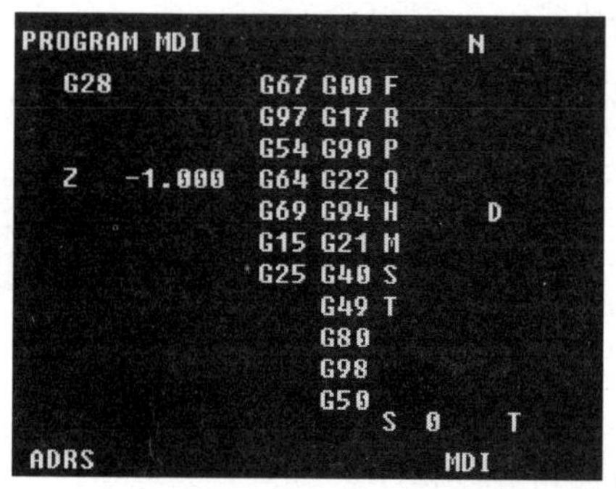

图 1—1—43　CRT 界面

点击 MDI 键盘，输入“T×”，如 1 号刀位，则输入“T01”，按INPUT键将输入域中的内容输入到指定位置。

点击 MDI 键盘，输入“M06”，按INPUT键将输入域中的内容输入到指定位置，此时 CRT 界面如图 1—1—44 所示，按循环启动按钮，刀架旋转后将指定刀位的刀具装好。

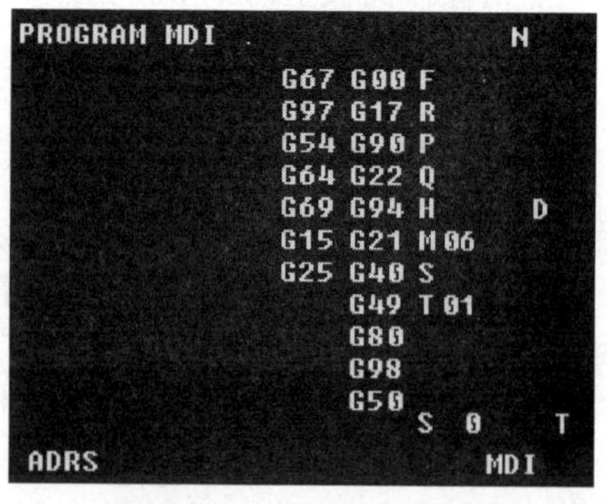

图 1—1—44　CRT 界面

②装刀（FUNUC 0i）。立式加工中心装刀有两种方法，手动装刀和用 MDI 指令方式将刀具放在主轴上。这里介绍使用 MDI 指令方式装刀。

点击操作面板上的 MDI 按钮，使系统进入 MDI 运行模式。

点击 MDI 键盘上的PROG键，CRT 界面如图 1—1—45 所示。

利用 MDI 键盘输入“G28 Z0”，按INSERT键，将输入域中的内容输入到指定区域。CRT 界面如图 1—1—46 所示。

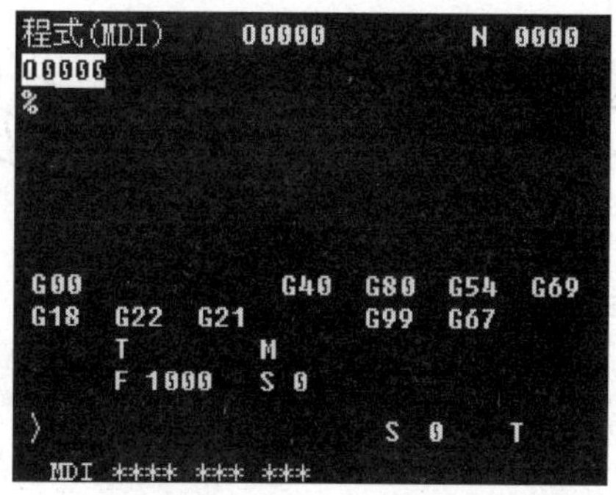

图 1—1—45　CRT 界面

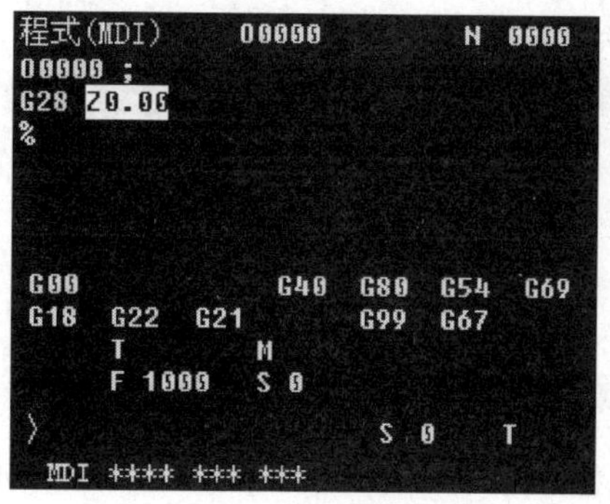

图 1—1—46　CRT 界面

点击按钮，主轴回到换刀点。

利用 MDI 键盘输入“T01 M06”，按INSERT键，将输入域中的内容输入到指定区域。点击按钮，一号刀被装载在主轴上。

③加工中心的刀库及换刀装置。加工中心的刀库形式很多，结构也各不相同。加工中心最常用的刀库有盘式刀库和链式刀库。盘式刀库的结构紧凑、简单，在钻削中心上应用较多，但存放刀具数目较少（见图 1—1—47）。链式刀库是在环形链条上装有许多刀座，刀座孔中装夹各种刀具，由链轮驱动。链式刀库适用于要求刀库容量较大的场合，且多为轴向取刀（见图 1—1—48）。当链条较长时，可以增加支承轮的数目，使链条折叠回绕，提高空间利用率。

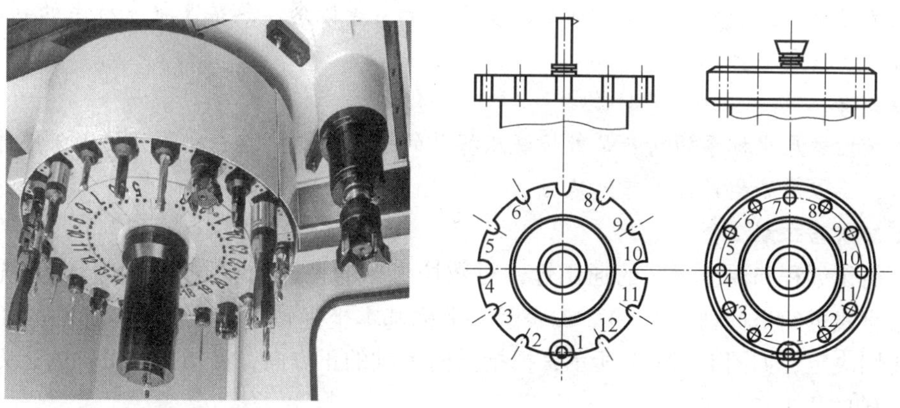

图 1—1—47　盘式刀库

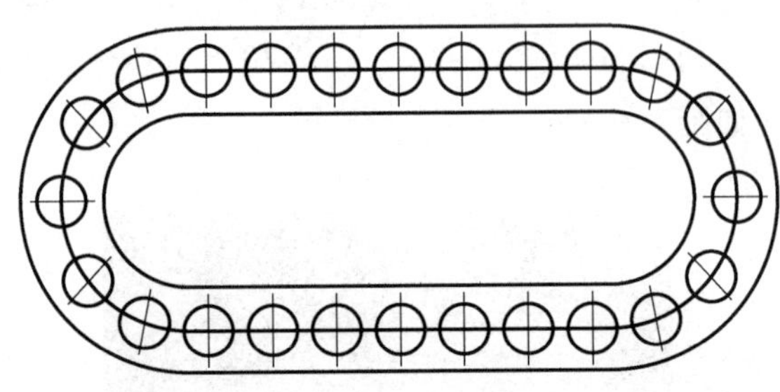

图 1—1—48　链式刀库

项目实施

熟悉加工中心操作面板是操作加工中心的第一步，也是操作所必备的技能，但要想熟练掌握加工中心面板的各个按钮功能，一定要实践，动手学习，积极思考，自己动手去熟练掌握这些功能，牢记使用方法和注意事项。

项目评价

熟悉加工中心操作面板只是加工中心操作的基础，熟练掌握命令要求及使用方法对于初学者来说也是一项很重要的任务，因此要多加练习，勤于思考，多动手。

项目二　坐标系的设定及机床运动过程

项目目标

1. 熟悉机床坐标系的判别方法及机床原点、机床坐标系、工件坐标系等概念。
2. 掌握机床坐标系的判别方法，并能熟练操作控制机床。

项目描述

通过学习机床坐标系、工件坐标系、参考坐标系等概念，熟练掌握坐标系的判断方法，熟练操作，注意安全生产。

项目分析

熟悉数控铣床坐标系的判断是数控铣床操作的一项基本技能，也是数控铣床操作要求的基本内容，为以后的生产加工奠定基础。

项目知识与技能

为了简化编程和保证程序的通用性，对数控机床的坐标轴和方向命名制定了统一的标准，规定直线进给坐标轴用 X、Y、Z 表示，常称基本坐标轴。X、Y、Z 坐标轴的相互关系用右手定则决定，如图 1—2—1 所示，拇指指向 X 轴的正方向，食指指向 Y 轴的正方向，中指指向 Z 轴的正方向。

围绕 X、Y、Z 轴旋转的圆周进给坐标轴用 A、B、C 表示，根据右手螺旋定则，以拇指指向 $+X$、$+Y$、$+Z$ 方向，则食指、中指等的指向是圆周进给运动 $+A$、$+B$、$+C$ 方向。

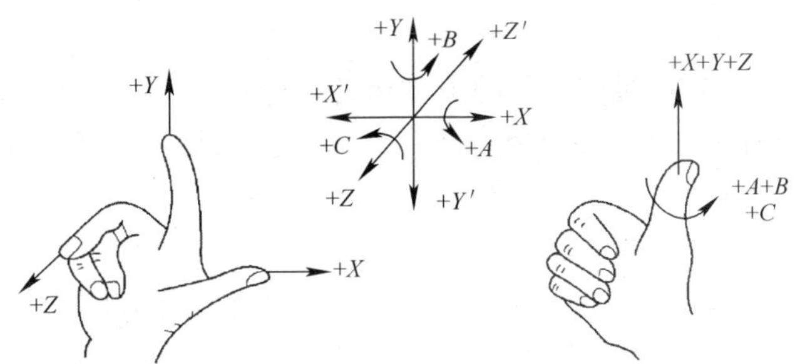

图 1—2—1 右手笛卡儿直角坐标系

一、机床原点、机床坐标系

1. 机床原点

机床原点也称为机床零点，它的位置通常由机床制造厂确定。在机床经过设计、制造和调整之后，这个原点便被确定下来，它是固定的点。数控铣床的机床原点的位置大多数规定为各坐标轴的正向最大极限处。

2. 机床坐标系

以机床原点作为坐标系原点建立的坐标系就是机床坐标系，它是制造和调整机床的基础，一般不允许随意变动。

注：

机床坐标系是针对刀具而言的，假定工件不动，刀具运动。

机床坐标系符合右手定则。

按下操作面板上的 X＋ ，则刀具相对于工件向＋X 方向运动。

3. 机床坐标系方向确定

数控机床的进给运动，有的由主轴带动刀具运动来实现，有的由工作台带动工件运动来实现。但是在确定坐标轴的正方向时，是假定工件不动，刀具相对于工件做进给运动的方向。机床坐标轴的方向取决于机床的类型和各组成部分的布局。机床坐标系如图 1—2—2 所示，机床实物如图 1—2—3 所示。

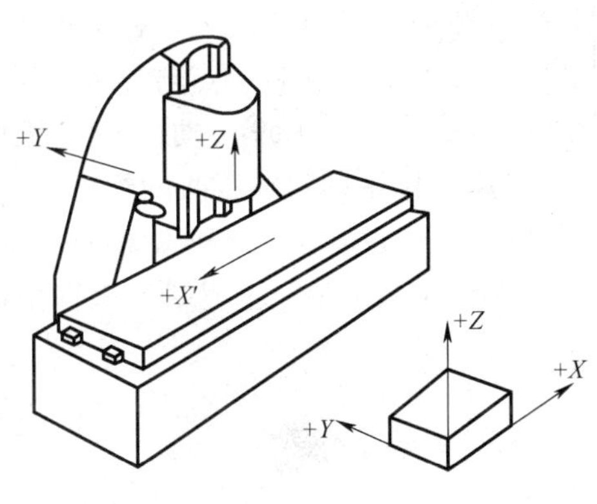

图 1—2—2 机床坐标系

图 1—2—3 机床实物

对数控铣床及加工中心而言：

（1）Z 轴的确定。平行于机床主轴的刀具运动坐标轴为 Z 轴，取刀具远离工件的方向为正方向（$+Z$）。当机床有多个主轴时，选一个垂直于工件装夹面的主轴为 Z 轴。

（2）X 轴的确定

1）当 Z 轴为水平方向时，沿刀具主轴后端向工件方向看，向右为 X 轴的正方向。

2）当 Z 轴为垂直方向时，则从主轴向立柱看时，X 轴的正方向指向右边。

（3）Y 轴的确定。Y 轴与 X 轴和 Z 轴一起构成遵循右手定则的坐标系统。

二、参考点、参考坐标系

数控装置上电时并不知道机床原点，为了正确地在机床工作时建立机床坐标系，通常在每个坐标轴的移动范围内设置一个机床参考点（测量起点），机床启动时，通常要进行机动或手动回参考点，以建立机床坐标系。通过参数指定机床参考点到机床原点的距离。

以参考点为原点，坐标方向与机床坐标方向相同，建立的坐标系叫作参考坐标系，在实际使用中通常以参考坐标系计算坐标值。一般来说，参考坐标系与机床坐标系之间偏移一定的距离，或者二者重合。例如，加工中心的机床原点与参考点重合，位于各轴的正向极限位置，所以当用机械坐标表示刀具当前位置时，其值始终是负的。

三、工件坐标系

工件坐标系是编程人员在编程时使用的，编程人员选择工件上的某一已知点为原点（也称程序原点），建立一个新的坐标系，称为工件坐标系。工件坐标系一旦建立便一直有效，直至被新的工件坐标系所取代。

工件坐标系的原点选择要尽量满足编程简单、尺寸换算少、引起的加工误差小等条件。一般情况下，程序原点应选在尺寸标注的基准或定位基准上。工件原点的设置一般遵循以下原则：

（1）与设计基准或装配基准重合，以利于编程。

（2）尽量选在尺寸精度高、表面粗糙度值小的工件表面。

（3）最好选在工件的对称中心上。

（4）要便于测量和检测。

假定工件固定不动，用刀具运动的坐标系来编程。工件坐标系是编程人员在编程和加工时使用的坐标系。在加工时，工件随夹具安装在机床上，这时测量工件原点与参考点间的距离，称作工件原点偏置。该偏置值预存入数控系统中（G92，G54—G59），加工时，工件原点偏置便能自动加到工件坐标系上，使数控系统可按机床坐标系确定加工时的绝对坐标值。因此，编程人员可以不考虑工件在机床上的实际安装位置和安装精度，而利用原点偏置功能（指令），补偿工件在工作台上的位置偏差，将其预存入数控系统中，编程时按工件坐标系编程即可。

确定工件坐标系时注意四点：

（1）远离工件的方向为正方向。

（2）假定工件不动，刀具运动。

（3）遵循右手定则。

（4）装夹工件时，要使图样上的坐标方向与机床坐标方向相一致。

四、附加运动坐标系

一般称 X、Y、Z 为主坐标或第一坐标，如有平行于第一坐标的第二组和第三组坐标，则分别指定为 U、V、W 和 P、Q、R。

五、刀具运动

按下操作面板上的 X+ ，则刀具相对于工件向 $+X$ 方向运动。

数控机床的主轴转向的判断方法：对于数控铣床而言，沿 $-Z$ 方向看（从主轴头向工作台看），顺时针方向旋转为正转，逆时针方向旋转为反转。

对刀点是零件程序的起始点，对刀的目的是确定程序原点在机床坐标系中的位置，对刀点可与程序原点重合，也可在任何便于对刀处，但该点与程序原点之间必须有确定的坐标关系。

加工开始时要设置工件坐标系，用 G92 指令可建立工件坐标系，用 G54—G59 及 T 指令（刀具指令）可选择工件坐关系。

六、设置工件坐标

用于数控铣床、加工中心及数控车床，以设置工件坐标“G58 X-100.00 Y-200.00 Z-300.00”为例。

用 PARG ↓ 或 ↑ 键在 No.1—No.3 坐标系页面和 No.4—No.6 坐标系页面（见图 1—2—4）之间切换。

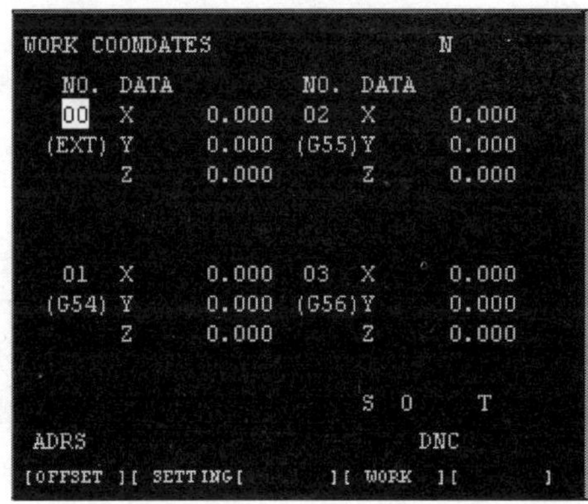

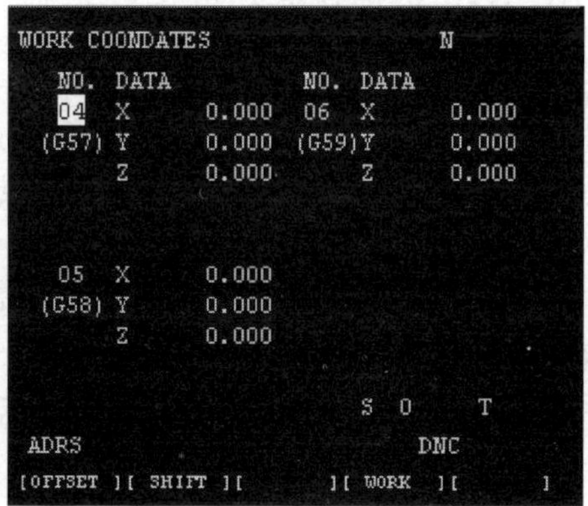

图 1—2—4 用 PARG ↓ 或 ↑ 键切换

No.1—No.6 分别对应 G54—G59；用 CURSOR ↓ 或 ↑ 选择所需的坐标系 G58，输入地址字（X/Y/Z）和数值到输入域，即“X-100.00”。按 INPUT 键，把输入域中的内容输入到所指定的位置。再输入“Y-200.00”，按 INPUT 键，输入“Z-300.00”，按 INPUT 键，即完成工件坐标原点的设定。

项目实施

熟悉加工中心操作的首要任务是熟悉操作面板和机床坐标系，而判别机床坐标系和工件坐标系是数控加工的重中之重，因此，应熟练掌握坐标系的判别方法。

项目评价

坐标系判别是加工中心学习的基础内容，更是今后数控加工的必备技能，因此应多加练习，熟能生巧，保证准确迅速地做出判断，安全加工。

项目三　手工编程基础知识

项目目标

1. 了解数控铣削编程的特点，学习数控铣削常用的指令代码。
2. 掌握数控铣床或加工中心常用的指令编程规则及编程方法。

项目描述

FANUC 0i 系统是目前我国数控机床上采用较多的数控系统，其功能指令分为准备功能 G 指令、辅助功能 M 指令、进给功能 F 指令、主轴转速 S 指令及刀具功能 T 指令，这些功能指令是编制数控程序的基础，一般由功能地址码和数字组成。

项目分析

数控铣床能够完成直线、斜线、曲线轮廓等的铣削加工，可以加工具有复杂形面的工件，如凸轮、样板、模具、叶片、螺旋槽等。数控铣床由数控系统控制机床运动部件完成零件的加工。

项目知识与技能

一、FANUC 0i 数控铣床功能指令基础

1. 常用功能指令分类

常用功能指令一般分为准备功能 G 指令、辅助功能 M 指令及其他功能指令三类。其中，其他功能指令又包括进给功能 F 指令、主轴转速 S 指令及刀具功能 T 指令。

2. 代码分组

所谓代码分组就是将系统中不能同时执行的代码分为一组，并以编程号区分开来。同组代码具有相互取代的作用，同一组代码在一个程序段内只能有一个生效，当在同一程序段内出现两个或两个以上同组代码时，一般以最后输入的代码为准，有的机床还会出现机床系统报警的情况。

3. 模态代码

模态代码一旦在一个程序段内使用，就在接下来的程序段中一直有效，直至遇到同组的另外一个代码出现，该代码才失效，例如常用的 S、T 代码。相反，只在写入的程序段内才有效的代码称为非模态代码，如 G04 代码为非模态代码，模态代码的出现大大简化了程序的重复编写。

4. 开机默认代码

为了防止出错，在数控系统中，对于每一组代码指令，都选择其中的一个来作为开机默认代码，这个代码在开机或系统复位时自动生效，因此在程序中可以不再编写。

二、程序的结构、格式与功能字

一个零件加工程序是一组被传送到数控装置中的指令和数据。FANUC 数控系统中数控程序格式有一定要求，下面简单加以介绍。

一个零件加工程序是由具有一定结构、句法和格式规则的若干程序段组成的，而每个程序段由若干个指令字组成，如图 1—3—1 所示。

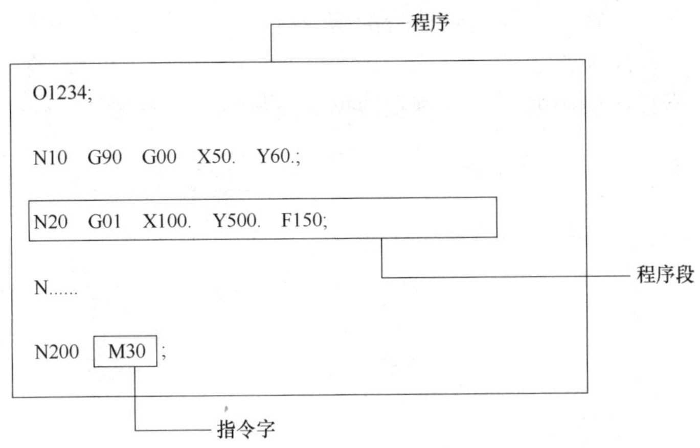

图 1—3—1 零件加工程序的结构

1. 指令字的格式

一个指令字是由地址符（指令字符）和带符号（如定义尺寸的字）或不带符号（如准备功能字 G 代码）的数字数据组成的。程序段中不同的指令字符及其后续数值确定了每个指令字的含义。在数控程序段中包含的主要指令字符见表 1—3—1。

表 1—3—1 主要指令字符

功能	地址	含 义
零件程序号	O	程序编号（O1—O9999）
程序段号	N	程序段编号（N0—N9999）
准备功能	G	指令动作方式（直线、圆弧）（G00—G99）
尺寸字	X、Y、Z	坐标轴的移动命令（±99999.999）
	R	圆弧的半径，固定循环的参数
	I、J、K	圆心相对于起点的坐标，固定循环的参数
进给速度	F	进给速度的指定（F0—F24000）
主轴功能	S	主轴旋转速度的指定（S0—S9999）
刀具功能	T	刀具号、刀具补偿号的指定（T0000—T9999）
辅助功能	M	机床侧开/关控制的指定（M0—M99）

续表

功能	地址	含　义
补偿号	H、D	刀具半径补偿号（00—99）
暂停	P、X	暂停时间的指定（s）
程序号的指定	P	子程序号的指定（P0001—P9999）
重复次数	L	子程序的重复次数，固定循环的重复次数
参数	P、Q、R	固定循环的参数

2. 程序段的格式

一个程序段定义一个将由数控装置执行的指令行，是数控加工程序中的一条语句，一个数控程序是由若干个程序段组成的。

程序段格式是指程序段中的字、字符和数据的安排形式，如图 1—3—2 所示。

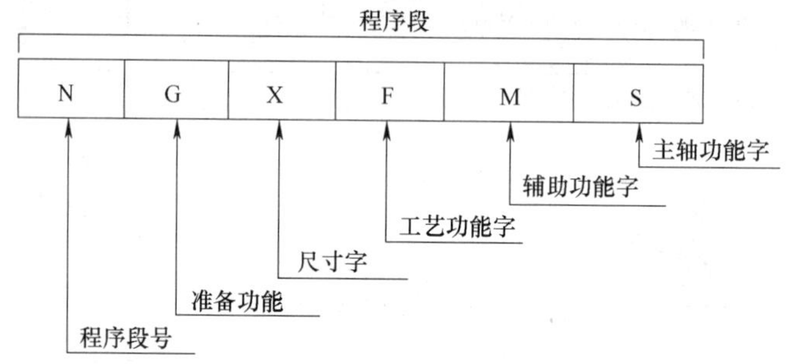

图 1—3—2　程序段格式

例如：

N50　G01　X100　Y50　Z100　F100；

3. 程序的格式

一个零件加工程序必须包括起始符和结束符。加工程序是按程序段的输入顺序执行的，而不是按程序段号的顺序执行的，但书写程序时，建议按升序书写程序段号。

程序名：程序名由英文字母 O 和 1 ~4 位正整数组成，一般要求单列一段。

程序主体：程序主体是由若干程序段组成的，每个程序段一般占一行。

程序结束指令：程序结束指令可用 M02 或 M30，一般要求单列一段。

注释符：除上述零件程序的正文部分以外，有些数控系统可在每一个程序段后用程序注释符加入注释文字，括号“（）”内或分号“；”后的内容为注释文字。

【示例】加工程序示例

```
O1111;                  程序名
G54  M03  S600;         设置工件坐标系，主轴正转，转速 600 r/min
N20  G00  X0  Z0;       刀具移动至起点
N30  M03  S1000;        主轴正转，转速 1 000 r/min
……
N190  M05;              主轴停止
N200  M30;              主程序结束，返回程序起点
```

4. 准备功能G指令

（1）准备功能G指令的组成及分组。准备功能也称为G功能或G代码，用于指定机床的运动方式，为数控系统的插补运算做准备，它由准备功能地址符G和两位数字组成，包括G00—G99共100种，如G01、G02、G40等。

虽然从G00—G99共有100种G代码，但并不是每种代码都有实际意义，有些代码在国际标准（ISO）或我国原机械工业部制定的标准中并没有指定其功能，这些代码主要用于在将来修改标准时指定新功能。还有一些代码，即使在修改标准时也永不指定其功能，这些代码可由机床设计者根据需要定义其功能，但必须在机床的出厂说明书中予以说明。

（2）常用G代码及功能。常用G代码及功能见表1—3—2。

表1—3—2　　常用G代码及功能

G代码	组别	功能	G代码	组别	功能
※G00	01	快速点定位	G59	14	选用6号工件坐标系
※G01	01	直线插补	G60	00	单一方向定位
G02	01	顺时针圆弧插补	G61	15	精确停止方式
G03	01	逆时针圆弧插补	※G64	15	切削方式
G04	00	暂停，精确停止	G65	00	宏程序调用
G09	00	精确停止	G66	12	模态宏程序调用
※G17	02	选择 *XY* 平面	※G67	12	模态宏程序调用取消
G18	02	选择 *ZX* 平面	G73	09	深孔钻削固定循环
G19	02	选择 *YZ* 平面	G74	09	反攻螺纹固定循环
G27	00	返回并检查参考点	G76	09	精镗孔固定循环
G28	00	返回参考点	※G80	09	取消固定循环
G29	00	从参考点返回	G81	09	钻削固定循环
G30	00	返回第二参考点	G82	09	钻削固定循环
G40	07	取消刀具半径补偿	G83	09	深孔钻削固定循环
G41	07	左侧刀具半径补偿	G84	09	攻螺纹固定循环
G42	07	右侧刀具半径补偿	G85	09	镗孔固定循环
G43	08	刀具长度补偿＋	G86	09	镗孔固定循环
G44	08	刀具长度补偿－	G87	09	反镗孔固定循环
※G49	08	取消刀具长度补偿	G88	09	镗孔固定循环
G52	00	设置局部坐标系	G89	09	镗孔固定循环
G53	00	选择机床坐标系	※G90	03	绝对值编程方式
※G54	14	选用1号工件坐标系	G91	03	增量值编程方式
G55	14	选用2号工件坐标系	G92	00	共建零点设定
G56	14	选用3号工件坐标系	※G98	10	固定循环返回初始平面
G57	14	选用4号工件坐标系	G99	10	固定循环返回到 *R* 点平面
G58	14	选用5号工件坐标系			

注：※为开机默认代码。

准备功能说明如下：

当电源接通或复位时，数控机床进入清除状态，此时的开机默认代码在表中以符号“※”表示。

除了 G10 和 G11 以外的 00 组 G 代码都是非模态代码。

不同组的 G 代码在同一程序段中可以指令多个。如果在同一程序段中指令了多个同组的 G 代码，仅执行最后指定的 G 代码。

如果在固定循环中指令了 01 组的 G 代码，则固定循环取消，该功能与指令 G80 相同。

5. 辅助功能 M 代码

辅助功能由地址字 M 和其后的一位或两位数字组成，主要用于控制零件加工程序的走向以及机床各种辅助功能的开关动作。

注意：M 指令有非模态和模态两种。非模态 M 功能：只在书写了该代码的程序段中有效。模态 M 功能：一组可相互注销的 M 功能，这些功能在被同一组的另一个功能注销前一直有效。

FANUC 0i 系统的 M 指令及含义见表 1—3—3（▲为缺省值）。

表 1—3—3　　M 指令及含义

指令	功能说明
M00	程序暂停
M01	选择停止
M02	程序结束
M03	主轴正转启动
M04	主轴反转启动
M05▲	主轴停止转动
M06	自动换刀
M07	切削液打开
M09▲	切削液停止
M30	程序结束并返回程序起点
M98	调用子程序
M99	子程序结束

M00、M02、M30、M98、M99 用于控制程序的走向，是数控机床内定的辅助功能，不由机床制造商设计决定，也就是说，与 PLC 程序无关。

其余 M 代码用于机床各种辅助功能开关动作，其功能不由数控机床内定，而是由 PLC 程序指定，所以有可能因机床制造厂不同而有差异（表 1—3—3 内为标准 PLC 指定的功能），使用者可参考机床说明书。

6. 进给功能 F、主轴功能 S 和刀具功能 T

（1）进给功能 F。F 指令表示工件加工时刀具相对于工件的合成进给速度。该指令由地址 F 和后缀的数字来组成，按其加工时的需要，可分为每转进给和每分钟进给两种，分别由准备功能指令 G95 和 G94 来指定。

程序段如下:

G94 G01 X50.0 Y50.0 F200.0;(进给速度为200 mm/min)

G95 G01 X50.0 Y50.0 F0.2;(进给速度为0.2 mm/r,加工螺纹、镗孔时使用)

(2)主轴功能S。主轴功能S指令用于控制主轴转速,其后的数值表示主轴的速度,单位为转/分钟(r/min)。

S是模态指令,S功能只有在主轴速度可调节时有效。

(3)刀具功能T。刀具功能是指系统进行选刀或换刀的功能指令。刀具功能用地址T及后缀的数字来表示,常用刀具功能指定方法有T2位数法和T4位数法。

T2位数法仅能指定刀具号,刀具补偿存储器号则由其他代码(如D或H代码)进行选择,刀具号与刀具补偿存储器号不一定相同。如T3表示选用3号刀具。目前,绝大多数加工中心采用T2位数法。

T4位数法可以同时指定刀具和选择刀补,其4位数的前两位数用于指定刀具号,后两位数用于指定刀具补偿存储器号,刀具号与刀具补偿存储器号不一定相同。如T0202表示选用2号刀具及选用2号刀具补偿存储器中的补偿值,而T0204则表示选用2号刀具及选用4号刀具补偿存储器号中的补偿值。数控车采用T4位数法较多。

项目实施

一、加工程序的输入

1. 加工程序的输入方法

加工程序可以用以下方法输入:

(1)手动输入。

(2)使用CAD/CAM软件自带传输工具传送至机床。

(3)使用机床专用磁盘输入。

2. 手动输入程序的步骤

(1)在操作面板中按下编辑(EDIT)方式开关,程序保护钥匙开关置于解除位置。

(2)在MDI键盘上按程序键,在MDI键盘上输入地址O(字母),输入程序号(数字),然后按插入键,程序名建立完成。

(3)按照编写的程序段依次将程序输入至机床。例如,需输入“G17 G80 G40 G49 G15”时,在MDI键盘上输入“G17 G80 G40 G49 G15”,然后按段结束符键,最后按插入键,结束此段程序的输入。

(4)在PC机中,用通信软件设置好传送端口及波特速率等参数,连接好通信电缆,将欲输入的程序文件调入并做好输出准备,置机床端为编辑方式,按程序键,再按下[操作]软键,按▶软键,输入欲存入的程序号,如O1234;然后按[READ]和[EXEC]软键,程序即被读入存储器内,同时在CRT上显示出来。如果不指定程序号,就会使用PC机、软盘中原有的程序号;如果机器存储器已有对应号码的程序,将出现报警。

二、加工程序的编辑

1. 搜索并调出内存中程序的步骤

（1）按下编辑（EDIT）方式开关。

（2）按 MDI 键盘上的程序键，输入地址 O（字母），输入程序号，如 0001，按向下键即可完成程序 O0001 的调用。

2. 删除程序的步骤

（1）在操作面板中按编辑（EDIT）方式开关。

（2）按 MDI 键盘上的程序键，输入地址 O（字母），输入程序号，如 0002，按删除键，即可完成程序 O0002 的删除。

（3）如果要删除内存储器中的所有程序，只需输入“O，9999”后按下键即可。

（4）在输入“OXXXX，OYYYY”后按下键即可将内存储存器中“OXXXX—OYYYY”范围内的所有程序删除。

3. 修改程序的步骤

采用手工输入和修改程序时，所输入的地址数字等字符都是首先存放在输入缓冲区内。此时，若要修改可用取消键擦除后重输。当一行程序数据输入无误后，可按插入键或替换键以插入或改写的方式从缓冲区送到程序显示区（同时自动存储），这时就不能再用取消键改动了。

三、程序输入时的注意事项

1. 建立新程序时，要注意建立的程序号应为存储器内没有的程序号。
2. 建立、输入程序名时后面不加段结束符。
3. 当输入内容在输入缓存区时，使用取消键可以从光标所在位置一个一个地向前删除字符。
4. 不输入任何内容直接按键将删除光标所在位置的内容。

项目评价

表 1—3—4　　手工编程基础知识及程序输入编辑的测定评分表

班级：	姓名：	学号：	成绩：			
序号	项目与技术要求	配分	评分标准	自检记录	交检记录	得分
1	数控编程基础	15	酌情扣分			
2	准备功能指令熟记	15	酌情扣分			
3	辅助功能指令熟记	15	酌情扣分			
4	主轴功能、进给功能和刀具功能	15	酌情扣分			
5	程序的输入、删除和编辑	15	酌情扣分			

续表

序号	项目与技术要求	配分	评分标准	自检记录	交检记录	得分
6	机床的操作熟练度	25	酌情扣分			
7	安全文明操作	倒扣	每次扣 2 分			

学生任务实施过程的小结及反馈：

教师点评：

模块二

基础零件加工

项目一　平面加工

项目目标

1. 能够学会一般平面铣削工艺设计编程。

2. 掌握数控铣床或加工中心绝对编程和增量编程的方法，且具有加工平面的能力。

项目描述

加工如图 2—1—1 所示模板，其材料为 45 钢，表面基本平整，需要做上表面的平面加工。尺寸为 300 mm × 100 mm × 20 mm。

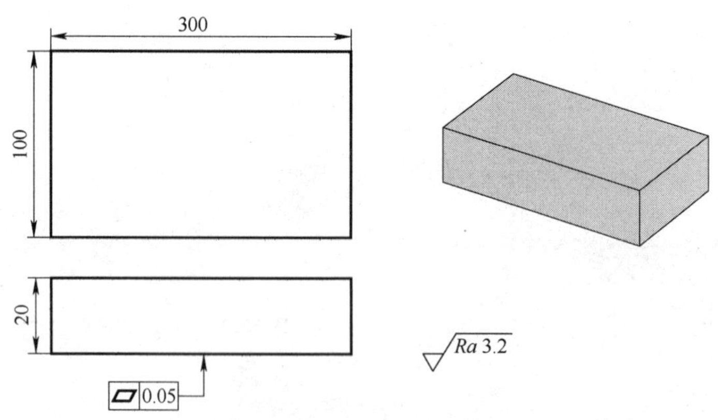

图 2—1—1　数控加工平面

项目分析

加工中有平面度要求，但其他精度要求较低，完全可以采用行切法加工。加工程序的编制比较简单。采用平口虎钳进行装夹，装夹已加工表面时，要采用软钳口或在钳口加铜皮，这样对已加工表面有保护作用，避免夹伤或划伤。

项目知识与技能

一、绝对值/增量值编程（G90/G91）

1. 绝对值编程 G90

格式：G90 G00（G01）X __ Y __ Z __ F __；

如图 2—1—2 所示刀具轨迹 $O \to 1 \to 2$，用 G90 编程为：

G90 G01 X30. Y20. F80；

X20. Y40.；

2. 增量值编程 G91

格式：G91 G00（G01）X __ Y __ Z __ F __；

解释：程序中增量坐标功能字后面的坐标是以刀具起点坐标作为基准的，表示刀具终点坐标相对刀具起点坐标的增量。

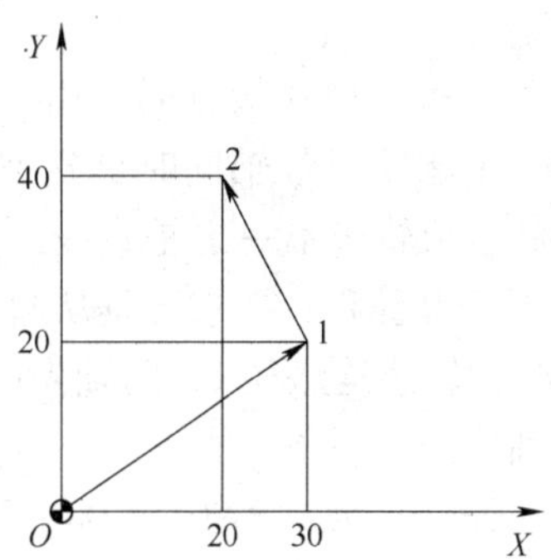

图 2—1—2 绝对值、增量值编程

如图 2—1—2 所示刀具轨迹 $O \to 1 \to 2$，用 G91 编程为：

G91 G01 X30. Y20. 0 F80；

X-10. Y20.；

在 ISO 代码中，绝对坐标指令用 G90 表示，增量坐标指令用 G91 表示。在绝对值指令模态下，指定的是运动终点在当前坐标系中的坐标值；而在增量值指令模态下，指定的则是各轴运动的距离。

提示：

（1）绝对值编程，是指工件坐标系原点至各编程终点的坐标值。

（2）增量值编程时，计算方法为终点坐标减去起点坐标的差值。

（3）G90 与 G91 是同组的模态指令，不能同时在一个程序段内出现，在程序中可以根据需要随时进行变换使用。无论是 G90 还是 G91，都要根据具体的零件来确定。

二、准备功能

准备功能字的地址符是 G，所以又称为 G 功能、G 指令或 G 代码。它的作用是建立数控机床工作方式，为数控系统插补运算、刀补运算、固定循环等做好准备。

G 指令中的数字一般是两位正整数（包括 00）。随着数控系统功能的增加，G00—G99 已不够使用，所以有些数控系统的 G 功能字中的后续数字已采用 3 位数。G 功能有模态 G 功能和非模态 G 功能之分。非模态 G 功能是只在所规定的程序段中有效，程序段结束时被注销；模态 G 功能是指一组可相互注销的 G 功能，其中某一 G 功能一旦被执行，则一直有效，直到被同一组的另一 G 功能注销为止。

1. 快速点定位 G00

格式：G00 X __ Y __ Z __；

说明：

X、Y、Z：定位终点坐标。在 G90 时为终点在工件坐标系中的坐标；在 G91 时为终点相对于起点的位移量。不移动的轴可以不写。

G00 指定刀具相对于工件以各轴预先设定的速度，从当前位置快速移动到程序段指令的定位目标点。G00 指令中的快移速度由机床参数“快移进给速度”对各轴分别设定，不能用地址 F 指定。

G00 一般用于加工前快速定位或加工后快速退刀。移动速度可由面板上的修调旋钮来调整。

在执行 G00 指令时，由于各轴以各自速度移动，不能保证各轴同时到达终点，因而联动直线轴的合成轨迹不一定是直线。如图 2—1—3 所示，使用 G00 编程，要求刀具从起点快速定位到终点，G00 的轨迹是路径 1，两轴先同时进给，较长距离的轴再进给一条直线。

程序为：G90 G00 X20. Y20；或 G91 G00 X40. Y40. ;

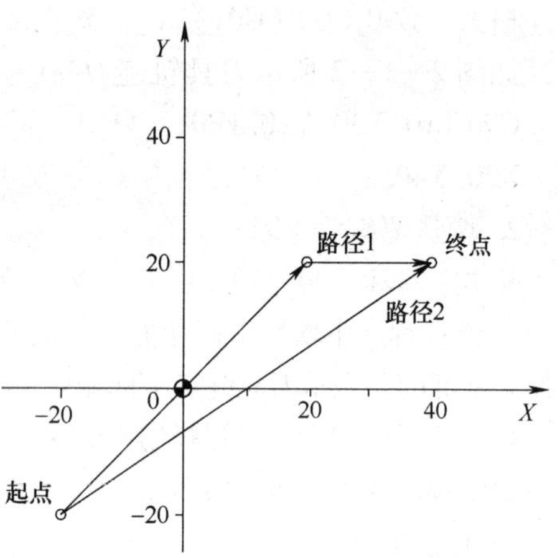

图 2—1—3 G00 和 G01 指令路径

因为 G00 的移动速度较快，操作者必须格外小心，以免刀具与工件发生碰撞。常见的做法是：当进刀时，先移动 *X* 和 *Y* 轴进行定位，然后 *Z* 轴下降到加工深度；当退刀时，先将 *Z* 轴向上移动到安全高度，然后再移动 *X* 轴和 *Y* 轴。

2. 直线插补 G01

格式：G01 X __ Y __ Z __ F __ ；

说明：

X、Y、Z：直线插补的终点，在 G90 时为终点在工件坐标系中的坐标，在 G91 时为终点相对于起点的位移量。

F：进给速度，可以是每分进给（G94），也可以是每转进给（G95）。

G01 指令刀具以联动的方式，按 F 规定的合成进给速度，从当前位置按线性路线移动到程序段指定的终点。如图 2—1—3 所示，使用 G01 编程，要求从起点直线插补到终点，其轨迹是路径 2。

程序为：G90 G01 X20. Y20. ；或 G91 G01 X40. Y40. ；

三、辅助功能

辅助功能字也称 M 功能、M 指令或 M 代码。M 指令是控制机床在加工时做一些辅助动作的指令，如主轴的正反转、切削液的开关等。

1. 程序暂停 M00

执行 M00 功能后，机床的所有运动均被切断，机床处于暂停状态。重新启动程序启动按钮后，系统将继续执行后面的程序段。

例如：

N10 G00 X100. Z100. ;

N20 M00；

N30 G00 X50. Z50. ；

执行到 N20 程序段时，进入暂停状态，重新启动后将从 N30 程序段开始继续进行。如进行尺寸检验、排屑或插入必要的手工动作时，用此功能很方便。

说明：

M00 须单独设一程序段；

如在 M00 状态下，按复位键，则程序将回到开始位置。

2. 选择停止 M01

在机床的操作面板上有一“任选停止”开关，当开关打开到“ON”位置，程序中如遇到 M01 代码时，其执行过程与 M00 相同；当上述开关打到“OFF”位置，数控系统对 M01 不予响应。

例如：

N10 G00 X100. Z100. ；

N20 M01；

N30 G00 X50. Z50. ；

如“任选停止”开关打到“OFF”位置，则当系统执行到 N20 程序段时，不影响原有的任何动作，而是接着往下执行 N30 程序段。

此功能通常用来进行尺寸检验，而且 M01 应作为一个程序段单独设定。

3. 程序结束 M02、M30

主程序结束，切断机床所有动作，并使程序复位。

说明：必须单独作为一个程序段设定。

4. 主轴正转 M03

此代码启动主轴正转（逆时针）。

5. 主轴反转 M04

此代码启动主轴反转（顺时针）。

6. 主轴停止 M05

此代码使主轴停止转动。

7. 换刀 M06

8. 1#切削液开 M07

9. 2#切削液开 M08

10. 切削液关 M09

四、数控铣床/加工中心常用刀具

数控铣床/加工中心常用刀具如图 2—1—4 所示。

面铣刀可用于粗加工，也可以用于精加工。粗加工要求有较大的生产率，即要求有较大的铣削用量。为使粗加工时能取较大的切削深度，切除较大的余量，粗加工宜选择较小的铣刀直径；精加工应能够保证加工精度，要求加工表面粗糙度值要小，应避免在精加工面上的接刀痕迹，所以精加工的铣刀直径要选大一些，最好能包容加工面的整个宽度。

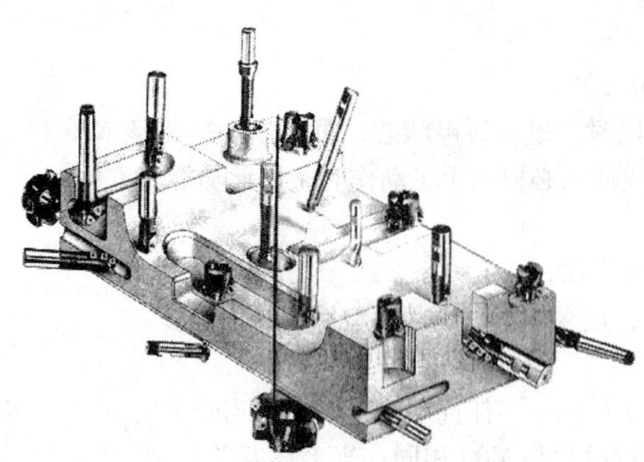

图2—1—4　数控铣床/加工中心常用刀具

面铣刀齿数对铣削生产率和加工质量有直接影响，齿数越多，同时工作的齿数也越多，生产率高，铣削进程平稳，加工质量好。直径相同的可转位铣刀根据齿数不同可分为粗齿、细齿、密齿三种，见表2—1—1。粗齿铣刀主要用于粗加工；细齿铣刀用于平稳条件下的铣削加工；密齿铣刀铣削时每齿进给量较小，主要用于薄壁铸铁的加工。

表2—1—1　　可转位铣刀直径与齿数的关系

直径（mm）	50	63	80	100	125	160	200	250	315	400	500
粗齿	4				6	8	10	12	16	20	26
细齿				6	8	10	12	16	20	26	34
密齿					12	18	24	32	40	52	64

面铣刀主要用于立式铣床加工平面、台阶面等。面铣刀的主切削刃分布在铣刀的圆柱面上或圆锥面上，副切削刃分布在铣刀的端面上。面铣刀按结构可分为整体式面铣刀、硬质合金整体焊接式面铣刀、硬质合金可转位式面铣刀等形式。

1. 整体式面铣刀

整体式面铣刀如图2—1—5a所示。由于该铣刀的材料为高速钢，所以其切削速度和进给量都受到一定的限制，生产率较低，并且由于该铣刀的刀齿损坏后很难修复，所以整体式面铣刀的应用较少。

2. 硬质合金整体焊接式面铣刀

如图2—1—5b所示，该面铣刀由硬质合金刀片与合金钢刀体焊接而成。其结构紧凑，切削效率高。由于它的刀齿损坏后也很难修复，所以这种铣刀的应用也不多。

3. 硬质合金可转位式面铣刀

如图2—1—5c所示，这种面铣刀是将硬质合金可转位刀片直接装夹在刀体槽中，切削刃磨钝后，只需将刀片转位或更换新的刀片即可继续使用。硬质合金可转位式面铣刀具有加工质量稳定、切削效率高、刀具寿命长、刀片的调整和更换方便以及刀片重复定位精度高的特点，所以该铣刀是目前生产上应用最广的刀具之一。

a）

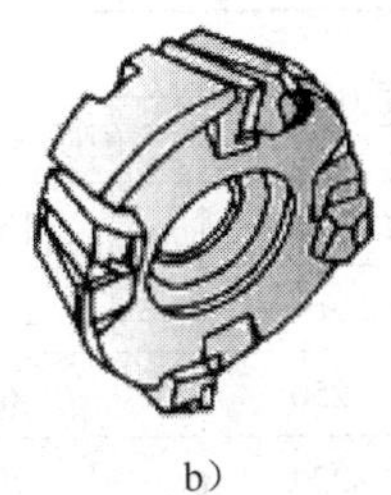
b）

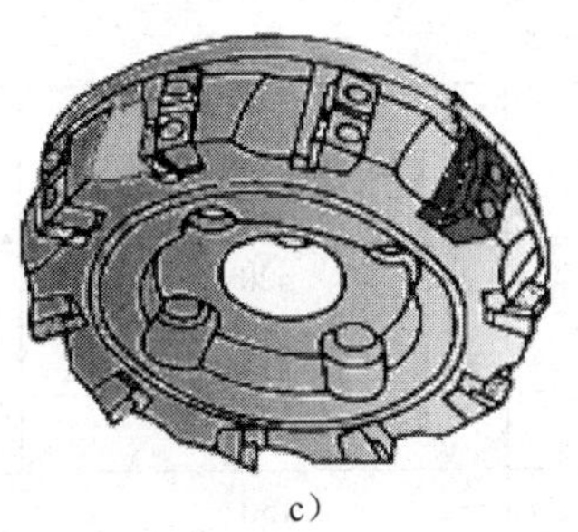
c）

图 2—1—5　面铣刀

a）整体式刀片　b）整体焊接式硬质合金刀片　c）机械夹固可转位硬质合金刀片

五、选择铣削用量

1. 背吃刀量 a_p（端铣）或侧吃刀量 a_e（圆周铣）的选择

铣削加工分为粗铣、半精铣和精铣。粗铣时，在机床动力足够和工艺系统刚度许可的条件下，应选取尽可能大的吃刀量，一般情况下，在留出精铣和半精铣余量 0.5 ~2 mm 后，其余的余量可作为粗铣吃刀量，尽量一次切除。半精铣吃刀量可选为 0.5 ~1.5 mm。精铣吃刀量可选为 0.2 ~0.5 mm。

2. 进给速度 v_f 的选择

进给速度 v_f（mm/min）与每齿进给量 f_z 有关。

即

$$v_f = f_n = f_z zn$$

式中　n——铣刀主轴转速，r/min；

z——铣刀齿数。

粗加工时，每齿进给量 f_z 的选取主要取决于工件材料的力学性能、刀具材料和铣刀类型。工件材料强度和硬度越高，选取的 f_z 越小，反之则越大；硬质合金铣刀的每齿进给量 f_z 应大于同类高速钢铣刀；而对于面铣刀、圆柱铣刀、立铣刀，由于它们刀齿强度不同，其每齿进给量 f_z 按面铣刀→圆柱铣刀→立铣刀排列顺序依次递减。

精加工时，每齿进给量 f_z 的选取要考虑工件表面粗糙度的要求，表面粗糙度值越小，每齿进给量 f_z 越小。表 2—1—2 为面铣刀每齿进给量 f_z 推荐值。

表 2—1—2　面铣刀每齿进给量 f_z 推荐值

工件材料	高速钢刀齿（mm/z）	硬质合金刀齿（mm/z）
钢材	0.02 ~0.06	0.10 ~0.25
铸铁	0.05 ~0.10	0.15 ~0.30

3. 切削速度 v_c 的选择

切削速度与刀具耐用度、吃刀量、每齿进给量、刀具齿数成反比，与铣刀直径成正比，此外还与工件材料、刀具材料、铣刀材料、加工条件等因素有关。表 2—1—3 为铣削速度 v_c 推荐值。

每齿进给量 f_z 和切削速度 v_c，一般情况下从《切削用量手册》中查出。

表 2—1—3　　铣削速度 v_c 推荐值

工件材料	抗弯强度（MPa）	硬度 HBW	刀具材料	
			硬质合金（m/min）	高速钢（m/min）
20	420	≤156	150 ~ 190	20 ~ 45
45	610	≤229	120 ~ 150	20 ~ 35
40Cr	1000	220 ~ 250	60 ~ 90	15 ~ 25
灰铸铁	150	163 ~ 229	70 ~ 100	14 ~ 22
H62	330	56	120 ~ 200	30 ~ 60
铝合金	20	≥60	400 ~ 600	112 ~ 300
不锈钢	55	≤170	50 ~ 100	16 ~ 25

六、平口虎钳的种类及零件安装

平口虎钳又称为机用虎钳（俗称虎钳），具有较大的通用性和经济性，适用于尺寸较小的方形工件的装夹。数控铣床常用平口虎钳如图 2—1—6 所示，采用机械螺旋式、气动式或液压式夹紧方式。

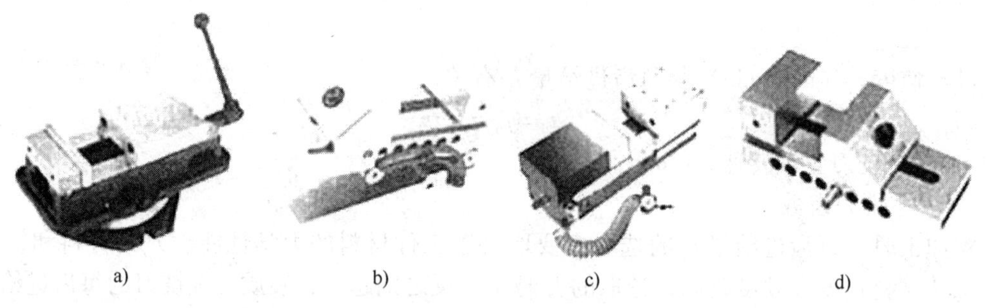

a)　　b)　　c)　　d)

图 2—1—6　平口虎钳

a）机械螺旋夹紧式通用平口钳　b）液压式正弦规平口钳　c）气动式精密平口钳　d）液压式精密平口钳

机械螺旋式平口虎钳有回转式和非回转式两种。回转式平口虎钳当需要将装夹的工件旋转角度时，可按回转盘上的刻度线和虎钳体上的零位刻度线直接读出所需的角度值。非回转式平口虎钳没有下部的回转盘。回转式平口虎钳在使用时虽然方便，但由于多了一层结构，其高度增加，刚度较差，所以在铣削平面、垂直面或平行面时，一般都采用非回转式平口虎钳。把虎钳装夹到工作台上时，钳口与主轴的方向应根据工件长度来决定，对于长的工件，钳口应与主轴垂直，在立式铣床上应与进给方向一致。对于短的工件，钳口宜与进给方向垂直。

在把工件毛坯装到虎钳内时，必须注意毛坯表面情况，若是粗糙不平或有硬皮的表面，就必须在两钳口上垫紫铜皮。表面粗糙度值小的平面在夹到钳口内时，垫薄的铜皮。为方便加工，还应选择适当厚度的垫铁垫在工件下面，使工件的加工面高出钳口。高出的尺寸，以能把加工余量全部切除而不至于切到钳口为宜。

项目实施

在铣床上铣削平面的方法有两种，即周边铣削（俗称圆周铣削）和端面铣削（俗称端铣）。

一、周边铣削

周边铣削是指用铣刀周边齿刃进行的铣削，铣削平面时是利用分布在铣刀圆柱面上的切削刃来铣削并形成平面的，如图 2—1—7a 所示。假设有一个圆柱做旋转运动，当工件在圆柱下做直线运动通过后，工件表面就被碾成一个平面。

由于圆柱形铣刀是由若干个切削刃组成的，不同于圆柱体，所以在铣出的平面上有微小的波纹。要使被加工表面获得小的表面粗糙度值，工件的进给速度要慢一些，而铣刀的转速要适当增快。

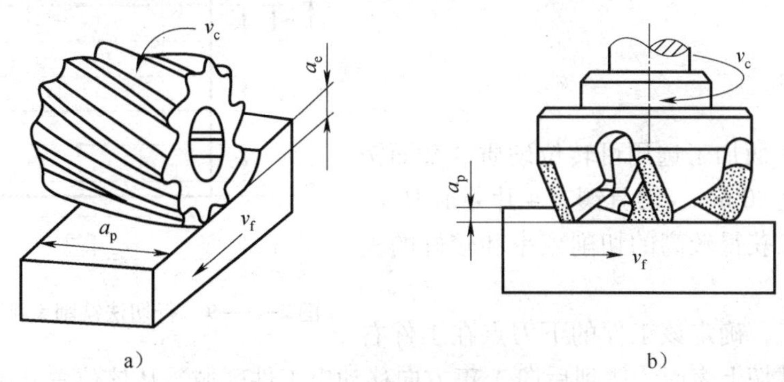

图 2—1—7 周边铣削/端面铣削

a）周边铣削 b）端面铣削

用周边铣削的方法铣出的平面，其平面度主要取决于铣刀的圆柱度，因此在精铣平面时，要保证铣刀的圆柱度。

二、端面铣削

端面铣削是指用铣刀端面齿刃进行的铣削。铣削平面时是利用分布在铣刀端面上的刀尖来形成平面，如图 2—1—7b 所示。用端面铣削的方法铣出的平面，也有一条条刀纹，刀纹的粗细（即表面粗糙度值的大小）也与工件的进给速度和铣刀的转速等因素有关。

用端面铣削的方法铣出的平面，其平面度主要取决于铣床主轴与进给方向的垂直度。若主轴与进给方向垂直，则刀尖旋转时的轨迹为一个与进给方向平行的圆环，这个圆环切割出一个平面。实际上，铣刀刀尖在工件表面会铣出成网状刀纹，若铣床主轴与进给方向不垂直，则相当于用一个倾斜的圆环，把工件表面切出一个凹面，此时，铣刀刀尖在工件表面会铣出单向的弧形刀纹。

在铣削过程中，若进给方向是从刀尖高的一端移向刀尖低的一端时，则会产生“拖刀”现象，若进给方向是从刀尖低的一端移向高的一端，则无“拖刀”现象。如图 2—1—8 所示为一般平面加工，如图 2—1—9 所示为行切法铣削大平面的进给路线。

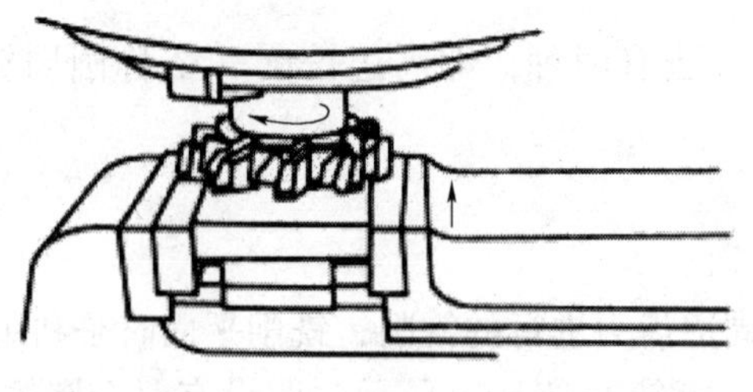

图 2—1—8　一般平面加工

三、机床选择

本任务选用的机床为 XK7550 型 FANUC 0i 系统数控铣床。

四、工艺分析

该模板的平面加工选用可转位硬质合金面铣刀，刀具直径为 40 mm，刀具镶有 4 片菱形刀片，使用该刀具可以获得较高的切削效率和较好的表面加工质量。

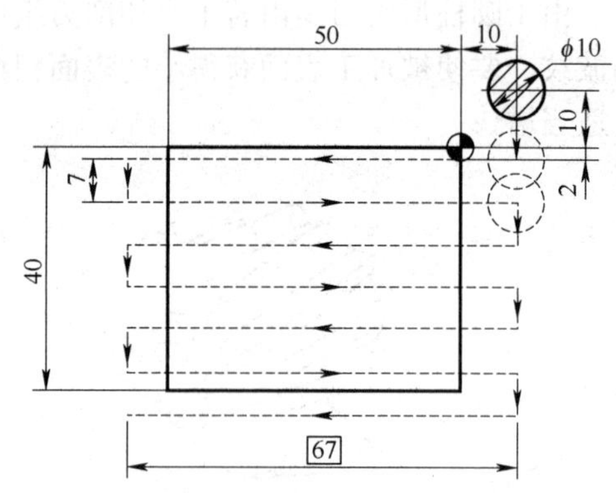

图 2—1—9　行切法铣削大平面的进给路线

为方便加工，确定该工件的下刀点在工件右下角，用铣刀试切上表面，碰到后向 *X* 正方向移动出工件区域，从该位置开始做程序加工。

1. 编写程序（见表 2—1—4）

表 2—1—4　　加 工 程 序

刀具：ϕ40 mm 面铣刀

程序号：O0001

程序段号	程序内容	说明
N10	M03 S600;	主轴正转
N20	G43 G00 Z0 H01;	*Z* 向快速定位
N30	G91 G01 Z-0.2 F500;	*Z* 向下刀至加工高度
N40	X-340.;	
N50	Y30.;	
N60	X340.;	
N70	Y30.;	
N80	X-340.;	行切法加工上表面
N90	Y30.;	
N100	X340.;	
N110	Y30.;	
N120	X-340.;	
N130	G49 G00 Z200.;	刀具快速抬至安全高度
N140	M05;	主轴停止
N150	M30;	程序结束

2. 数控加工

（1）安装刀具与装夹工件。

（2）数控程序的输入与校验。

（3）数控自动运行操作

1）程序校验。采用机床锁住、空运行和图形显示功能进行程序校验。

2）自动运行操作过程。自动运行操作流程及运行检视画面如图 2—1—10 所示，操作步骤如下：

①按下按钮“PROG”，调用刚才输入的程序 O0001。

②按下模式选择按钮“AUTO”。

③按下软键［检视］，使屏幕显示正在执行的程序及坐标。

④按下单步运行按钮“SINGLE BLOCK”，再按下循环启动按钮“CYCLE START”进行自动加工。

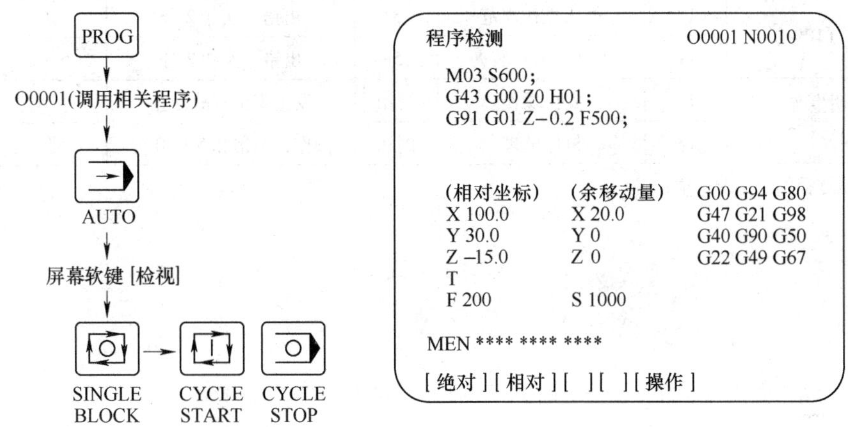

图 2—1—10　自动运行操作流程及运行检视画面

（4）操作过程中出现错误的解决方案

1）按循环停止按钮“CYCLE STOP”使程序暂停。该操作主要用于再次确认刀具的运行轨迹及运行的后续程序是否正确。

2）按 MDI 功能键“RESET”使程序停止执行，机床恢复到初始状态。该操作主要用于发现程序出错或刀具轨迹出错后的情况。

3）按紧急停止按钮“E-STOP”。该操作主要用于机床将出现危险事故的情况，通常情况下，按紧急停止按钮后，需重新进行回参考点操作。

注意：在首件自动运行加工时，操作者通常是一手放在循环启动键上，另一手放在循环停止键上，时刻观察刀具运行轨迹和加工程序，以保证加工安全。

项目评价

学生任务完成情况检测评分表见表 2—1—5。

表 2—1—5　　学生任务完成情况检测评分表

班级：＿＿＿＿＿　姓名：＿＿＿＿＿　学号＿＿＿＿＿　成绩：＿＿＿＿＿

<table>
<tr><th colspan="2">项目与配分</th><th>序号</th><th>技术要求</th><th>配分</th><th>评分标准</th><th>检测记录</th><th>得分</th></tr>
<tr><td rowspan="7">工件加工评分（80%）</td><td rowspan="5">轮廓（65）</td><td>1</td><td>300 mm</td><td>15</td><td>超差 0.05 扣 2 分</td><td></td><td></td></tr>
<tr><td>2</td><td>100 mm</td><td>15</td><td>超差 0.05 扣 3 分</td><td></td><td></td></tr>
<tr><td>3</td><td>20 mm</td><td>15</td><td>超差 0.05 扣 3 分</td><td></td><td></td></tr>
<tr><td>4</td><td>⏥ 0.05</td><td>10</td><td>不合格扣 2 分</td><td></td><td></td></tr>
<tr><td>5</td><td>$Ra6.3\ \mu m$</td><td>10</td><td>每错一处扣 2 分</td><td></td><td></td></tr>
<tr><td rowspan="2">其他（15）</td><td>6</td><td>工件按时完成</td><td>10</td><td>未按时完成全扣</td><td></td><td></td></tr>
<tr><td>7</td><td>工件无缺陷</td><td>5</td><td>缺陷一处扣 2 分</td><td></td><td></td></tr>
<tr><td colspan="2" rowspan="2">程序与工艺（10%）</td><td>8</td><td>程序正确合理</td><td rowspan="2">10</td><td>每错一处扣 1 分</td><td></td><td></td></tr>
<tr><td>9</td><td>加工工序卡</td><td>不合理每处扣 1 分</td><td></td><td></td></tr>
<tr><td colspan="2" rowspan="2">机床操作（10%）</td><td>10</td><td>机床操作规范</td><td>5</td><td>出错一次扣 2 分</td><td></td><td></td></tr>
<tr><td>11</td><td>工件、刀具装夹</td><td>5</td><td>出错一次扣 2 分</td><td></td><td></td></tr>
<tr><td colspan="2" rowspan="2">安全文明生产（倒扣分）</td><td>12</td><td>安全操作</td><td>倒扣</td><td rowspan="2">发生安全事故停止操作，酌情扣 5～30 分</td><td></td><td></td></tr>
<tr><td>13</td><td>机床整理</td><td>倒扣</td><td></td><td></td></tr>
</table>

学生任务实施过程的小结及反馈：

教师点评：

项目二　外轮廓加工

项目目标

1. 熟悉圆弧插补指令 G02/G03 的编写格式。
2. 编写带有圆弧轮廓零件的加工程序。
3. 掌握控制尺寸精度的基本方法。

项目描述

零件毛坯尺寸为 70 mm × 80 mm × 20 mm，45 钢，四周与下表面已经加工好，只进行外轮廓加工，如图 2—2—1 所示。

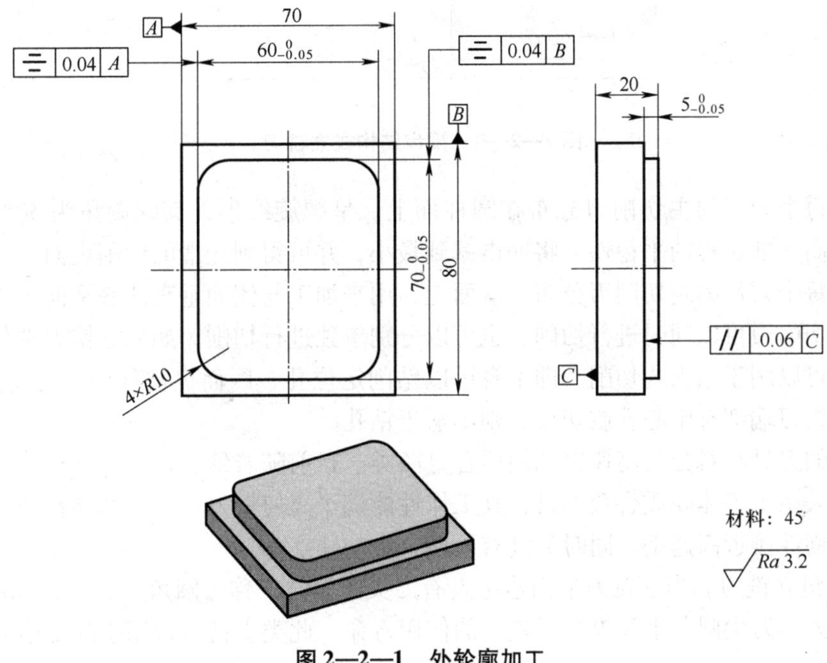

图 2—2—1 外轮廓加工

项目分析

如果直接计算刀具刀位点的轨迹进行编程，则计算复杂，容易出错，编程效率低，而采用刀具半径补偿方式进行编程，则较为简便。

项目知识与技能

一、刀具与切削用量的选择

1. 立铣刀

（1）通用立铣刀。从结构上分为整体结构式立铣刀（见图 2—2—2）和镶齿结构式立铣刀（见图 2—2—3）。镶齿结构式立铣刀又分为方肩式和长肩式，长肩式也称作玉米式立铣刀。

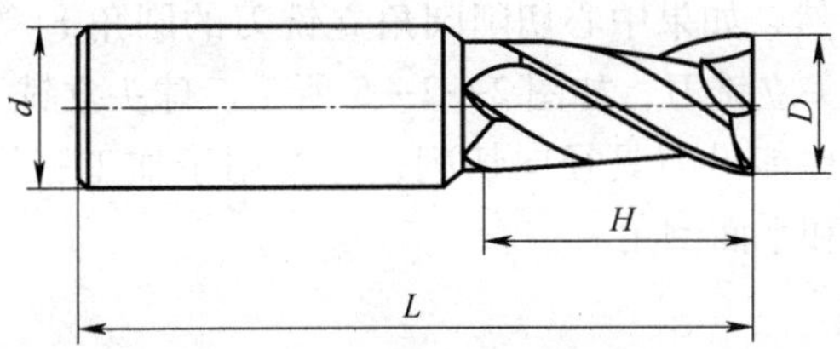

图 2—2—2 整体结构式立铣刀

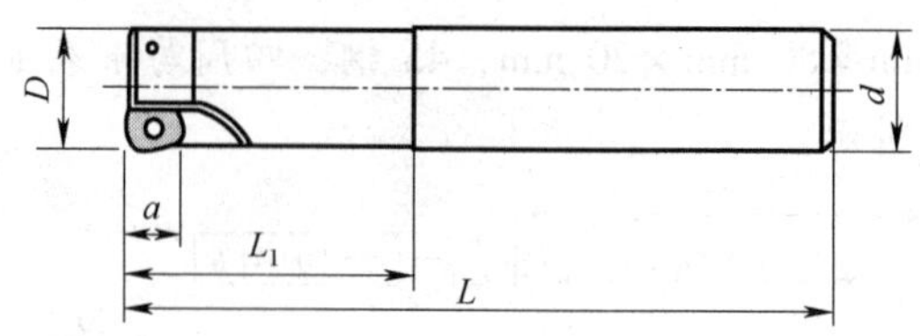

图 2—2—3　镶齿结构式立铣刀

立铣刀每个刀齿的主切削刃分布在圆柱面上，呈螺旋线形，其螺旋角为 30° ~45°，这样有利于提高切削过程的平稳性，将冲击减到最小，并可得到光滑的切削表面。

立铣刀每个刀齿的副切削刃分布在端面上，用来加工与侧面垂直的底平面。立铣刀的主切削刃和副切削刃可以同时进行切削，也可以分别单独进行切削。如果立铣刀端部没有中心孔或切口，可以用于钻入式切削，即本身可以钻削定位孔，因而也被称为中心切削立铣刀，但是如果立铣刀端部有中心孔或切口，则不适于钻孔。

立铣刀的刀具材料分为高速钢和硬质合金两类。目前随着细晶粒硬质合金的应用，许多小型立铣刀采用了整体硬质合金刀具，其工作性能优于高速钢刀具。由细晶粒硬质合金制成的刀具，其韧性接近高速钢，同时又具有硬质合金的硬度。

（2）圆角立铣刀。当立铣刀端面边缘具有刀尖圆角时，称为圆角立铣刀，如图 2—2—4 所示。立铣刀的刀尖圆角半径提高了铣刀的使用寿命，此类立铣刀常用于加工槽或型腔的过渡圆角。

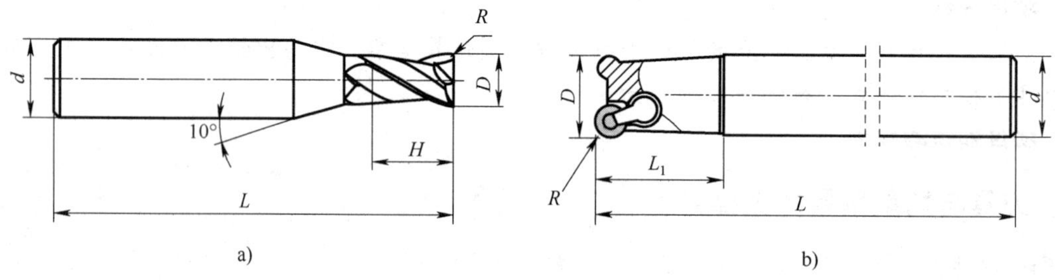

图 2—2—4　圆角立铣刀

a）整体圆角铣刀　b）镶嵌式圆角铣刀

（3）球头立铣刀。显然，如果中心切削圆角立铣刀的圆角 r_e 等于刀具半径，则刀具端面刃为球面，此时称为球头立铣刀，如图 2—2—5 所示。球头立铣刀端面是球面切削刃，刀具能够沿轴向切入工件，也能沿刀具径向切削，主要用于加工三维的型腔或凸凹模成形表面，也可以用于孔口倒角和平面倒角。

2. 切削用量的选择

（1）确定主轴转速。选用 $\phi16$ mm 高速钢四刃立铣刀，根据切削用量表，切削速度选 $v_c=30$ m/min，因此

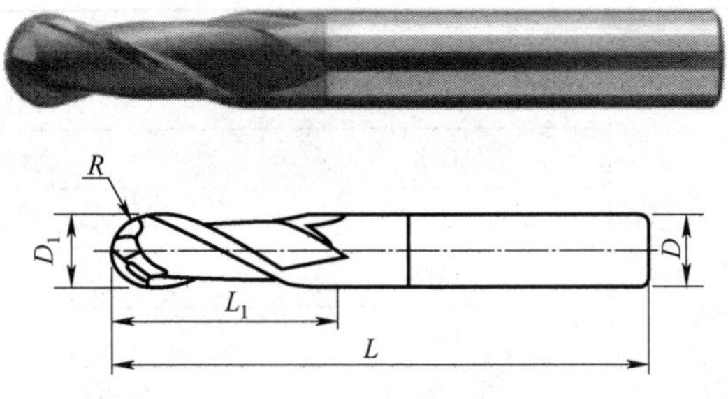

图 2—2—5 球头立铣刀

$$n=1\ 000v_c/\pi d=\frac{1\ 000\times30}{3.14\times16}\approx597\ \text{r/min}$$

最终取 $n=600$ r/min。

（2）确定进给速度。根据切削用量表，选取每齿进给量 $f_z=0.1$ mm，则

$$v_f=f_z z n=0.1\times4\times600=240\ \text{mm/min}$$

因此，取 $v_f=240$ mm/min。

二、程序编制

1. 圆弧插补（G02、G03）

对于加工中心来说，编制圆弧加工程序与数控铣床类似，也要选择平面，如图 2—2—6 所示。

编制程序段有两种书写方式，一种是圆心法，另一种是半径法。

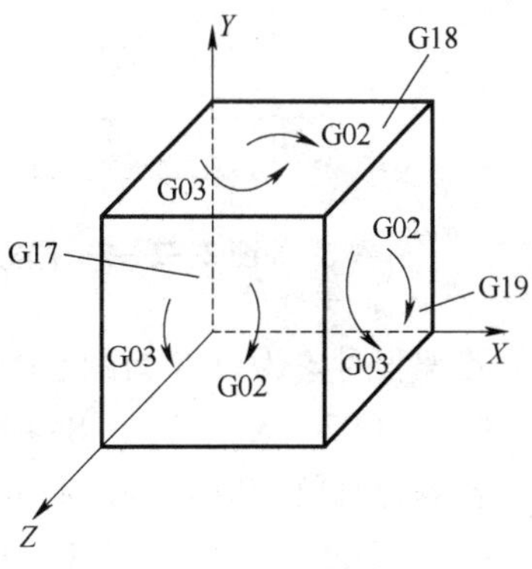

图 2—2—6 圆弧插补

（1）书写格式

1）*XY* 平面圆弧：

$$\text{G17}\begin{Bmatrix}\text{G02}\\ \text{G03}\end{Bmatrix}\ \text{X}\_\ \text{Y}\_\ \begin{Bmatrix}\text{R}\_\\ \text{I}\_\ \text{J}\_\end{Bmatrix}\ \text{F}\_;$$

2）*XZ* 平面圆弧：

$$\text{G18}\begin{Bmatrix}\text{G02}\\ \text{G03}\end{Bmatrix}\ \text{X}\_\ \text{Z}\_\ \begin{Bmatrix}\text{R}\_\\ \text{I}\_\ \text{K}\_\end{Bmatrix}\ \text{F}\_;$$

3）*YZ* 平面圆弧：

$$\text{G19}\begin{Bmatrix}\text{G02}\\ \text{G03}\end{Bmatrix}\ \text{Y}\_\ \text{Z}\_\ \begin{Bmatrix}\text{R}\_\\ \text{J}\_\ \text{K}\_\end{Bmatrix}\ \text{F}\_;$$

（2）圆心编程。与圆弧加工有关的指令说明见表 2—2—1。用圆心编程的情况如图 2—2—7 所示。

表 2—2—1　　与圆弧加工有关的指令说明

条件		指令	说明
平面选择		G17	圆弧在 *XY* 平面上
		G18	圆弧在 *XZ* 平面上
		G19	圆弧在 *YZ* 平面上
旋转方向		G02	顺时针方向
		G03	逆时针方向
终点位置	G90	X、Y、Z	终点数据是工件坐标系中的坐标值
	G91	X、Y、Z	指定从起点到终点的距离
圆心坐标		I、J、K	起点到圆心的距离

（3）半径编程。用 R 指定圆弧插补时，圆心可能有两个位置，这两个位置由 R 后面值的符号区分，圆弧所含弧度不大于 π 时，R 为正值；大于 π 时，R 为负值。如图 2—2—8 所示为用半径编程的情况。

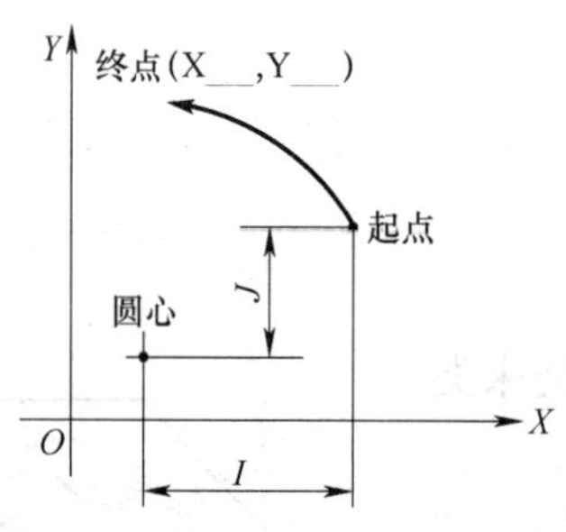

图 2—2—7　圆心编程

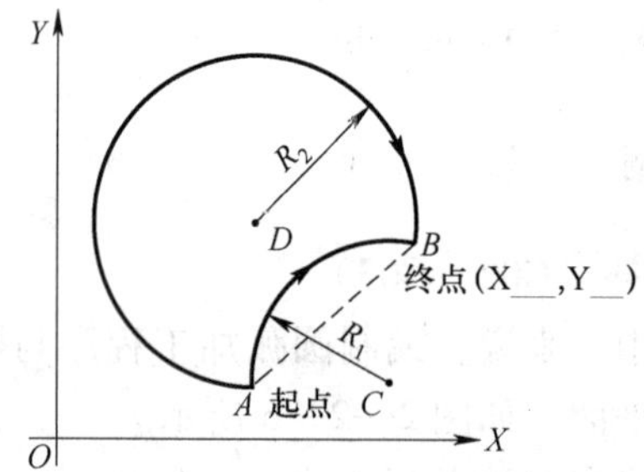

图 2—2—8　半径编程

若编程对象为以 *C* 为圆心的圆弧时，有：

G17　G02　X＿ Y＿ R $\underline{+R_1}$；

若编程对象为以 *D* 为圆心的圆弧时，有：

G17　G02　X＿ Y＿ R $\underline{-R_2}$；

其中 R_1、R_2 为半径值。

（4）整圆编程。如图 2—2—9 所示，整圆程序编写如下：

绝对值编程：G90　G02　X40. Y0　I-40.；

增量值编程：G91　G02　X0　Y0　I-40.；

在圆弧插补时，I0、J0、K0 可以省略。

注意：

①在编写整圆程序时，仅用 I、J、K 指定中心。

②若写入的半径 R 为 0 时，机床报警（N023）。

③实际刀具移动速度与指定速度的相对误差在 ±2% 以内，但是这个指定速度是使用刀具半径补偿后的沿工件圆弧的速度。

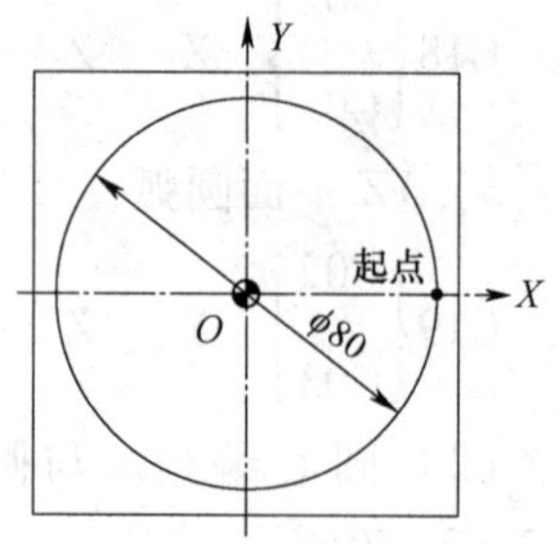

图 2—2—9　整圆编程

2. 任意角度倒棱角 C/倒圆弧 R

可在任意的直线插补和圆弧插补间，自动插入倒棱或倒圆。

直线插补（G01）及圆弧插补（G02、G03）程序段最后附加 C 则自动插入倒棱。附加 R 则自动插入倒圆。上述指令只在平面选择指令（G17、G18、G19）指定的平面内有效。

C 后的数值为假设倒角时，指令由假想角交点到倒角开始点、终止点的距离，如图 2—2—10 所示。

在倒棱/倒圆过程中有时在 *C/R* 前加“,”，有的情况下不加。

例如　N10　G91　G01　X100.，C10.；

　　　N20　X100.　Y100.；

R 后的数值指定倒圆的半径值，如图 2—2—11 所示。

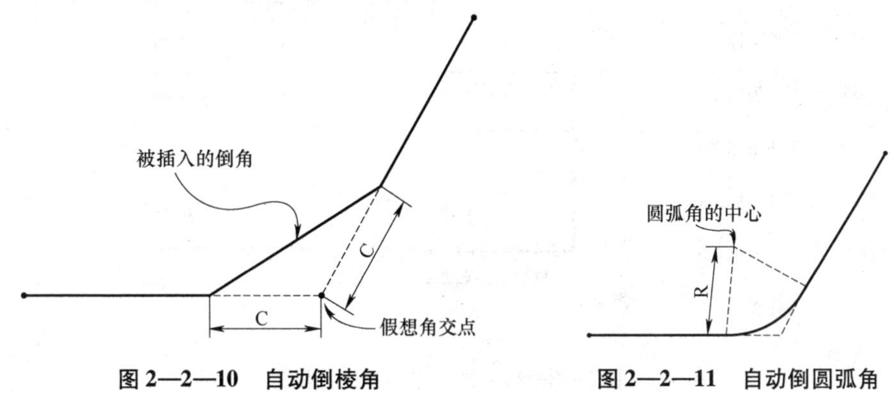

图 2—2—10　自动倒棱角　　**图 2—2—11　自动倒圆弧角**

N10　G91　G01　X100.　R10.；

N20　X100.　Y100.；

但上述倒棱 C 及倒圆 R 程序段之后的程序段，须是直线插补（G01）或圆弧插补（G02、G03）的移动指令。若为其他指令，则出现 P/S 报警，警示号 52。

3. 用 G54—G59 设置工件坐标系

（1）工件坐标系的设定。用 G54—G59 可以选择 6 个工件坐标系，分别为工件坐标系 1 ~6。通过面板设定机床零点到各个坐标原点的距离，便可设定 6 个工件坐标系，如图 2—2—12 所示。

G54—G59 是模态指令，在执行手动回参考点之后，如果未选择工件坐标系自动设定功能，系统便按缺省值选择 G54—G59 中的一个。一般情况下系统把 G54 作为缺省值。

（2）G54—G59 参数设置。在 MDI 键盘上单击 OFFSET SETING 键，按软键［坐标系］进入坐标系参数设定界面，输入“0 ×”（01 表示 G54，02 表示 G55，依次类推），按软键［NO 检索］，光标停留在选定的坐标系参数设定区域，如图 2—2—13 所示。

（3）工件坐标系的扩充。对于某些机床，其坐标系不止 6 个，可扩充至 48 个或 150 个，并将扩充的工件坐标系的原点偏置值设定到相应的偏置量存储区。

指令格式：G54 P*n*；（*n* = 1 ~48）

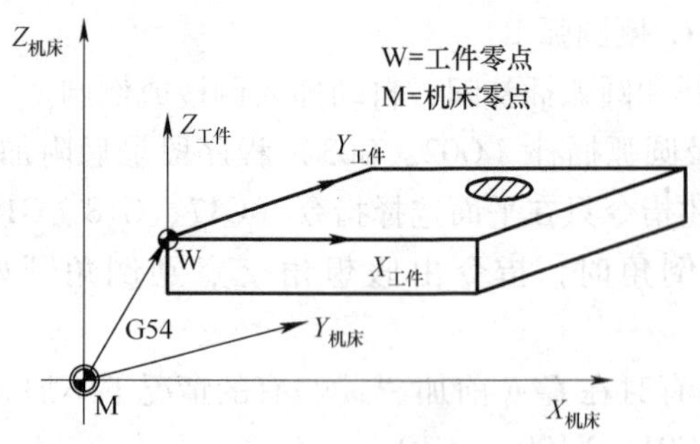

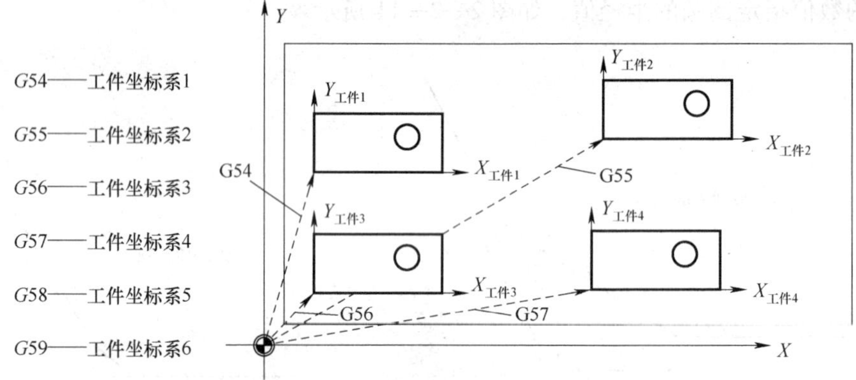

图 2—2—12　加工坐标系的设置

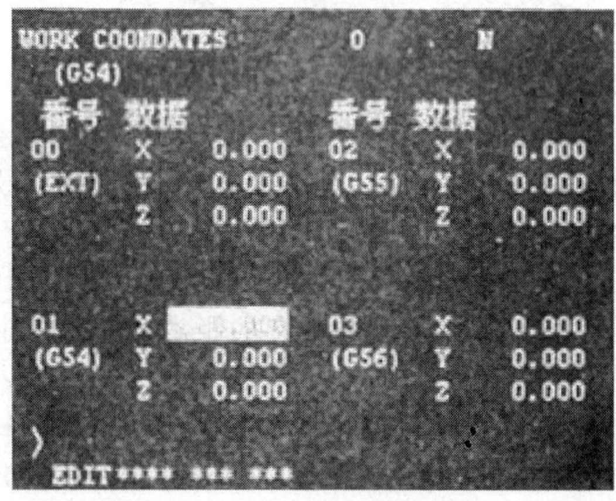

图 2—2—13　工件坐标系参数设置

项目实施

一、加工阶段

当零件的加工质量要求较高时，往往不可能用一道工序来满足其要求，而要用几道工序逐步达到所要求的加工质量。为保证加工质量和合理地使用设备、人力，零件的加工过程通常按工序性质不同，分为粗加工、半精加工、精加工和光整加工四个阶段。

1. 粗加工阶段

其任务是切除毛坯上大部分多余的金属，使毛坯在形状和尺寸上接近零件成品，因此，主要目标是提高生产率。

2. 半精加工阶段

其任务是使主要表面达到一定的精度，留有一定的精加工余量，为主要表面的精加工（如精铣、精磨）做好准备。并可完成一些次要表面加工，如扩孔、攻螺纹、铣键槽等。

3. 精加工阶段

其任务是保证各主要表面达到规定的尺寸精度和表面粗糙度要求，主要目的是全面保证加工质量。

4. 光整加工阶段

对零件上精度和表面粗糙度要求很高的表面，需进行光整加工，其主要目的是提高尺寸精度、减小表面粗糙度值，一般不用来提高位置精度。

二、数控铣削加工工序的划分原则

1. 按所需刀具划分

以同一把刀具完成的那一部分工艺过程为一道工序，这种方法适用于工件的待加工表面较多、机床连续工作时间较长、加工程序的编制和检查难度较大等情况。

2. 按安装次数划分

以一次安装完成的那一部分工艺过程为一道工序，这种方法适用于加工内容不多的工件，加工完成后就能达到待检状态。

3. 按粗、精加工划分

即粗加工中完成的那一部分工艺过程为一道工序，精加工中完成的那一部分工艺过程为一道工序。这种划分方法适用于加工后变形较大，需粗、精加工分开的零件，如毛坯为铸件、焊接件或锻件。

4. 按加工部位划分

即以完成相同型面的那一部分工艺过程为一道工序，对于加工表面多而复杂的零件，可按其结构特点（如内腔、外形、曲面、平面等）划分成多道工序。

三、工步的划分

工步是指在一次装夹中，加工表面、切削刀具和切削用量都不变的情况下进行的那部分加工。划分工步的要点是工件表面、切削刀具和切削用量三不变。同一工步中可能有几次进给。

通常情况下，可分别按粗、精加工分开，先面后孔的加工方法和切削刀具来划分工步。在划分工步时，要根据零件的结构特点、技术要求等情况综合考虑。

四、数控铣削加工顺序的安排

1. 基面先行原则。
2. 先粗后精原则。
3. 先主后次原则。
4. 先面后孔原则。

五、铣削内外轮廓的进给路线

如图 2—2—14 所示，当铣削平面零件外轮廓时，一般采用立铣刀侧刃切削。刀具切入工件时，应避免沿零件外轮廓的法向切入，而应沿外轮廓曲线延长线的切向切入，以避免在切入处产生刀具的刻痕而影响表面质量，保证零件外轮廓曲线平滑过渡。同理，在切离工件时，也应避免在工件的轮廓处直接退刀，而应该沿零件轮廓延长线的切向逐渐切离工件。

如图 2—2—15 所示为圆弧插补方式铣削外整圆时的进给路线。当整圆加工完毕时，不要在切点处直接退刀，而应让刀具沿切线方向多运动一段距离，以免取消刀补时，刀具与工件表面相碰，造成工件报废。

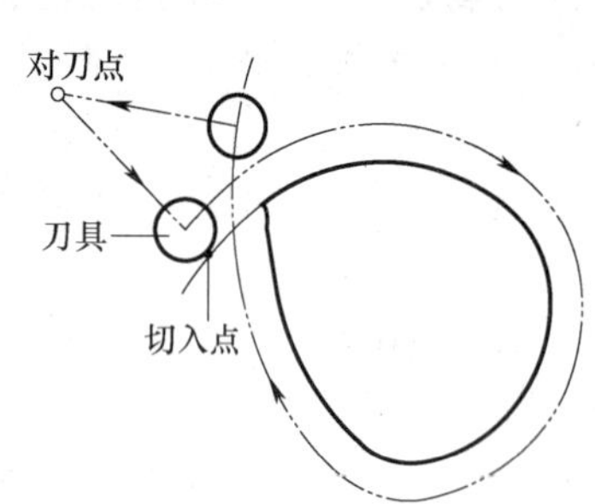

图 2—2—14　外轮廓加工刀具的切入和切出

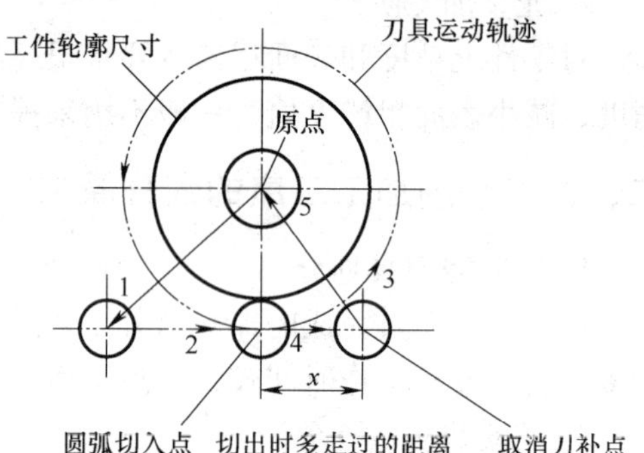

图 2—2—15　铣削外整圆时的进给路线

六、顺铣和逆铣的概念、特点及选用

1. 顺铣和逆铣的概念

用铣刀圆周上的切削刃来铣削工件的表面称为周铣法。其有两种铣削方式：

（1）顺铣。铣刀旋转方向与工件进给方向相同。铣削时每齿切削厚度从最大逐渐减小到零，如图 2—2—16a 所示。

（2）逆铣。铣刀旋转方向与工件进给方向相反。铣削时每齿切削厚度从零逐渐到最大而后切出，如图 2—2—16b 所示。

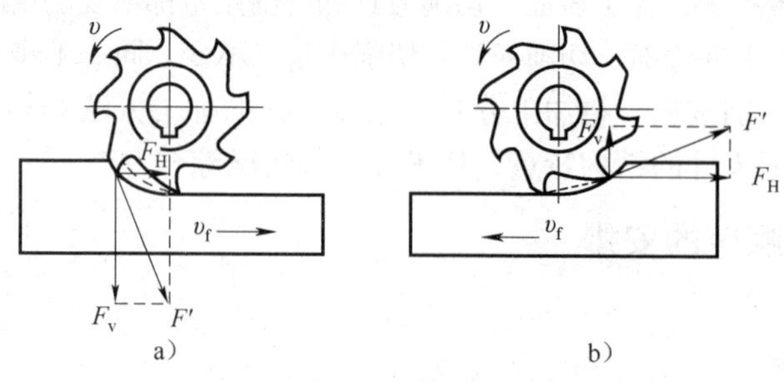

图 2—2—16　顺铣与逆铣

a）顺铣　b）逆铣

2. 顺铣和逆铣的特点及选用原则

（1）特点

1）切削厚度的变化。逆铣时，每个刀齿的切削厚度由零增至最大。但切削刃并非绝对锋利，铣刀刃口处总有圆弧存在，刀齿不能立刻切入工件，而是在已加工表面上挤压滑行，使该表面的硬化现象严重，影响了表面质量，也使刀齿的磨损加剧。顺铣时，刀齿的切削厚度是从最大到零，但刀齿切入工件时的冲击力较大，尤其工件待加工表面是毛坯或者有硬皮时。

2）切削力方向的影响。顺铣时作用于工件上的垂直切削分力 F_v 始终压下工件，这对工件的夹紧有利。逆铣时垂直切削分力 F_v 向上，有将工件抬起的趋势，易引起振动，影响工件的夹紧。铣薄壁和刚度差工件时影响更大。

铣床工作台的移动是由丝杠和螺母传动的，丝杠和螺母间有螺纹间隙。顺铣时工件受到的纵向分力 F_f 与进给运动方向相同，而一般主运动的速度大于进给速度 v_f，因此纵向分力 F_f 有使接触的螺纹传动面分离的趋势，当铣刀切到材料上的硬点或因切削厚度变化等原因，引起纵向分力 F_f 增大，超过工作台进给摩擦阻力时，原是螺纹副推动的运动形式变成了由铣刀带动工作台窜动的运动形式，引起进给量突然增加。这种窜动现象不但会引起“扎刀”，损坏加工表面，严重时还会使刀齿折断，或使工件夹具移位，甚至损坏机床。

逆铣时工件受到的纵向分力 F_f 与进给运动方向相反，丝杠与螺母的传动工作面始终接触，由螺纹副推动工作台运动。在不能消除丝杠与螺母间隙的铣床上，只适宜逆铣，不宜顺铣。

（2）选用原则。粗加工或是加工有硬皮的毛坯时，宜采用逆铣。精加工时，加工余量小，切削力小，不易引起工作台窜动，可采用顺铣。

七、加工准备

1. 选择数控机床

本任务选用的机床为 TK7650 型 FANUC 0i 系统数控铣床。

2. 选择刀具及切削用量

加工本任务工件时，选择立铣刀（刀具材料为高速钢），直径为 16 mm。

切削用量推荐值如下：主轴转速 $n=500\sim700$ r/min；进给速度取 $v_f=100\sim200$ mm/min；背吃刀量的取值等于台阶高度，取 $a_p=5$ mm。

八、编写加工程序

1. 设计加工路线

加工本任务工件时，注意轮廓尺寸需加上刀具半径值，编程时采用延长线上切入的方式。

2. 编制加工程序（见表 2—2—2）

表2—2—2　　　　加 工 程 序

刀具：ϕ16 mm立铣刀		
程序号：O0002		
程序段号	程序内容	说明
N10	G90 G94 G21 G40 G17 G54；	程序初始化
N20	G91 G28 Z0；	Z向回参考点
N30	M03 S600 M08；	主轴正转，切削液开
N40	G90 G00 X-38. Y-50.；	刀具快速在XY平面中定位
N50	Z20.；	Z向快速定位
N60	G01 Z-5. F100；	Z向下刀至加工高度
N70	Y25.；	
N80	G02 X-20. Y43. R10.；	加工左侧外形轮廓
N90	G01 X20.；	
N100	G02 X38. Y25. R10.；	加工上方外形轮廓
N110	G01 Y-25.；	
N120	G02 X20. Y-43. R10.；	加工右侧外形轮廓
N130	G01 X-20.；	
N140	G02 X-38. Y-25. R10.；	加工下方外形轮廓
N150	G01 X-50.；	刀具移出工件
N160	G00 Z100.；	刀具抬到安全高度
N170	M09；	切削液关
N180	M05；	主轴停转
N190	M30；	程序结束

项目评价

学生任务完成情况检测评分表见表2—2—3。

表2—2—3　　　　学生任务完成情况检测评分表

班级：________　姓名：________　学号：________　成绩：________

项目与配分	序号	技术要求	配分	评分标准	检测记录	得分
工件加工评分（60%）	1	$70_{-0.05}^{0}$ mm	7	超差0.01扣1分		
	2	$60_{-0.05}^{0}$ mm	7	超差0.01扣1分		
	3	$5_{-0.05}^{0}$ mm	7	超差0.01扣1分		
	4	平行度0.06 mm	6	超差0.01扣1分		
	5	对称度0.04 mm	4×4	超差0.01扣1分		
	6	表面粗糙度	7	每错一处扣1分		
	7	圆弧连接光滑	5	每错一处扣1分		
	8	一般尺寸	5	每错一处扣1分		
程序与加工工艺（20%）	9	程序正确、规范	5	不规范扣2分/处		
	10	工件、刀具装夹	10	不规范扣2分/处		
	11	加工工艺合理	5	不合理扣2分/处		

续表

项目与配分	序号	技术要求	配分	评分标准	检测记录	得分
机床操作（10%）	12	对刀操作正确	5	不规范扣2分/处		
	13	机床操作不出错	5	不规范扣2分/处		
安全文明生产（10%）	14	安全操作	5	出错全扣		
	15	机床维护与保养	5	不合格全扣		

学生任务实施过程的小结及反馈：

教师点评：

项目三　内轮廓加工

项目目标

1. 掌握铣削内轮廓的加工方法。
2. 正确选择铣削内轮廓的刀具。
3. 采用刀具半径补偿功能指令编制程序，铣削型腔并控制尺寸精度。

项目描述

在各种各样的机械加工中，内轮廓是常见的加工元素。内轮廓的加工在数控铣床零件加工中占有重要的作用，对于某些具有配合关系的零件来说，内轮廓的加工精度直接影响工件的配合及最终的使用。本项目主要介绍数控铣床或加工中心加工内轮廓。

项目分析

仔细观察如图2—3—1所示图形，用数控铣床进行加工。在加工的过程中通过粗加工、半精加工、精加工来保证尺寸，体会内轮廓与外轮廓在加工时的区别和联系，在保证加工精度上有何异同点。

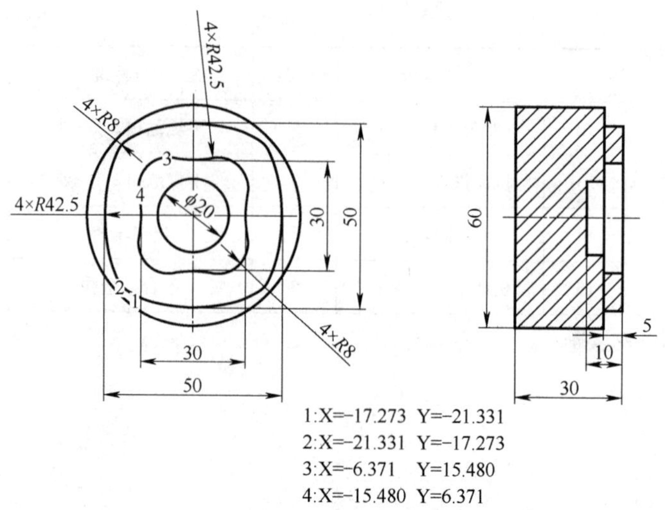

图2—3—1 内轮廓加工

项目知识与技能

一、数控铣床刀具的选择

数控铣床切削加工具有高速、高效的特点，与传统铣床切削相比较，数控铣床对切削加工的要求更高，铣削刀具的刚度、强度、耐用度和安装调整方法都会直接影响切削加工的工作效率；刀具的本身精度、尺寸的稳定性都会直接影响到工件的加工精度及表面的加工质量，合理选用切削刀具也是数控加工工艺中的重要内容之一。金属在切削过程中，刀具切削部分存在较大的切削力、较高的切削温度。

在切削余量不均匀及断续加工时，刀具受到很大的冲击和振动，因此，刀具切削部分材料应具备如下性能：

1. 高硬度

硬度是刀具材料最基本的性能，刀具硬度必须高于工件材料的硬度，才能将工件上多余的金属切削掉。

2. 良好的耐磨性

耐磨性是刀具抵抗磨损的能力，在剧烈的摩擦下刀具磨损要小。耐磨性一方面取决于硬度，另一方面与化学成分、纤维组织有关。材料硬度越高，耐磨性越好；含有耐磨的合金化合物越多，晶粒越细，分布越均匀，则耐磨性越好。

3. 足够的强度和韧度

切削时刀具要能承受各种压力与冲击，一般用抗弯强度和冲击韧度作为衡量指标。

4. 高耐热性与化学稳定性

耐热性，是指刀具在高温下仍能保持原有的硬度、强度、韧度和耐磨性能。化学稳定性，是指高温下不易与加工材料或周围介质发生化学反应的能力，包括抗氧化能力和黏结能力。化学稳定性越高，刀具磨损越慢，加工表面的质量越好。

二、孔加工刀具的选用

（1）数控机床孔加工一般无钻模，由于钻头的刚度和切削条件差，选用钻头直径 *D* 应满足 *L*/*D*≤5（*L* 为钻孔深度）的条件。

（2）钻孔前先用中心钻定位，保证孔加工的定位精度。

（3）精铰孔可选用浮动铰刀，铰孔前孔口要倒角。

（4）镗孔时应尽量选用对称的多刃镗刀头进行切削，以平衡径向力，减少镗削振动。

（5）尽量选择较粗和较短的刀杆，以减小切削振动。

三、铣削加工刀具选用

（1）镶装不重磨可转位硬质合金刀片的铣刀主要用于铣削平面，粗铣时铣刀直径选小一些，精铣时铣刀直径选大一些。当加工余量大且余量不均匀时，刀具直径选小一些，否则会因接刀刀痕过深而影响工件的加工质量。

（2）对立体曲面或变斜角轮廓外形工件加工时，常采用球头铣刀、环形铣刀、鼓形铣刀、锥形铣刀、盘形铣刀。

（3）高速钢立铣刀多用于加工凸台和凹槽。如果加工余量较小，表面粗糙度要求较高时，可选用镶立方氮化硼刀片或镶陶瓷刀片的端面铣刀。

（4）毛坯表面或孔的粗加工，可选用镶硬质合金的玉米铣刀进行强力切削。

（5）加工精度要求较高的凹槽，可选用直径小于槽宽的立铣刀，先铣槽的中间部分，然后利用刀具半径补偿功能铣削槽的两边。

本项目比较简单，根据上述讲解可知，用直径为 8 mm 的高速钢立铣刀进行加工即可，这样不仅可免去刀补的确定，又能较好地保证深度尺寸。

项目实施

一、加工工艺分析

方案（1）：铣平面→铣直径为 20 的圆（内轮廓）→铣尺寸 30 的内轮廓→铣尺寸 50 的外轮廓→铣直径为 60 的圆（外轮廓）。

方案（2）：铣平面→铣直径为 60 的圆（外轮廓）→铣尺寸 50 的外轮廓→铣尺寸 30 的内轮廓→铣直径为 20 的圆（内轮廓）。

二、加工方案的确定

针对图样的要求确定加工方案，按照“先面后孔，先粗后精，先上后下，先外后里”的加工原则，确定加工方案（2）为最终加工方案。

三、装刀

立式加工中心装刀有两种方法，一是选择菜单“机床/选择刀具”，在“选择铣刀”对话框内将刀具添加到主轴；二是用 MDI 指令方式将刀架上的刀具放置在主轴上。这里介绍采用 MDI 指令方式装刀。

将操作面板上的模式旋钮置于 MDI 挡，进入 MDI 编辑模式。按PRGRM键，使 CRT 界面显示

MDI 编辑界面，如图 2—3—2 所示。

点击 MDI 键盘上的数字/字母键，输入“G28”，按键将输入域中的内容输入到指定位置，此时 CRT 界面上的第一行出现“G28”。

点击 MDI 键盘上的数字/字母键，输入“Z ×”（×表示任意小于等于 0 的数字），按键将输入域中的内容输入到指定位置，告知机床通过某点回换刀点。此时 CRT 界面如图 2—3—3 所示，点击按钮，机床运行到换刀点，如图 2—3—4 所示。

```
PROGRAM MDI                N
              G67 G00 F
              G97 G17 R
              G54 G90 P
              G64 G22 Q
              G69 G94 H      D
              G15 G21 M
              G25 G40 S
                  G49 T
                  G80
                  G98
                  G50
                      S  0    T
 ADRS                   MDI
[PROGRAM][  LIB  ][        ][        ][        ]
```

图 2—3—2　MDI 编辑界面

点击 MDI 键盘，输入“T ×”，如 1 号刀位，则输入“T01”，按键将输入域中的内容输入到指定位置。

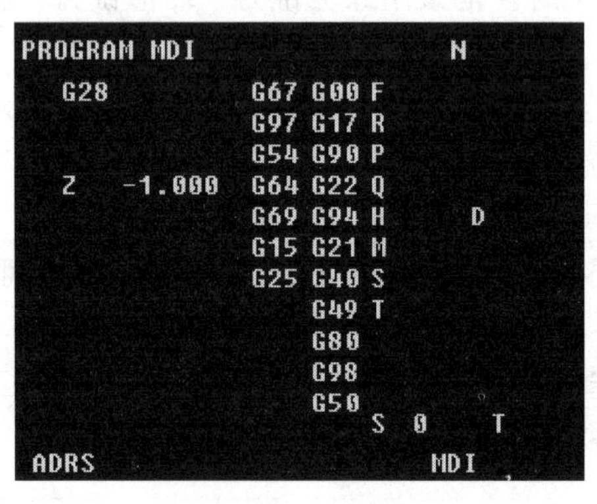

图 2—3—3　CRT 界面

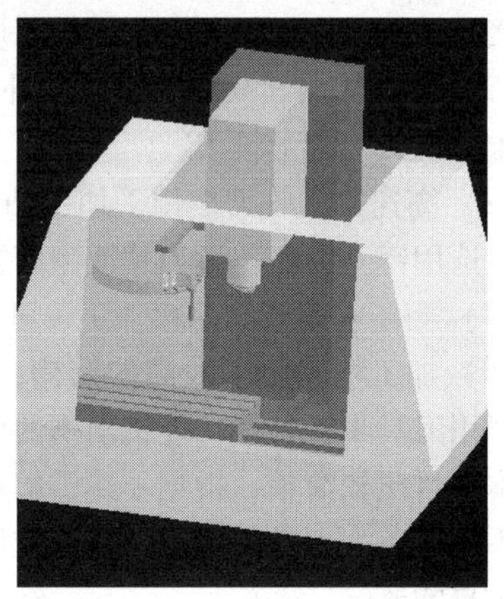

图 2—3—4　机床运行到换刀点

点击 MDI 键盘，输入“M06”，按键将输入域中的内容输入到指定位置，此时 CRT 界面如图 2—3—5 所示。

按循环启动按钮，刀架旋转后将指定刀位的刀具装好，如图 2—3—6 所示。

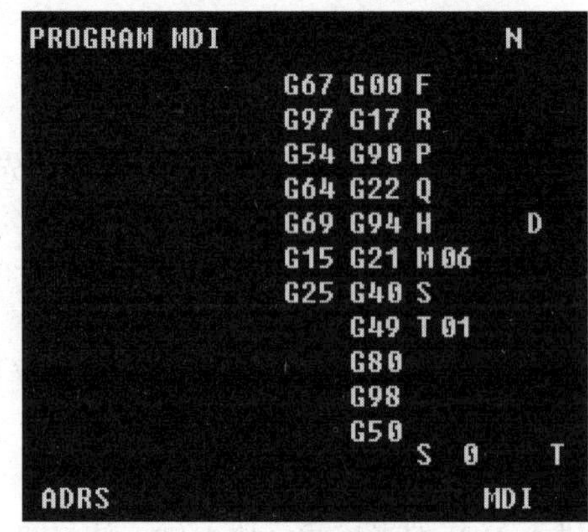

图 2—3—5　CRT 界面

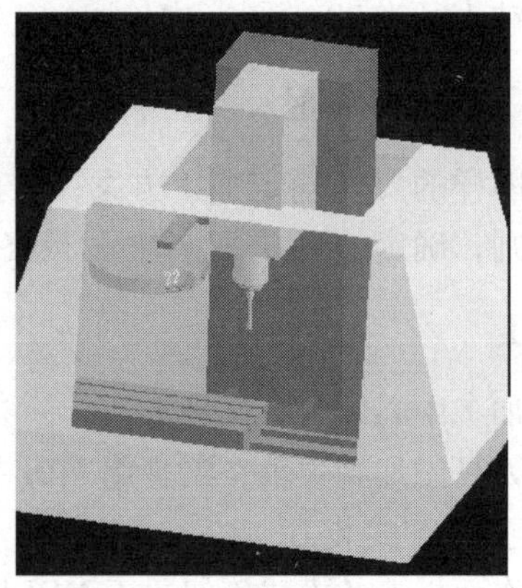

图 2—3—6　刀具装好

刀具安装后逐一进行 G54 的对刀和数值输入。

四、零件的安装

1. 根据工件的尺寸选择合适的虎钳装卡范围（65 mm×65 mm 的毛坯料）。
2. 放置垫铁。
3. 用虎钳夹紧工件，轻轻敲击工件未靠近虎钳的两侧，确定工件是否夹紧。
4. 用金属锤敲击工件上表面，使工件夹平。

五、加工过程

1. 铣平面（见表 2—3—1）

表 2—3—1　　铣　平　面

程序号：01		
程序段号	程序内容	说明
	%1	
N10	G91 G28 Z0;	Z 轴回到零点
N20	G90 G54 G0 X0 Y0 S1500 M3;	定位（X_0，Y_0）；主轴正转 1 500 r/min
N30	G43 H1 Z100;	刀具长度补偿
N40	Z5 M8;	初始平面 Z5，切削液开
N50	X70 Y70;	
N60	G01 Z-2 F200;	背吃刀量为 2 mm
N70	X-70;	
N80	Y63;	
N90	X70;	
N100	Y56;	
……	……	
N210	G0 Z100;	Z 向退刀至 Z100
N220	M30;	程序结束并返回程序开始
N230	%	

2. 铣直径 60 mm 的外圆（见表 2—3—2）

表 2—3—2　　铣直径 60 mm 的外圆

程序号：02		
程序段号	程序内容	说明
	%2	
N10	G91 G28 Z0;	Z 轴回到零点
N20	G90 G54 G0 X0 Y0 S1000 M3;	定位（X_0，Y_0）；主轴正转 1 000 r/min
N30	G43 H1 Z100;	刀具长度补偿
N40	Z5 M8;	初始平面 Z5，切削液开
N50	X75 Y75;	
N60	G01 Z-6/-12/-18/-24/-30;	背吃刀量为 6 mm、12 mm、18 mm、24 mm、30 mm

续表

程序段号	程序内容	说明
N70	G01 G41 D1 X60 Y0（D =4.2　4.1　4.0）;	刀具半径补偿分别为 4.2、4.1、4.0
N80	G02 I-30 J0;	整圆加工
N90	G01 G40 X75 Y0;	取消刀具半径补偿
N100	G0 Z100;	
N110	M30;	*Z* 向退刀至 Z100
N120	%	程序结束并返回程序开始

3. 铣 50 mm 的外轮廓（见表 2—3—3）

表 2—3—3　　铣 50 mm 的外轮廓

程序号：03

程序段号	程序内容	说明
	%3	
N10	G91 G28 Z0;	*Z* 轴回到零点
N20	G90 G54 G0 X0 Y0 S1000 M3;	定位（X_0，Y_0）；主轴正转 1 000 r/min
N30	G43 H1 Z100;	刀具长度补偿
N40	Z5 M8;	初始平面 Z5，切削液开
N50	X75 Y75;	
N60	G01 Z-5 F150;	背吃刀量为 5 mm
N70	G01 G41 D1 X17.273 Y21.331;	刀具半径补偿
N80	G02 X21.331 Y17.273 R8;	
N90	Y-17.273 R42.5;	
N100	X17.273 Y-21.331 R8;	
N110	X-17.273 R42.5;	
N120	X-21.331 Y-17.273 R8;	
N130	Y17.273 R42.5;	
N140	X-17.273 Y21.331 R8;	
N150	X17.273 R42.5;	
N160	Y75;	
N170	G01 G40 X75;	
N180	G0 Z100;	*Z* 向退刀至 Z100
N190	M30;	程序结束并返回程序开始
	%	

4. 铣 30 mm 的内轮廓（重点讲解）（见表 2—3—4）

表 2—3—4 铣 30 mm 的内轮廓

程序号：04		
程序段号	程序内容	说明
	%4	
N10	G91 G28 Z0；	*Z* 轴回到零点
N20	G90 G54 G0 X0 Y0 S1000 M3；	定位（X_0，Y_0）；主轴正转 1 000 r/min
N30	G43 H1 Z100；	刀具长度补偿
N40	X0 Y0；	
N50	G01 Z-5 F100；	背吃刀量为 5 mm
N60	G01 G41 D1 Y15；	刀具半径补偿
N70	X-6. 371 Y15. 48；	
N80	G03 X-15. 48 Y6. 371 R8；	
N90	G01 Y-6. 371；	
N100	G03 X-6. 371 Y-15. 48 R8；	
N110	G01 X6. 371；	
N120	G03 X15. 48 Y6. 371 R8；	
N130	G01 Y6. 371；	
N140	G02 X6. 371 Y15. 48 R8；	
N150	G01 X0；	
N160	G0 Z100；	*Z* 向退刀至 Z100
N170	M30；	程序结束并返回程序开始
	%	

5. 铣直径 20 mm 的内圆（见表 2—3—5）

表 2—3—5 铣直径 20 mm 的内圆

程序号：05		
程序段号	程序内容	说明
	%5	
N10	G91 G28 Z0；	*Z* 轴回到零点
N20	G90 G54 G0 X0 Y0 S1000 M3；	定位（X_0，Y_0）；主轴正转 1 000 r/min
N30	G43 H1 Z100；	刀具长度补偿
N40	Z5 M8；	
N50	G01 Z-10 F100；	背吃刀量为 10 mm
N60	G01 G41 D1 X10；	刀具半径补偿
N70	G03 I-10 J0；	
N80	G01 G40 X0 Y0；	取消刀具半径补偿
N90	G0 Z100；	*Z* 向退刀至 Z100
N100	M30；	程序结束并返回程序开始
	%	

项目评价

本图是简单的训练图形，一方面是让学生了解内轮廓的加工方法，从而进一步掌握内轮廓的加工方法，认识数控铣床在加工内轮廓与外轮廓时的区别，学会内轮廓加工保证精度的方法；另一方面让学生进一步巩固和复习数控铣床的各种指令。能够借助软件进行零件造型，学会分析具有一定复杂程度的综合工件的加工工艺，正确选择刀具，合理确定切削参数，生成加工程序。并能借助通信软件将加工程序传至机床，最终完成零件加工。利用软件进行零件造型，分析加工工艺，正确选择刀具，合理确定切削参数，生成加工程序，传输程序，编辑校验程序。选择合理的定位基准正确装夹工件，选择安装刀具，设定坐标系，最终完成零件加工并进行检验。

项目四　凸台加工

项目目标

1. 掌握凸台加工的方法。
2. 熟练掌握铣削加工的 G41/G42/G40 半径补偿指令以及工件的定位装夹。

项目描述

在各种机械产品中，零件的轮廓一般由直线段、圆弧段或其他曲线段构成，通常分为外轮廓和内轮廓两大类。凸台加工是比较常见的一种外轮廓加工，凸台的一般作用是减少加工面积，使配合面接触良好。

项目分析

如图 2—4—1 所示，需要对 50 mm × 34 mm × 25 mm 的工件加工出由多个外轮廓组成的凸台，工件材料为铝。

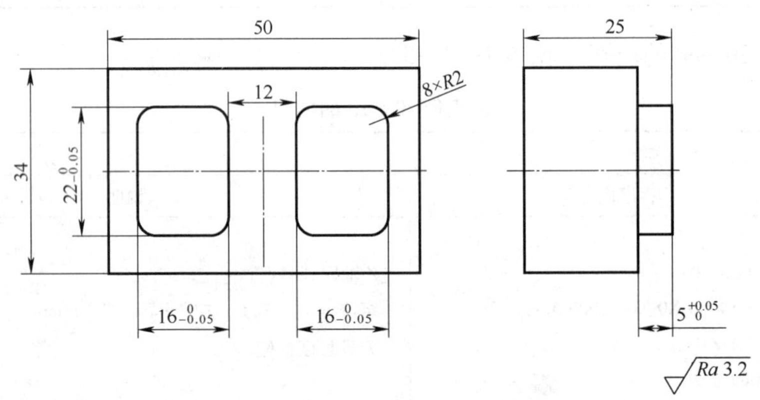

图 2—4—1　凸台加工任务图

项目知识与技能

一、刀具的选择

根据不同的加工内容，需要不同规格的刀具来进行加工，一般铣削凸台常用刀具为立铣刀，该零件材料为铝，可以采用直柄过中心三刃超硬高速钢立铣刀，其最大特色是其中一个刃长度加长，过中心，它本身强韧、抗边缘磨损性强，可用于粗铣或精铣大多数材料，包括钢、不锈钢、非铁和非金属材料，切削速度可比高速钢高，强度和韧性比硬质合金好。

二、关于切削用量的知识

切削用量是加工过程中重要的组成部分，它是表示切削运动参数的量，其中包括主轴转速、切削深度与宽度、进给量、行距、残留高度等。合理选择切削用量与提高劳动生产率、提高加工质量及经济性有着密切的关系，对于不同的加工方法，需要选择不同的切削用量。切削用量的选择原则是保证零件加工精度和表面粗糙度，充分发挥刀具切削性能，保证合理的刀具耐用度，并充分发挥机床的性能，最大限度地提高生产率，降低成本。

切削用量的计算如下：

进给速度：

$$v_f = nzf_z$$

式中 n——主轴转速，mm/min；

Z——铣刀齿数；

f_z——每齿进给量，mm/z。

背吃刀量：a_p 一般为 0.2 ~0.5 mm。

主轴转速：

$$n = 1\ 000\ v/\pi D$$

式中 v——切削速度，mm/min；

D——刀具直径，mm。

本任务选用两把直柄过中心三刃超硬高速钢立铣刀，加工时分为粗加工和精加工，需要注意的是刀具长度满足本任务的需要就可以，刀具探出越短，相对切削就越稳定，刀具及切削用量的选用见表 2—4—1。

表 2—4—1　　刀具及切削用量的选用

刀具名称	刀具规格	主轴转速（r/min）	进给速度（mm/min）	背吃刀量（mm）
三刃立铣刀	ϕ10 mm	1 000	200	4.9
三刃立铣刀	ϕ10 mm	2 000	600	0.125

三、定位基准的选择

定位基准有粗基准和精基准两种，用未加工的毛坯表面作为定位基准称为粗基准，用已加工的工件表面作为定位基准称为精基准。选择定位基准要遵循基准重合原则，要求设计基准、工艺基准和加工基准统一，这样就可以减少基准不重合产生的误差和数控加工中的计算量。在这次加工实例中工件的外形已经加工完，可以选择工件下表面作为基准，利用两个边进行装夹加工。

四、半径补偿的使用

在编制数控铣削加工程序时，为了编程方便，可以将刀具假想成一个刀位点，设想刀位点与编程轨迹重合，由于刀具存在一定的直径，使刀具中心轨迹与加工零件轮廓并不重合，所以编程时就必须根据刀具半径和零件轮廓计算刀具中心轨迹，然后根据刀具中心轨迹进行编程，但是人工完成上述计算会使得手工编程复杂化，为了解决加工与编程之间存在的矛盾，数控系统提供了刀具半径补偿功能。

数控系统的刀具半径补偿功能是由数控系统计算刀具中心轨迹的过程，编程人员假设刀具半径为零，直接根据零件的轮廓形状进行编程，而实际的刀具半径则存放在一个刀具半径补偿寄存器中。在实际加工过程中，数控系统根据零件程序和编号对应的刀具半径补偿寄存器中存放的刀具半径，对刀具中心轨迹进行补偿计算，完成对零件的加工。

铣削加工刀具的半径补偿分为刀具半径左补偿（G41）和刀具半径右补偿（G42）。根据 ISO 标准，当刀具中心轨迹沿前进方向位于零件轮廓左边时称为刀具半径左补偿，反之称为刀具半径右补偿。编程时，使用 D 代码（D01—D32）选择正确的刀具半径补偿寄存器号，补偿值的大小通过操作面板在刀具补偿界面对应的偏置寄存器中设定。

五、注意事项

（1）G41、G42、G40 只能和 G00 或者 G01 一起使用，并且刀具必须是移动的，不能和 G02、G03 一起使用。

（2）建立刀具半径补偿最好是选择在刀具铣削下刀后，再利用 *X*、*Y* 轴的移动建立半径补偿。

（3）在刀具半径补偿状态下，铣刀的直线移动量及铣削内侧圆弧的半径值要大于或等于刀具半径，否则进行补偿会产生干涉，程序运行时会产生报警。

（4）当不需要进行刀具半径补偿时，须用 G40 取消刀具半径补偿。执行 G40 指令时，系统会将补偿向相反的方面释放，这时候刀具会移动刀具的半径值，因此使用 G40 指令时必须保证刀具远离工件。

项目实施

一、加工分析

该零件材料为铝，工件外形 50 mm × 34 mm × 25 mm 已经到尺寸，只需要加工凸台，工件的加工任务图已经提出相应的精度和表面粗糙度要求。在轮廓加工编程中刀具切入/切出方式的选择将直接影响产品的加工质量和加工效率。在加工直线段类的工件时可以采用法向切入/切出方式，在加工圆弧或曲线段类工件时可以采用切向切入/切出方式。

二、确定加工方案

1. 工件装夹准备

该工件需采用机用虎钳装夹，工件底部用平行垫铁垫起，使用百分表将工件的平面度找正，工件垫起的高度必须要超出工件最大切削深度。

2. 确定工艺方案及加工路线

（1）选择编程零点。由图样的图形结构，确定 54 mm × 34 mm（长 × 宽）的对称中心即上表面中心（*O* 点）为编程原点。

（2）选择加工路线。在实际加工中顺铣切削力由小逐渐增大，切削时振动小，主要用于保证轮廓精度和表面质量，用 G41 指令在铣削时对于工件将产生顺铣效果，在这个加工实例中选择使用刀具半径左补偿（G41）。

1）使用 ϕ10 mm 三刃立铣刀进行粗加工。

2）使用 ϕ10 mm 三刃立铣刀进行精加工。

三、编写加工程序（见表 2—4—2）

本任务采用手动换刀的加工方法进行编程与加工（编程原点为工件上表面中心位置），按 FANUC 系统编程。

表 2—4—2 加工程序

选用第一把刀具，ϕ10 mm 立铣刀		
程序号：O7001		
程序段号	程序内容	说明
N10	G15 G17 G21 G40 G49 G80；	选择 *XY* 平面，毫米输入
N20	G91 G28 Z0；	回机床 *Z* 轴零点
N30	G90 G54 G0 X0 Y0；	快速定位工件 *X*、*Y* 原点
N40	S1000 M03；	选择工件坐标系，主轴正转，转速 1 000 r/min
N50	G0 G43 Z100 H01；	建立刀具长度补偿
N60	M08；	切削液开
N70	G00 X-36 Y28；	快速定位至左边凸台下刀点
N80	Z-4.9；	*Z* 轴快速下刀至 -4.9 mm 深
N90	G01 G41 X-22 F200 D01（D=4.85）；	建立刀具半径补偿
N100	Y9；	直线插补铣削
N110	G02 X-20 Y11 R2 F200；	顺时针铣削圆弧 R_2
N120	G01 X-8 F200；	直线插补铣削
N130	G02 X-6 Y9 R2 F200；	顺时针铣削圆弧 R_2
N140	G01 Y-9 F200；	直线插补铣削
N150	G02 X-8 Y-11 R2 F200；	顺时针铣削圆弧 R_2
N160	G01 X-20 F200；	直线插补铣削
N170	G02 X-22 Y-9 R2 F200；	顺时针铣削圆弧 R_2
N180	G00 Z20；	*Z* 轴抬刀
N190	X28 Y-11；	快速定位至右边凸台下刀点
N200	Z-4.9；	*Z* 轴快速下刀至 -4.9 mm 深
N210	G01 X8 F200	直线插补铣削
N220	G02 X6 Y-9 R2 F200；	顺时针铣削圆弧 R2
N230	G01 Y9 F200；	直线插补铣削
N240	G02 X8 Y11 R2 F200；	顺时针铣削圆弧 R2
N250	G01 X20 F200；	直线插补铣削
N260	G02 X22 Y9 R2 F200；	顺时针铣削圆弧 R2
N270	G01 Y-9 F200；	直线插补铣削
N280	G02 X-20 Y-11 R2 F200；	顺时针铣削圆弧 R2
N290	G01 G40 Y-20 F200；	取消刀具半径补偿
N300	G00 Z200；	抬刀
N310	G00 G49 Z0；	取消刀具长度补偿
N320	M09；	切削液关
N330	M30；	程序结束

续表

手动更换第二把刀具，ϕ10 mm 立铣刀		
程序号：O7002		
程序段号	程序内容	说明
N10	G15 G17 G21 G40 G49 G80；	选择 *XY* 平面，毫米输入
N20	G91 G28 Z0；	回机床 *Z* 轴零点
N30	G90 G54 G0 X0 Y0；	快速定位工件 *X*、*Y* 原点
N40	S2000 M03；	选择工件坐标系，主轴正转，转速 2 000 r/min
N50	G0 G43 Z100 H02；	建立刀具长度补偿
N60	M08；	切削液开
N70	G00 X-36 Y28；	快速定位至左边凸台下刀点
N80	Z-5. 025；	*Z* 轴快速下刀至 –5. 025 mm 深
N90	G01 G41 X-22 F600 D02（D＝5. 01）；	建立刀具半径补偿
N100	Y9；	直线插补铣削
N110	G02 X-20 Y11 R2 F600；	顺时针铣削圆弧 *R*2
N120	G01 X-8 F600；	直线插补铣削
N130	G02 X-6 Y9 R2 F600；	顺时针铣削圆弧 *R*2
N140	G01 Y-9 F600；	直线插补铣削
N150	G02 X-8 Y-11 R2 F600；	顺时针铣削圆弧 *R*2
N160	G01 X-20 F600；	直线插补铣削
N170	G02 X-22 Y-9 R2 F600；	顺时针铣削圆弧 *R*2
N180	G00 Z20. ；	*Z* 轴抬刀
N190	X28 Y-11；	快速定位至右边凸台下刀点
N200	Z-5. 025；	*Z* 轴快速下刀至 –5. 025 mm 深
N210	G01 X8 F600；	直线插补铣削
N220	G02 X6 Y-9 R2 F600；	顺时针铣削圆弧 *R*2
N230	G01 Y9 F600；	直线插补铣削
N240	G02 X8 Y11 R2 F600；	顺时针铣削圆弧 *R*2
N250	G01 X20 F600；	直线插补铣削
N260	G02 X22 Y9 R2 F600；	顺时针铣削圆弧 *R*2
N270	G01 Y-9 F600；	直线插补铣削
N280	G02 X-20 Y-11 R2 F600；	顺时针铣削圆弧 *R*2
N290	G01 G40 Y-20 F600；	取消刀具半径补偿
N300	G00 Z200；	抬刀
N310	G00 G49 Z0；	取消刀具长度补偿
N320	M09；	切削液关
N330	M30；	程序结束

四、加工工件

1. 打开机床电源开关。
2. 机床回参考点。
3. 工件装夹

选用平口虎钳正确装夹工件，使用百分表找正工件。

4. 对刀

（1）*X* 轴采用分中法对刀。

（2）*Y* 轴采用分中法对刀。

（3）*Z* 轴采用对刀仪对刀。

（4）将 *X*、*Y*、*Z* 数值输入到机床的自动坐标系 G54 中。

5. 程序输入

将已经编好的程序输入到机床中（详见程序输入）。

6. 程序校验

（1）打开要加工的程序。

（2）按下机床控制面板上的自动键，进入程序运行方式。

（3）在程序运行菜单下，按程序校验按键，按循环启动按键，校验开始。

如果程序正确，显示窗口会显示出正确的轮廓轨迹及走刀线路，校验完成后，光标将返回到程序头。

7. 自动加工

（1）选择并打开零件加工程序，设定刀补值。

（2）按下机床控制面板上的自动按键（指示灯亮），进入程序运行方式。

（3）按下机床控制面板上的循环启动按键（指示灯亮），机床开始自动运行当前的加工程序。

8. 操作提示

操作过程中，每一次换刀都要进行一次对刀和设定工件坐标系。通常情况下，*XY* 平面内的工件坐标系不变，只需对刀设定 *Z* 轴方向的坐标系即可。

项目评价

学生任务完成情况检测评分表见表 2—4—3。

表 2—4—3　　学生任务完成情况检测评分表

班级：________	姓名：________		学号：________	成绩：________		
项目与配分	序号	技术要求	配分	评分标准	检测记录	得分
工件加工评分（60%）	1	$16_{-0.05}^{0}$ mm	2×9	超差 0.01 扣 1 分		
	2	$22_{-0.05}^{0}$ mm	2×9	超差 0.01 扣 1 分		
	3	$5_{0}^{+0.05}$ mm	5	超差 0.01 扣 1 分		
	4	表面粗糙度	5	每错一处扣 1 分		
	5	圆弧连接光滑	8	每错一处扣 1 分		
	6	一般尺寸	6	每错一处扣 1 分		
程序与加工工艺（20%）	7	程序正确、规范	5	不规范扣 2 分/处		
	8	工件、刀具装夹规范	10	不规范扣 2 分/处		
	9	加工工艺合理	5	不合理扣 2 分/处		

续表

项目与配分	序号	技术要求	配分	评分标准	检测记录	得分
机床操作（10%）	10	对刀操作正确	5	不规范扣2分/处		
	11	机床操作不出错	5	不规范扣2分/处		
安全文明生产（10%）	12	安全操作	5	出错全扣		
	13	机床维护与保养	5	不合格全扣		

学生任务实施过程的小结及反馈：

教师点评：

项目五　型腔加工

项目目标

1. 要求掌握三爪卡盘对工件的装夹找正。
2. 熟练掌握型腔加工的编程。

项目描述

在各种机械产品中，型腔加工是数控加工中常见的一种内轮廓加工，例如塑料模具中的上、下模板，型腔的表面质量直接影响注塑产品脱模难易程度及表面质量。

项目分析

如图2—5—1所示，需要在ϕ50 mm×30 mm的零件上加工两个型腔，零件材料为铝。

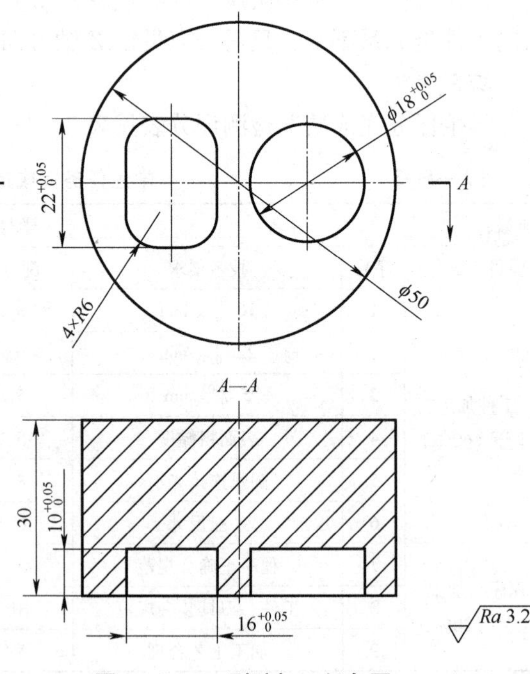

图2—5—1　型腔加工任务图

项目知识与技能

一、刀具的选择

根据本次加工实例的加工内容，铣削型腔常用刀具为立铣刀，该零件为铝材质，在这里可以采用超硬高速钢键槽铣刀及直柄四刃超硬高速钢立铣刀，这种材料的刀具本身韧性、抗边缘磨损性强，可用于粗铣或精铣大部分材料，包括钢、不锈钢、尼龙等。

二、切削用量的选择

本任务选用超硬高速钢键槽铣刀及直柄四刃超硬高速钢立铣刀，加工时分为粗加工和精加工，注意的是刀具长度满足本任务的需要就可以，刀具探出越短，相对切削就越稳定，刀具及切削用量的选用见表 2—5—1。

表 2—5—1　　刀具及切削用量的选用

刀具名称	刀具规格（mm）	主轴转速（r/min）	进给速度（mm/min）	背吃刀量（mm）
键槽铣刀	ϕ10 mm	800	100	9. 8
四刃立铣刀	ϕ10 mm	2 000	600	0. 25

三、半径补偿的应用

铣削加工刀具的半径补偿分为刀具半径左补偿（G41）和刀具半径右补偿（G42）。当刀具中心轨迹沿前进方向位于零件轮廓左边时称为刀具半径左补偿，用 G41 指令在铣削时对于工件将产生顺铣效果，在这个加工实例中选择使用刀具半径左补偿（G41），型腔实际加工中为了达到顺铣效果，编程时会使刀具围绕工件做逆时针铣削，这也是与凸台加工最大的区别。

四、三爪卡盘的使用

三爪卡盘是利用均布在卡盘体上的三个活动卡爪的径向移动，把工件夹紧和定位的加工辅助工具。它由卡盘体、活动卡爪和卡爪驱动机构组成，三爪卡盘由小锥齿轮驱动大锥齿轮，大锥齿轮的背面有阿基米德螺旋槽，与三个卡爪相啮合。使用卡盘扳手转动四方孔，便能使三个卡爪同时沿径向移动，实现自动定心和夹紧，适用于装夹圆形、正三角形及正六边形等工件。三爪卡盘的自动定心精度为 0. 05 ~ 0. 15 mm，用三爪卡盘加工工件的精度受到卡盘制造精度和使用后的磨损情况的影响。

项目实施

一、加工分析

本项目介绍在数控铣床或加工中心上的型腔加工。该零件材料为铝，工件外形 ϕ50 mm × 30 mm 已经到尺寸，只需要加工型腔，工件的加工任务图已经提出相应的精度和表面粗糙度要求。在型腔加工编程中刀具进刀方式有 *Z* 轴垂直向下进刀、倾斜进刀、螺旋进刀。为了延长刀具的使用寿命，经常采用倾斜进刀及螺旋进刀方式。在本次实例加工中采用螺旋进刀方式铣削工件。

二、确定加工方案

1. 工件装夹准备

本项目首先通过百分表找正三爪卡盘的平面度，利用压板将三爪卡盘夹紧后，再用三爪卡盘装夹工件，并且使用百分表找正工件的平面度，工件垫起的高度必须要超出工件最大切削深度。

2. 确定工艺方案及加工路线

（1）选择编程零点。由图样的图形结构，确定 ϕ50 mm×30 mm 的对称中心即上表面中心为编程原点。

（2）选择加工路线。在实际加工中顺铣切削力由小逐渐增大，切削时振动小，主要用于保证轮廓精度和表面质量，用 G41 指令在铣削时对于工件将产生顺铣效果，在这个加工实例中选择使用刀具半径左补偿（G41）。

1）使用 ϕ10 mm 键槽铣刀进行粗加工。

2）使用 ϕ10 mm 四刃立铣刀进行精加工。

三、编写加工程序（见表 2—5—2）

本任务采用手动换刀的加工方法进行编程与加工（编程原点为工件上表面中心位置），按 FANUC 系统编程。

表 2—5—2　　加 工 程 序

选用第一把刀具，ϕ10 mm 键槽铣刀		
程序号：O8001		
程序段号	程序内容	说明
N10	G15 G17 G21 G40 G49 G80；	选择 *XY* 平面，毫米输入
N20	G91 G28 Z0；	回机床 *Z* 轴零点
N30	G90 G54 G0 X0 Y0；	快速定位工件 *X*、*Y* 原点
N40	S800 M03；	选择工件坐标系，主轴正转，转速 800 r/min
N50	G0 G43 Z100 H01；	建立刀具长度补偿
N60	M08；	切削液开
N70	G0 Z10；	快速下刀至安全平面
N80	G01 G41 X-12 Y0 F100 D01（D=4.85）；	建立刀具半径补偿，直线插补至左边凹槽下刀点
N90	G01 Z0 F100；	*Z* 轴进刀至工件表面
N100	G02 I-5 Z-2 F100；	*Z* 轴螺旋下刀至 -2 mm 深
N110	G02 I-5 Z-4 F100；	*Z* 轴螺旋下刀至 -4 mm 深
N120	G02 I-5Z-6 F100；	*Z* 轴螺旋下刀至 -6 mm 深
N130	G02 I-5 Z-8 F100；	*Z* 轴螺旋下刀至 -8 mm 深
N140	G02 I-5 Z-9.8 F100；	*Z* 轴螺旋下刀至 -9.8 mm 深
N150	G01 X-4 F100；	直线插补切削
N160	Y5；	直线插补切削
N170	G03 X-10 Y11 R6 F100；	逆时针铣削圆弧 *R*6

续表

程序段号	程序内容	说明
N180	G01 X-14 F100;	直线插补切削
N190	G03 X-20 Y5 R6 F100;	逆时针铣削圆弧 *R*6
N200	G01 Y-5 F100;	直线插补切削
N210	G03 X-14 Y-11 R6 F100;	逆时针铣削圆弧 *R*6
N220	G01 X-10 F100;	直线插补切削
N230	G03 X-4 Y-5 R6 F100;	逆时针铣削圆弧 *R*6
N240	G01 Y 0F100;	直线插补切削
N250	G00 Z10;	*Z* 轴抬刀
N260	X12;	移动至右边凹槽下刀点
N270	G01 Z0 F100;	*Z* 轴进刀至工件表面
N280	G02 I-5 Z-2 F100;	*Z* 轴螺旋下刀至 -2 mm 深
N290	G02 I-5 Z-4 F100;	*Z* 轴螺旋下刀至 -4 mm 深
N300	G02 I-5 Z-6 F100;	*Z* 轴螺旋下刀至 -6 mm 深
N310	G02 I-5 Z-8 F100;	*Z* 轴螺旋下刀至 -8 mm 深
N320	G02 I-5 Z-9. 8 F100;	*Z* 轴螺旋下刀至 -9. 8 mm 深
N330	G01 X11 F100;	直线插补切削
N340	G03 I9 F100;	逆时针铣削 ϕ18 mm 盲孔
N350	G0 Z20;	快速抬刀
N360	G01 G40 Y0 F200;	取消刀具半径补偿
N370	G00 Z200;	抬刀
N380	G00 G49 Z0;	取消刀具长度补偿
N390	M09;	切削液关
N400	M30;	程序结束

手动更换第二把刀具，换 ϕ10 mm 四刃立铣刀

程序号：O8002

程序段号	程序内容	说明
N10	G15 G17 G21 G40 G49 G80;	选择 *XY* 平面，毫米输入
N20	G91 G28 Z0;	回机床 *Z* 轴零点
N30	G90 G54 G0 X0 Y0;	快速定位工件 *X*、*Y* 原点
N40	S2000 M03;	选择工件坐标系，主轴正转，转速 2 000 r/min
N50	G0 G43 Z100 H02;	建立刀具长度补偿
N60	M08;	切削液开
N70	G0 Z10;	快速下刀至安全平面
N80	G01 G41 X-12 Y0 F600 D02 (D＝5. 015);	建立刀具半径补偿，直线插补至左边凹槽下刀点
N90	G01 Z0 F600;	*Z* 轴进刀至工件表面
N100	G02 I-5 Z-10. 05 F600;	*Z* 轴螺旋下刀至 -10. 05 mm 深
N110	G01 X-4 F600;	直线插补切削
N120	Y5;	直线插补切削
N130	G03 X-10 Y11 R6 F600;	逆时针铣削圆弧 *R*6

续表

程序段号	程序内容	说明
N140	G01 X-14 F600；	直线插补切削
N150	G03 X-20 Y5 R6 F600；	逆时针铣削圆弧 *R*6
N160	G01 Y-5 F600；	直线插补切削
N170	G03 X-14 Y-11 R6 F600；	逆时针铣削圆弧 *R*6
N180	G01 X-10 F600；	直线插补切削
N190	G03 X-4 Y-5 R6 F600；	逆时针铣削圆弧 *R*6
N200	G01 Y0 F600；	直线插补切削
N210	G00 Z10；	*Z* 轴抬刀
N220	X12；	移动至右边凹槽下刀点
N230	G01 Z0 F600；	*Z* 轴进刀至工件表面
N240	G02 I5 Z-10.05 F600；	轴螺旋下刀至－10.05 mm 深
N250	G01 X11 F600；	直线插补切削
N260	G03 I9 F600；	逆时针铣削 ϕ18 mm 盲孔
N270	G0 Z20；	快速抬刀
N280	G01 G40 Y0 F600；	取消刀具半径补偿
N290	G00 Z200.；	抬刀
N300	G00 G49 Z0；	取消刀具长度补偿
N310	M09；	切削液关
N320	M30；	程序结束

四、加工工件

1. 打开机床电源开关

2. 机床回参考点

3. 工件装夹

选用三爪卡盘正确装夹工件，使用百分表找正工件。

4. 对刀

（1）*X* 轴采用分中法对刀。

（2）*Y* 轴采用分中法对刀。

（3）*Z* 轴采用对刀仪对刀。

（4）将 *X*、*Y*、*Z* 数值输入到机床的自动坐标系 G54 中。

5. 程序输入

将已经编好的程序输入到机床中。

6. 程序校验

（1）打开要加工的程序。

（2）按下机床控制面板上的自动键，进入程序运行方式。

（3）在程序运行菜单下，按程序校验按键，按循环启动按键，校验开始。

如果程序正确，显示窗口会显示出正确的轮廓轨迹及走刀线路，校验完成后，光标将返回到程序头。

7. 自动加工

（1）选择并打开零件加工程序，设定刀补值。

（2）按下机床控制面板上的自动按键（指示灯亮），进入程序运行方式。

（3）按下机床控制面板上的循环启动按键（指示灯亮），机床开始自动运行当前的加工程序。

8. 操作提示

操作过程中，每一次换刀都要进行一次对刀和设定工件坐标系。通常情况下，*XY* 平面内的工件坐标系不变，只需对刀设定 *Z* 轴方向的坐标系即可。

项目评价

学生任务完成情况检测评分表见表 2—5—3。

表 2—5—3　　学生任务完成情况检测评分表

班级：＿＿＿＿＿＿　姓名：＿＿＿＿＿＿＿＿　学号：＿＿＿＿＿＿＿　成绩：＿＿＿＿＿＿＿

项目与配分	序号	技术要求	配分	评分标准	检测记录	得分
工件加工评分（60%）	1	$22^{+0.05}_{0}$ mm	10	超差 0.01 扣 1 分		
	2	$16^{+0.05}_{0}$ mm	10	超差 0.01 扣 1 分		
	3	$18^{+0.05}_{0}$ mm	10	超差 0.01 扣 1 分		
	4	$10^{+0.05}_{0}$ mm	2×8	超差 0.01 扣 1 分		
	5	表面粗糙度	5	每错一处扣 1 分		
	6	圆弧连接光滑	5	每错一处扣 1 分		
	7	一般尺寸	4	每错一处扣 1 分		
程序与加工工艺（20%）	8	程序正确、规范	5	不规范扣 2 分/处		
	9	工件、刀具装夹规范	10	不规范扣 2 分/处		
	10	加工工艺合理	5	不合理扣 2 分/处		
机床操作（10%）	11	对刀操作正确	5	不规范扣 2 分/处		
	12	机床操作不出错	5	不规范扣 2 分/处		
安全文明生产（10%）	13	安全操作	5	出错全扣		
	14	机床维护与保养	5	不合格全扣		

学生任务实施过程的小结及反馈：

教师点评：

项目六　孔加工

项目目标

1. 能够加工出符合要求的孔，熟悉钻孔指令，并且熟练操作。

2. 掌握基本的操作方法及技巧，注意安全生产和操作流程。

项目描述

数控铣床具有孔加工的功能，通过特定的功能指令可进行一系列孔加工，如钻孔、扩孔、铰孔、镗孔和攻螺纹等。该项目主要是孔的数控加工。与普通机床相比，数控加工孔具有便捷性和准确性，大大减少了加工时间。该项目通过孔加工具体案例，说明孔加工的方法、规范操作及注意事项等。

项目分析

孔加工是数控加工的基本内容，也是生产活动中常见的加工项目，对于有些零部件来说，孔的加工质量直接影响机械产品的最终使用效果，在生产中具有重要意义，例如工艺孔等。因此，掌握孔加工的方法和熟练操作，对于掌握数控加工是一项重要技能。

项目知识与技能

一、孔加工刀具的选择

1. 钻孔刀具的选择

钻孔刀具的种类较多，有普通麻花钻、可转位浅孔钻及扁钻等，应根据工件材料、加工尺寸及加工质量要求等合理选用。在数控铣床上钻孔，大多采用普通麻花钻。麻花钻有高速钢和硬质合金两种。

麻花钻是应用最广泛的孔加工刀具，如图 2—6—1 所示。通常直径范围为 0.25 ~ 80 mm。它主要由工作部分、颈部和柄部构成。麻花钻的螺旋角主要影响切削刃上前角的大小、切削刃强度和排屑性能，通常为 25° ~ 32°。

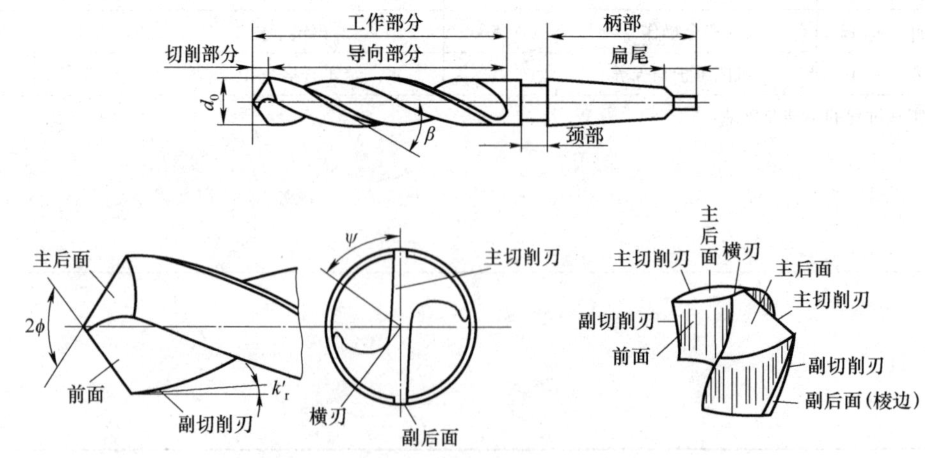

图 2—6—1　麻花钻

标准麻花钻的切削部分顶角为118°，横刃斜角为40°～60°，后角为8°～20°。由于结构上的原因，前角在外缘处最大，向中间逐渐减小，横刃处为负前角（可达－55°左右），钻削时起挤压作用。

麻花钻的柄部形式有直柄和锥柄两种，加工时夹在钻夹头中或专用刀柄中。一般麻花钻用高速钢制造。焊硬质合金刀片或齿冠的麻花钻适于加工铸铁、淬硬钢和非金属材料等，整体硬质合金小麻花钻用于加工仪表零件和印制线路板等。

2. 扩孔刀具的选择

标准扩钻孔一般有3～4条主切削刃，切削部分的材料为高速钢或硬质合金，结构形式有直柄式、锥柄式和套式等。

扩孔直径较小时，可选用直柄式扩孔钻；扩孔直径中等时，可选用锥柄式扩孔钻；扩孔直径较大时，可选用套式扩孔钻。

扩孔钻的加工余量较小，主切削刃较短，因而容屑槽浅，刀体的强度和刚度较高。它没有麻花钻的横刃，加上刀齿多，所以导向性好，切削平稳，加工质量和生产率都比麻花钻高。

当扩孔直径为20～60 mm，且机床刚度高、功率大时，可选用可转位扩孔钻。这种扩孔钻的两个可转位刀片的外刃位于同一个外圆直径上，而且刀片径向可做微量（±0.1 mm）调整，以控制扩孔直径。

3. 镗孔刀具的选择

镗孔所用刀具为镗刀。镗刀种类很多，按切削刃数量可分为单刃镗刀和双刃镗刀。单刃镗刀刚度低，切削时易引起振动，所以镗刀的主偏角选得较大，以减小径向力。

镗孔孔径的大小要靠调整刀具的悬伸长度来保证，调整麻烦，效率低，只能用于单件小批量生产。但单刃镗刀结构简单，适应性较广，粗、精加工都适用。

在孔的精镗中，目前较多地选用精镗微调镗刀。这种镗刀的径向尺寸可以在一定范围内进行微调，调节方便且精度高。调整尺寸时，先松开拉紧螺钉，然后转动带刻度盘的调整螺母，等调至所需尺寸时再拧紧拉紧螺钉，使用时应保证锥面靠近大端接触，键与键槽配合间隙不能太大，否则微调时就不能达到较高的精度。

镗削大直径的孔可选双刃镗刀。这种镗刀头部可以在较大范围内进行调整，且调整方便，最大镗孔直径可达1 000 mm。

双刃镗刀的两端有一对对称的切削刃同时参与切削，与单刃镗刀相比，每转进给量可提高一倍左右，生产效率高。同时，可以消除切削力对镗杆的影响。

4. 铰孔刀具的选择

数控铣床上使用的铰刀多是通用标准铰刀。此外，还有机夹硬质合金刀片单刃铰刀和浮动铰刀等。

通用标准铰刀有直柄、锥柄和套式三种。锥柄铰刀直径为10～32 mm，直柄铰刀直径为6～20 mm，小孔直柄铰刀直径为1～6 mm，套式铰刀直径为25～80 mm。

标准铰刀有4～12齿。铰刀的齿数除与铰刀直径有关外，主要根据加工精度的要求选择。齿数过多，刀具的制造重磨都比较麻烦，而且会因齿间容屑槽较小而造成切屑堵塞和划伤孔壁，以致铰刀折断。齿数过少，则铰削时的稳定性差，刀齿的切削负荷增大，而且容易产生几何形状误差。

二、数控铣床程序编制方法

铣削加工工艺路线的拟定是制定工艺规程的重要内容之一，其主要内容包括选择各加工表面的加工方法、划分加工阶段、划分工序以及安排工序的先后顺序等。设计者应根据从生产实践中总结出来的一些综合性工艺原则，结合实际的生产条件，提出几种方案，通过对比分析，从中选择最佳方案。

1. 加工方法的选择

对于数控铣床，应重点考虑几个方面：能保证零件的加工精度和表面粗糙度的要求；使走刀路线最短，既可简化程序段，又可减少刀具空行程时间，提高加工效率；应使数值计算简单，程序段数量少，以减少编程工作量。

在数控铣床上加工内孔表面时，加工方法主要有钻孔、扩孔、铰孔、镗孔和攻螺纹等，应根据被加工孔的加工要求、尺寸、具体生产条件、批量的大小及毛坯上有无预制孔等情况合理选用。

（1）加工精度为 IT9 级的孔。当孔径小于 10 mm 时，可采用钻—铰方案；当孔径为 10 ~ 30 mm 时，可采用钻—扩方案；当孔径大于 30 mm 时，可采用钻—镗方案。工件材料为淬火钢外的各种金属。

（2）加工精度为 IT8 级的孔。当孔径小于 20 mm 时，可采用钻—铰方案；当孔径大于 20 mm 时，可采用钻—扩—铰方案，此方案适用于加工淬火钢以外的各种金属，但孔径应为 20 ~ 80 mm，此外，也可采用最终工序为精镗的方案。

（3）精加工精度为 IT7 级的孔。当孔径小于 12 mm 时，可采用钻—粗铰—精铰方案；当孔径为 12 ~ 60 mm 时，可采用钻—扩—粗铰—精铰方案；当毛坯上已铸出或锻出孔时，可采用粗镗—半精镗—精镗方案。最终工序为铰孔的方案，适用于未淬火钢、铸铁和有色金属。

（4）精加工精度为 IT6 级的孔，最终工序可采用精细镗，工件材料为未淬火钢。

2. 加工阶段的划分

当零件的加工质量要求较高时，往往不能只用一道工序来满足其要求，而要用几道工序逐步达到要求的加工质量。为保证加工质量和合理地使用设备、人力，零件的加工过程通常按工序性质不同，可分为粗加工、半精加工、精加工和光整加工四个阶段。

（1）粗加工阶段。其任务是切除毛坯上大部分多余的金属，使毛坯在形状和尺寸上接近零件成品，此阶段的主要目标是提高生产率。

（2）半精加工阶段。其任务是使主要表面达到一定的精度，留有一定的精加工余量，为主要的精加工（如精车、精磨）做好准备，并可完成一些次要表面加工，如扩孔、攻螺纹、铣键槽等。

（3）精加工阶段。其任务是保证各主要表面达到规定的尺寸精度和表面粗糙度要求。此阶段的主要目标是全面保证加工质量。

（4）光整加工阶段。对零件上精度和表面质量要求很高（IT6 级以上、表面粗糙度 *Ra*

值为0.2 μm以下）的表面，需要进行光整加工，其主要目标是提高尺寸精度，减小表面粗糙度值。一般不用来提高位置精度。

3. 加工顺序

先面后孔原则。对于箱体类、支架类零件，其平面轮廓尺寸较大，一般先加工平面，再加工孔和其他尺寸。这样安排加工顺序，一方面用加工过的平面定位，稳定可靠；另一方面在加工过的平面上加工孔，比较容易，并能提高孔的加工精度，特别是钻孔，孔的轴线不易偏斜。

三、固定循环功能

孔加工一般采用数控机床系统配备的固定循环功能进行编程。通过对这些固定循环指令的使用，在一个程序段内可以完成某个孔的全部动作（孔加工进给、退刀、孔底暂停等），如果孔的动作不变，则程序中的所有模态数据不变，从而大大减少编程的工作量。FANUC 0i系统数控铣床的固定循环指令见表2—6—1。

表2—6—1　固定循环指令

G代码	加工动作	孔底动作	退刀动作	用途
G73	间歇进给	——	快速进给	高速深孔加工循环
G74	切削进给	暂停、主轴正传	切削进给	左旋螺纹攻螺纹循环
G76	切削进给	主轴准停、刀具位移	快速进给	精镗孔
G80	——	——	——	取消固定循环
G81	切削进给	——	快速进给	钻孔
G82	切削进给	暂停	快速进给	锪孔、镗阶梯孔
G83	间歇进给	——	快速进给	深孔加工循环
G84	切削进给	暂停、主轴反传	切削进给	右旋螺纹攻螺纹循环
G85	切削进给	——	切削进给	镗孔
G86	切削进给	主轴停	快速进给	镗孔
G87	切削进给	刀具位移、主轴正转	快速进给	背镗孔
G88	切削进给	暂停、主轴停	手动	镗孔
G89	切削进给	暂停	切削进给	镗孔

在数控加工中，某些加工动作已经典型化，例如钻孔、镗孔的动作顺序是孔位平面定位，快速引进、工作进给、快速退回等，这一系列动作已经预先编好程序，存储在内存中，可用包含G代码的一个程序调用，从而简化了编程工作，这种包含了典型动作循环的G代码称为固定循环指令。固定循环指令的动作如图2—6—2所示。

1. 固定循环指令的动作

孔加工固定循环通常由六个动作组成，如图2—6—2所示。

动作1：X、Y轴定位。使刀具快速定位到孔加工位置。

动作2：快速移到R点。刀具自初始点快速进给到R点。

动作3：孔加工。以切削进给的方式执行孔加工的动作。

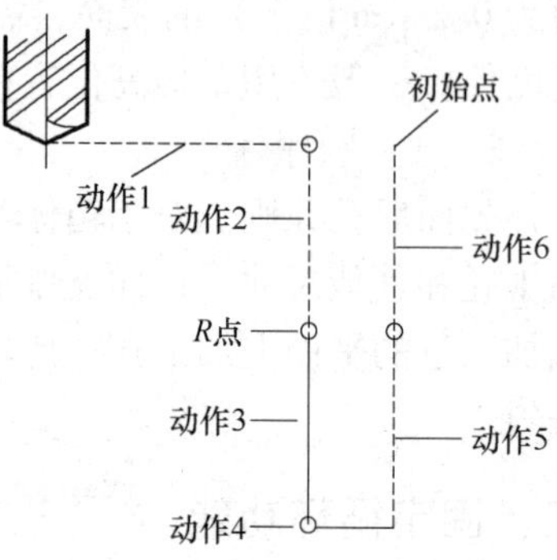

图 2—6—2　固定循环指令的动作

动作 4：在孔底的动作。包括暂停、主轴准停、刀具移位等动作。

动作 5：返回 *R* 点。继续孔的加工而又可以安全移动刀具时选择 *R* 点。

动作 6：快速返回初始点。孔加工完成后一般应选择返回初始点。

（1）初始平面。初始平面是为了安全下刀而规定的一个平面。初始平面到零件表面的距离可以任意设定在一个安全的高度上，即初始点所在平面。当使用同一把刀具加工若干孔时，只有孔之间存在障碍需要跳跃或全部孔加工完时，才使用 G98 功能使刀具返回到初始平面上的初始点，否则使用 G99 返回 *R* 点。

（2）*R* 点。*R* 点所在平面又叫 *R* 点参考面，这个平面是刀具下刀时自快进转为工进的高度平面，距工件的距离要考虑工件表面尺寸的变化，一般可取 2 ~ 5 mm，使用 G99 时，刀具将返回到该参考面上。

（3）孔底平面。加工盲孔时，孔底平面就是孔底 *Z* 轴的高度，加工通孔时一般刀具还要伸出工件底平面一段距离，主要保证全部孔深都加工到尺寸，钻削加工还应考虑钻尖对孔深的影响。

孔加工循环与平面选择指令（G17、G18 或 G19）无关，即不管选择哪个平面，孔加工都是在 *XY* 平面上定位并在 *Z* 轴方向上钻孔。

固定循环的动作顺序指定应当考虑三个问题：

（1）坐标数据是使用绝对值还是增量值方式。

（2）返回点平面是选在初始点所在平面还是 *R* 点所在平面。

（3）考虑采用什么样的孔加工循环方式，如下面将要介绍的 G73—G89 等循环加工指令。

2. 固定循环指令的代码

（1）孔加工循环方式（G73—G89）。孔加工循环方式指令一般格式如下：

G73—G89 X __ Y __ Z __ R __ Q __ P __ F __ K;

说明：X __ Y __平面定位点坐标值，可以用绝对值也可以用增量值。

Z __指定孔底平面的位置，可以用绝对值也可以用增量值。

R __指定 *R* 点所在平面的位置，可以用绝对值也可以用增量值。

Q __在 G73 或 G83 方式中用来指定每次加工深度，在 G76 或 G87 方式中规定位移量。Q 值一律取增量值，而与 G91 和 G90 的选择无关。

P __用来指定刀具在孔底的暂停时间，与在 G04 中指定 P 的时间单位一样，即以 ms 为单位，不使用小数点。

F __指定孔加工切削进给速度。这个指令为模态指令，即使取消了固定循环，在其后的加工中仍然有效。

K __指令孔加工重复的次数，忽略这个参数时就认为是 K1，如果程序中选择了 G90 方式，刀具在原来孔的位置重复加工；如果选择 G91，则用一个程序段就能实现分布在一条直线上的若干个等距离孔的加工，K 只在被指令的程序段中有效。

取消孔加工方式用 G80，而如果中间出现了任何 01 组的 G 代码，则孔加工方式也会自动取消，因此用 G01、G00、G02、G03 可以取消固定循环，其效果与 G80 一样。

（2）数据形式。固定循环指令中 R 与 Z 的数据指定与 G90 或 G91 的方式有关，如图 2—6—3 所示为采用 G90 或 G91 时坐标计算方法。选择 G90 方式时，R 与 Z 一律取其终点坐标值；选择 G91 方式时，R 是指自初始点到 R 点的距离，Z 是指自 R 点到孔底平面的距离。G90 和 G91 的坐标指定如图 2—6—3 所示。

（3）选择返回平面（G98、G99）。由 G98 或 G99 决定刀具在返回时到达的平面，如图 2—6—4 所示。

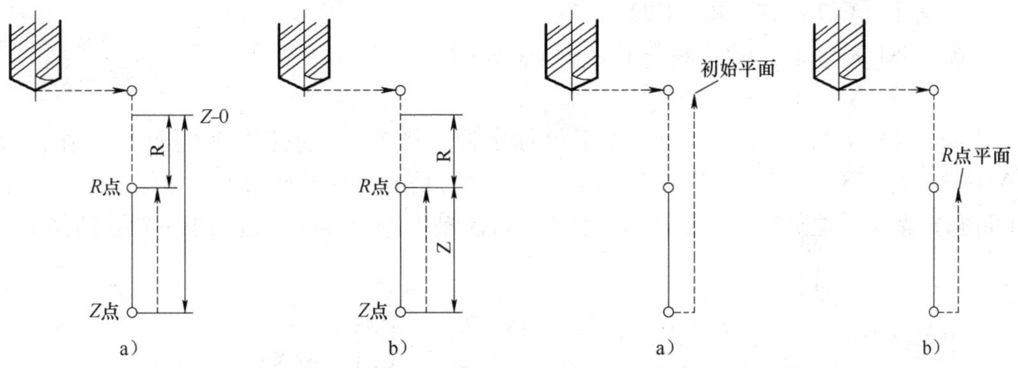

图 2—6—3　G90 和 G91 的坐标指定

a）G90　b）G91

图 2—6—4　G98 和 G99 的平面指定

a）G98　b）G99

如指令为 G98，则自该程序段开始，刀具将返回到初始平面；如果指令为 G99，则返回到 *R* 点所在平面，如图 2—6—4 所示。通常加工一组相同的孔时加工第一个孔后用 G99 返回到 *R* 点平面，加工最后一个孔后用 G98 返回到初始平面。

3. 固定循环指令

（1）高速深孔往复排屑钻（G73）。

格式：G73 X __ Y __ Z __ R __ Q __ F；

功能：G73 指令用于深孔加工，孔加工动作如图 2—6—5a 所示，该固定循环用于 *Z* 轴方向的间歇进给，使深孔加工时可以较容易地实现断屑和排屑，减少退刀量，进行高效率的加工。Q 值为每次的背吃刀量（增量值且用正值表示），必须保证 Q > *d*，退刀用快速，退刀量 *d* 由参数设定。

（2）深孔往复排屑钻（G83）。

格式：G83 X __ Y __ Z __ R __ Q __ F；

功能：G83 指令同样用于深孔加工，孔加工动作如图 2—6—5b 所示，与 G73 略有

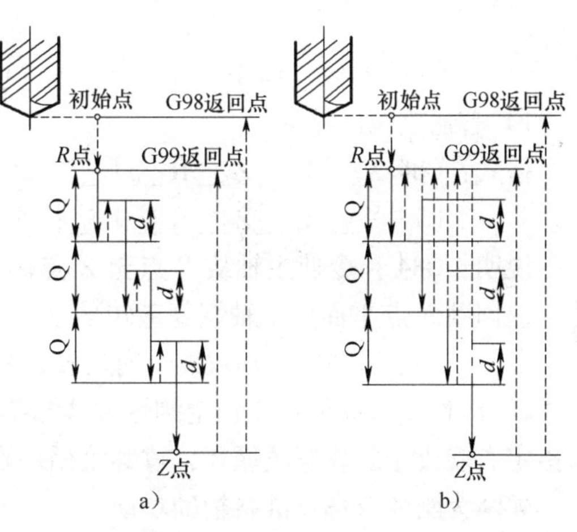

图 2—6—5　G73 和 G83 循环

a）G73　b）G83

不同的是每次刀具间歇进给后退至 *R* 点平面，此处的 *d* 表示刀具间歇进给每次下降时，由快进转为工进的那一点至前一次切削进给下降的点之间的距离，距离由参数设定。

（3）精镗孔（G76）。

格式：G76 X__ Y__Z__R__Q__P__F__;

G76 循环如图 2—6—6 所示，图中 P 表示在孔底有暂停，OSS 表示主轴有准停，Q 表示刀具移动量。精镗时为了不使刀具在退刀过程中划伤孔的表面，可以使用精镗循环 G76 指令。机床执行 G76 时，刀具从初始点移至 *R* 点，并开始进行精镗切削，直至孔底主轴停止，向刀尖反方向移动（偏移一个 Q 值），然后快速退刀，刀具复位，Q 值总是为正值，若使用负值，负号将被忽略。偏移时刀头移动的方向预先由参数设定。

（4）钻孔（G81）和锪孔（G82）。

格式：G81 X__ Y__ Z__ R__ F__;

G82 X__ Y__ Z__ R__ P__ F__;

说明：G81 指令的动作循环为 *X*、*Y* 坐标定位，快进，工进和快速返回等动作，如图 2—6—7 所示。G82 与 G81 动作相似，唯一不同之处是 G82 在孔底增加了暂停，因而适用于加工盲孔、锪孔或镗阶梯孔，以提高孔底表面加工精度，而 G81 只适用于一般孔的加工。

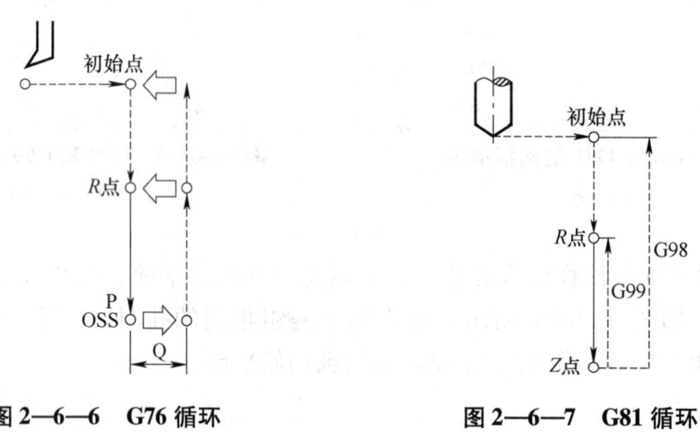

图 2—6—6　G76 循环　　**图 2—6—7　G81 循环**

（5）攻右旋螺纹（G84）与左旋螺纹（G74）

1）普通攻螺纹循环。

格式：G84 X__ Y__ Z__ R__ F__;

G74 X__ Y__ Z__ R__ F__;

说明：G84 指令使主轴从 *R* 点至 *Z* 点时，刀具正向进给，主轴正转，到孔底时主轴反转，返回到 *R* 点平面后主轴恢复正转。

G74 指令使主轴攻螺纹时反转，到孔底正转，返回到 *R* 点时恢复反转。

2）刚性攻螺纹循环。设定刚性方式，指令 M29。此时，主轴停止，刚性方式有效。可以指定右旋或左旋攻螺纹循环，攻螺纹循环在下一个程序段中指定。

M29 为刚性攻螺纹准备辅助功能。

指令 G80 可以清除刚性方式，其他固定循环 G 代码或 01 组 G 代码也可以清除刚性方式，刚性方式被关闭，此时，主轴停止。刚性方式也能用复位操作清除（复位键）。但是要记住，固定循环不能用复位操作复位。

格式：

……

M29；

G74/G84 X __ Y __ Z __ R __ F __；

X __ Y __；

……

G80；

说明：

①F 值根据主轴转速与螺纹螺距计算，螺距 = $\frac{进给速度}{主轴转速}$。

②速度进给倍率开关无效。

③进给保持只能在该循环动作结束后执行。

④如果在程序段中指令暂停，则在刀具到达孔底和返回 *R* 点时先执行暂停的动作。

⑤使用刚性攻螺纹功能，机床必须有主轴编码器。

（6）精镗孔（G85）与精镗阶梯孔（G89）。

格式：G85 X __ Y __ Z __ R __ F __；

G89 X __ Y __ Z __ R __ P __ F __；

说明：这两种孔加工方式，刀具是以切削进给方式加工到孔底，然后又以切削进给方式返回到 *R* 点平面，因此适用于精镗孔，G89 在孔底有暂停。

（7）镗孔（G86）。

格式：G86 X __ Y __ Z __ R __ F __；

说明：该指令是指刀具加工到孔底后，主轴停止，快速返回到 *R* 点平面或初始平面后，主轴再重新启动。采用这种加工方式时，如果连续加工的孔间距较小，可能出现刀具已经定位到下一个孔的加工位置而主轴尚未达到规定的转速。显然加工中不允许出现这种现象，为此可以在各孔动作之间加入暂停指令 G04，以使主轴达到规定转速。G74 与 G84 指令也有类似情况，应注意避免。

（8）反镗孔（G87）。

格式：G87 X __ Y __ Z __ R __ Q __ F；

说明：G87 循环如图 2—6—8 所示，*X* 轴和 *Y* 轴定位后，主轴定向停止，然后向刀尖的反方向移动 Q 值，并快速定位到孔底。接着刀具向刀尖方向移动 Q 值，主轴正转，沿 *Z* 轴向上加工到 *Z* 点，这时主轴又定向停止，再次向原刀尖反方向位移 Q 值，然后快速移动到初始点（只能用 G98）后刀尖返回一个原位移量，主轴正转，进行下一个程序段动作。采用这种循环方式时，只能让刀具返回到初始平面而不能返回到 *R* 点平面，因为 *R* 点平面低于 *Z* 平面，本指令参数设定与 G76 相同。

（9）镗孔循环（G88）。

格式：G88 X __ Y __ Z __ R __ P __ F __；

说明：刀具到达孔底时延时，主轴停止，进入进给保持状态，在此情况下可以执行手动操作。但为了安全起见应先把刀具从孔中退出，以便再启动加工，刀具快速返回到 R 点或初始点，主轴正转，如图 2—6—9 所示。

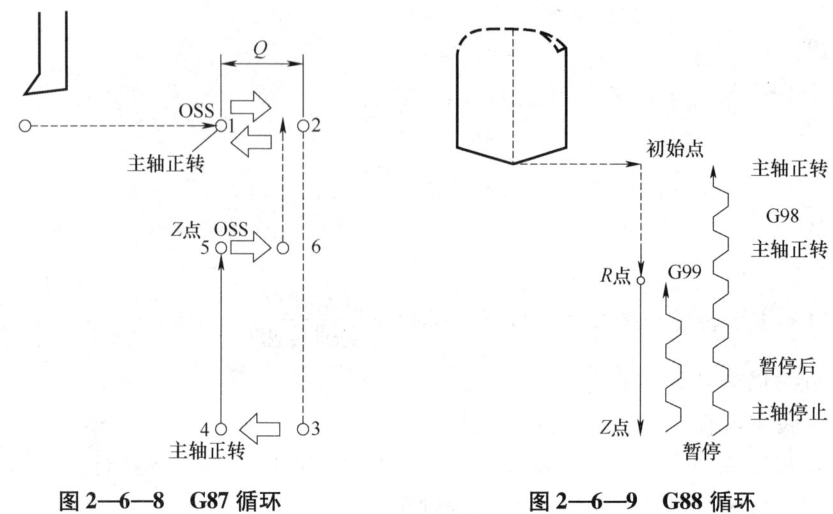

图 2—6—8　G87 循环　　**图 2—6—9　G88 循环**

（10）取消固定循环（G80）。G80 用来取消固定循环，也可用 G00、G01、G02、G03 取消固定循环，其效果与 G80 一样。

4. 钻孔循环指令 G81 与排屑钻孔循环指令 G83 的区别

（1）指令格式如下：

G81 X__ Y__ Z__ R__ L__ F__;

G83 X__ Y__ Z__ R__ Q__ L__ F__;

（2）G81 指令常用于钻中心孔或普通钻孔，G83 指令常用于深孔钻孔（深孔是指孔深与孔直径之比大于 5 而小于 10 的孔）。加工深孔时，加工中散热差，排屑困难，钻杆刚度差，容易使刀具损坏和引起孔的轴线偏斜，从而影响加工精度和生产率。

5. 应用固定循环时的注意问题

（1）指定固定循环之前，必须用辅助功能 M03 使主轴正转，当使用了主轴停止转动指令 M05 之后，一定要重新使主轴旋转，再指定固定循环。

（2）指定固定循环状态时，必须给出 X、Y、Z、R 中的每一个数据，固定循环才能执行。

（3）操作时，若利用复位或急停按钮使数控装置停止，固定循环加工和加工数据仍然存在，所以再次加工时，应该使固定循环剩余动作进行到结束。

（4）若程序中出现代码 G00、G01、G02、G03 时，循环方式及其加工数据也全部取消。

四、切削用量

影响切削用量的因素有机床与刀具。

1. 机床

切削用量的选择必须在机床主传动功率、进给传动功率以及主轴转速范围、进给速度范围之内。机床—刀具—工件系统的刚度是限制切削用量的重要因素。切削用量的选择应使机床—刀具—工件系统不发生较大的振颤。如果机床的热稳定性好、热变形小，则可适当加大切削用量。

2. 刀具

刀具材料是影响切削用量的重要因素。

项目实施

数控铣床加工实例——孔类零件

对图 2—6—10 所示的工件进行不同要求孔的加工，工件外形尺寸与表面粗糙度已达到图样要求，材料为 45 钢。

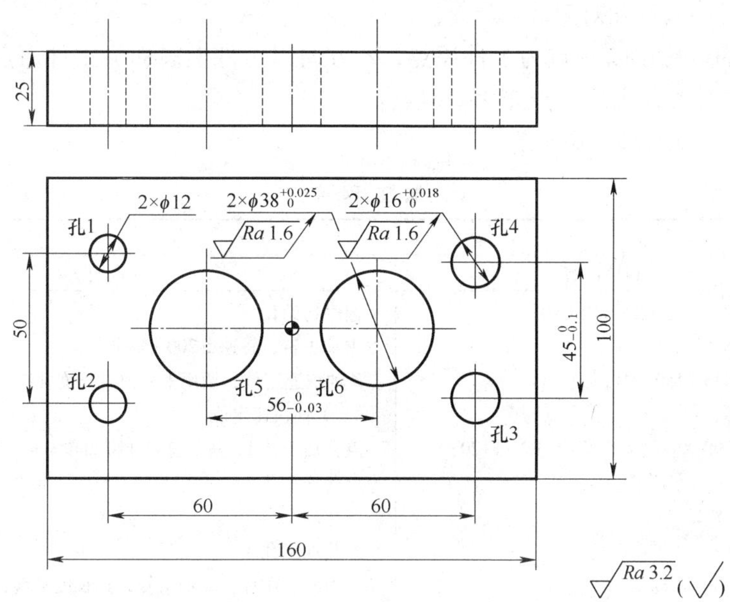

图 2—6—10 孔类零件加工

一、加工分析及方案

1. 加工方案的确定

（1）工件选用机用平口虎钳装夹，校正平口虎钳固定钳口与工作台 *X* 轴方向平行，将 160 mm × 25 mm 侧面贴近固定钳口后压紧，并校正工件上表面的平行度。

（2）加工方案与刀具选择见表 2—6—2。

表 2—6—2 加工方案与刀具选择

加工内容	加工方法	选用刀具（mm）
孔 1、孔 2	点孔—钻孔—扩孔	ϕ3 中心钻，ϕ10 麻花钻，ϕ12 麻花钻
孔 3、孔 4	点孔—钻孔—扩孔—铰孔	ϕ3 中心钻，ϕ10 麻花钻，ϕ15. 8 麻花钻，ϕ16 机用铰刀
孔 5、孔 6	钻孔—扩孔—粗镗—精镗加工	ϕ20、ϕ35 麻花钻，ϕ37. 5 粗镗刀，ϕ38 精镗刀

2. 确定切削用量

切削用量见表 2—6—3。

表 2—6—3　　切削用量

刀具（mm）	ϕ3 中心钻	ϕ10 麻花钻	ϕ20 麻花钻	ϕ35 麻花钻	ϕ12 麻花钻	ϕ15.8 麻花钻	ϕ16 机用铰刀	ϕ37.5 粗镗刀	ϕ38 精镗刀
主轴转速（r/min）	1 200	650	350	150	550	400	250	850	1 000
进给速度（mm/min）	120	100	40	20	80	50	30	80	40
刀具补偿	H1/T1	H2/T2	H3/T3	H4/T4	H5/T5	H6/T6	H7/T7	H8/T8	H9/T9

3. 确定工件坐标系和对刀

在 *XOY* 平面内确定以 *O* 点为工件原点，*Z* 方向以工件上表面为工件原点，建立工件坐标系。采用手动对刀方法把 *O* 点作为对刀点。

4. 编写程序（见表 2—6—4）

表 2—6—4　　加工程序

程序号：O0003		
程序段号	程序内容	说明
N10	G54 G90 G17 G21 G49 G40；	程序初始化
N20	M03 S1200；	主轴正转，转速 1 200 r/min
N30	G00 G43 Z150. H1；	*Z* 轴快速定位，调用 1 号刀具长度补偿
N40	X0 Y0；	*X*、*Y* 轴快速定位
N50	G81 G99 X-60. Y25. Z-2. R2. F120；	点孔加工孔 1，进给速度 120 mm/min
N60	Y-25.；	点孔加工孔 2
N70	X60. Y-22.5；	点孔加工孔 3
N80	Y22.5；	点孔加工孔 4
N90	G49 G00 Z150.；	取消固定循环，取消 1 号刀具长度补偿，*Z* 轴快速定位
N100	M05；	主轴停转
N110	M01；	程序暂停，手动换 2 号刀
N120	M03 S650；	主轴正转，转速 650 r/min
N130	G43 G00 Z100. H2 M08；	*Z* 轴快速定位，调用 2 号刀具长度补偿，切削液开
N140	G83 G99 X-60. Y25. Z-30. R2. Q6. F100；	钻孔加工孔 1，进给速度 100 mm/min
N150	Y-25.；	钻孔加工孔 2
N160	X60. Y-22.5；	钻孔加工孔 3
N170	Y22.5；	钻孔加工孔 4
N180	G49 G00 Z150. M09；	取消循环、2 号刀具长度补偿，Z 轴快速定位，切削液关
N190	M05；	主轴停转
N200	M01；	程序暂停，手动换 3 号刀
N210	M03 S350；	主轴正转，转速 350 r/min
N220	G43 G00 Z100. H3 M08；	*Z* 轴快速定位，调用 3 号刀具长度补偿，切削液开
N230	G83 G99 X-28. Y0 Z-35. R2. Q5. F40；	钻孔加工孔 5，进给速度 40 mm/min
N240	X28.；	钻孔加工孔 6
N250	G49 G00 Z150. M09；	取消循环、3 号刀具长度补偿，*Z* 轴快速定位，切削液关
N260	M05；	主轴停转
N270	M01；	程序暂停，手动换 4 号刀

续表

程序段号	程序内容	说明
N280	M03 S150;	主轴正转，转速 150 r/min
N290	G43 G00 Z100 H4 M08;	Z 轴快速定位，调用 4 号刀具长度补偿，切削液开
N300	G83 G99 X-28. Y0 Z-42. R2. Q8. F20;	扩孔加工孔 5，进给速度 20 mm/min
N310	X28. ;	扩孔加工孔 6
N320	G49 G00 Z150. M09;	取消循环、4 号刀具长度补偿，Z 轴快速定位，切削液关
N330	M05;	主轴停转
N340	M01;	程序暂停，手动换 5 号刀
N350	M03 S550;	主轴正转，转速 550 r/min
N360	G43 G00 Z100 H5 M08;	Z 轴快速定位，调用 5 号刀具长度补偿，切削液开
N370	G83 G99 X-60. Y25 Z-31 R2. Q8. F80;	
N380	Y-25. ;	
N390	Y-25. ;	
N400	M05;	
N410	M01;	程序暂停，手动换 6 号刀
N420	M03 S400;	
N430	G43 G00 Z100. H6 M08;	
N440	G83 G99 X60. Y-22.5 Z-33. R2. Q8. F50;	
N450	Y22.5;	
N460	G49 G00 Z150. M09;	
N470	M05;	程序暂停，手动换 7 号刀
N480	M01;	
N490	M03 S250;	
N500	G43 G00 Z100. H7 M08;	
N510	X0 Y0;	
N520	G85 G99 X60. Y-22.5 Z-30. R2.	
N530	F30;	
N540	Y22.5;	
N550	G49 G00 Z150 M09;	程序暂停，手动换 8 号刀
N560	M05;	
N570	M01;	
N580	M03 S850;	
N590	G43 G00 Z100. H8 M08;	
N600	X0 Y0;	
N610	G85 G99 X-28. Y0 Z-26. R2. F80;	程序暂停，手动换 9 号刀
N620	X28. ;	
N630	G49 G00 Z150. M09;	
N640	M05;	
N650	M01;	
N660	M03 S1 000;	
N670	G43 G00 Z100. H9 M08;	
N680	X0 Y0;	
N690	G85 G99 X-28. Y0 Z-26. R2. F40;	
N700	X28. ;	
N710	G49 G00 Z150. M09;	
N720	M02;	

二、加工过程

1. 加工方案的确定

制定工艺路线，例如：点孔—钻孔—扩孔；点孔—钻孔—扩孔—铰孔；钻孔—扩孔—粗镗—精镗加工。

（1）工件选用机用平口虎钳装夹。

（2）加工方法与刀具选择。

2. 确定切削用量

3. 确定工件坐标系和对刀

4. 编写程序

5. 机床运行

项目评价

孔加工在生产中具有重要意义，依据孔的精度要求不同，对孔制定的加工工艺路线也有所差异，要视情况而定。

项目七　模架加工

项目目标

1. 掌握导柱孔的加工方法。

2. 掌握镗刀的使用方法。

项目描述

数控铣床模具模架导柱孔的加工，如图 2—7—1 和图 2—7—2 所示。

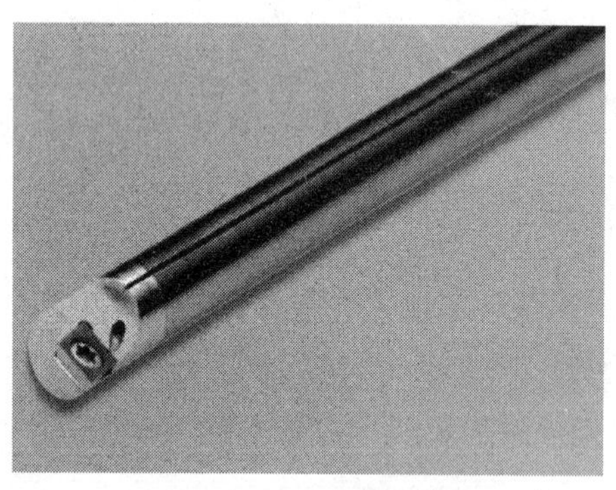

图 2—7—1　镗刀刀杆

图 2—7—2　导柱孔的位置（图中箭头处）

项目知识与技能

一、刀具选择

1. 镗孔的一般加工工艺

镗孔加工也称镗削，可作为粗加工、半精加工和精加工。一般镗削的尺寸公差等级可达

IT8～IT7，表面粗糙度 Ra 值可达 3.2～1.6 μm，如图 2—7—3 所示。

通常情况下：镗刀的加工量可大可小，主要取决于镗刀刀刃长短、镗刀杆刚度。粗加工吃刀量 1～5 mm 为宜，半精加工吃刀量 0.2～1 mm 为宜，精加工吃刀量 0.05～0.2 mm 为宜。

图 2—7—3　镗孔加工

镗削与铰削相比具有加工范围大、效率高、中心轴垂直度高等特点；但缺点是尺寸稳定性、表面质量等不及铰削。

2. 镗刀的类型

镗刀刀刃材料一般分为高速钢与硬质合金两大类。

镗刀刀杆一般分为整体式刀柄与直柄机夹杆两大类。

3. 镗刀的参数选择

（1）镗削速度 v 的选择。镗削通常情况下速度 v：高速钢为 5～8 m/min，硬质合金为 15～25 m/min。

（2）进给量 f(mm/r) 的选择。镗孔时进给量 f(mm/r) 的选择参考推荐值见表 2—7—1。

表 2—7—1　镗孔时每转进给量 f 的选择参考推荐值

镗刀材料 d_0（mm）	低碳钢 120～200HBW	低合金钢 200～300HBW	高合金钢 300～400HBW	软铸铁 130HBW	中硬铸铁 175HBW	硬铸铁 230HBW
	f(mm/r)	f(mm/r)	f(mm/r)	f(mm/r)	f(mm/r)	f(mm/r)
高速钢	0.08	0.06	0.05	0.10	0.08	0.05
硬质合金	0.08	0.06	0.05	0.10	0.08	0.05

（3）镗杆的选择。在镗削加工中，镗杆的选择非常重要，镗杆大小一般情况下不能小于所镗孔径的 75%。如果过小，则在加工中容易产生振动，表面出现振纹。如果过大，则可加工范围变小，不利于排屑。镗杆如图2—7—4 所示。

4. 切削用量

切削用量选择查表进行。

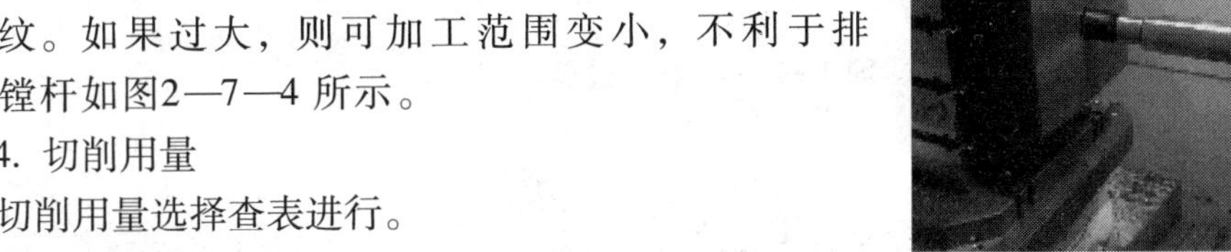

图 2—7—4　镗杆

二、程序编制

1. G76 精镗循环

格式：G76 X__ Y__ Z__ R__ Q__ F__；

功能：快速定位到 X、Y 指定点，以 Z、R、Q、F 给定的参数对孔加工。

执行过程：*X*、*Y* 轴定位后，*Z* 轴快速运动到 *R* 点，再以 F 给定的速度进给到 *Z* 点，然后主轴定向并向给定的方向移动一段距离，再快速返回初始点或 *R* 点，返回后，主轴再以原来的转速和方向旋转，如图 2—7—5 所示。孔底的移动距离由孔加工参数 Q 给定，Q 应始终为正值，移动的方向由 2#机床参数的 4、5 两位给定。在使用该固定循环时，应注意孔底移动的方向是使主轴定向后，刀尖离开工件表面的方向，这样退刀时便不会划伤已加工好的工件表面，可以得到较好的精度和表面质量，如图 2—7—6 所示。

用途：该固定循环一般用于要求表面质量较高的孔的精加工。

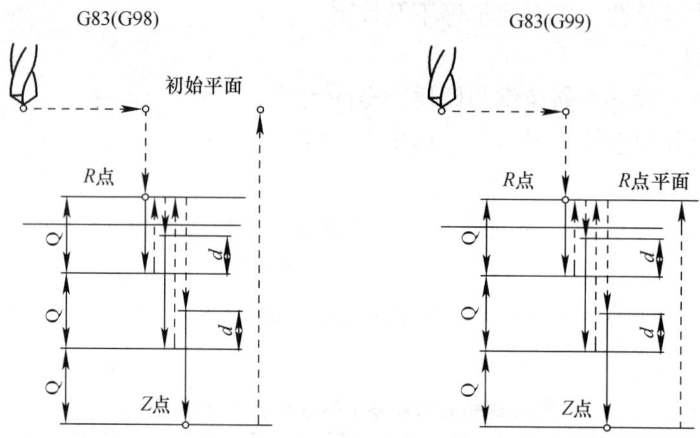

图 2—7—5　执行过程 1

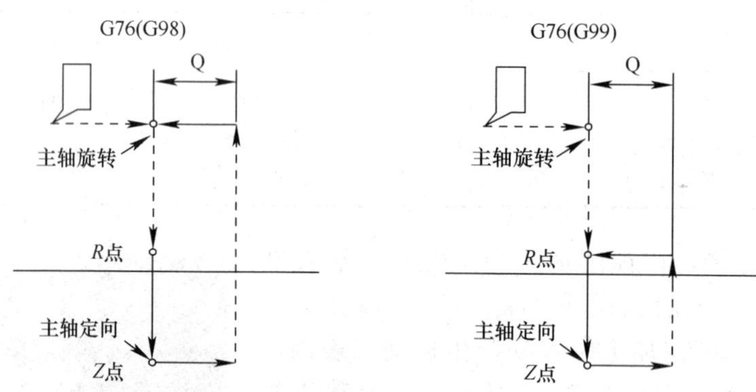

图 2—7—6　执行过程 2

2. G83 高速深孔钻削循环

格式：G83 X __ Y __ Z __ R __ Q __ F __ K __;

执行过程：和 G73 指令相似，G83 指令下从 *R* 点到 *Z* 点的进给也分段完成，和 G73 指令不同的是，每段进给完成后，*Z* 轴返回的是 *R* 点，然后以快速进给速率运动到距离下一段进给起点上方 *d* 的位置，开始下一段进给运动。没有孔底动作。每段进给的距离由孔加工参数 Q 给定，Q 始终为正值，*d* 的值由 532#机床参数给定。

用途：该固定循环一般用于深孔加工中，起到断屑、排屑的作用，与 G73 相比效率低。

项目实施

模具模架导柱孔的加工实训，如图 2—7—7 所示。

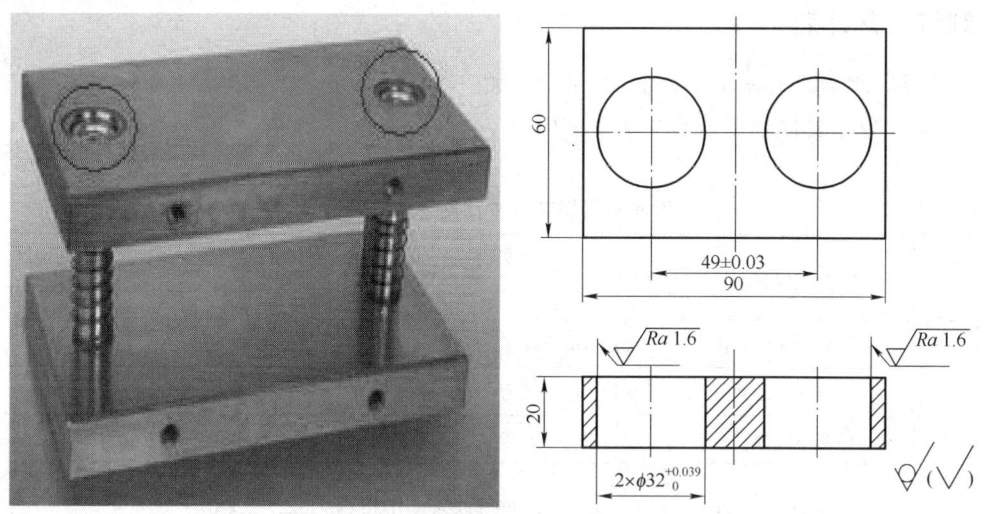

图 2—7—7 模具模架导柱孔

一、加工分析

汽车模具在冲压零件时，上、下模具受到很大的压力，为使两模座水平位置保持不动，上、下模架作导柱和孔进行配合。导柱孔要求不但孔径精度高且表面粗糙度 *Ra* 值为 3.2 ~ 0.6 μm。本实训项目练习的工件材料为 45 钢，切削性较好，毛坯尺寸 90 mm × 60 mm × 20 mm，已完成上、下表面及周边侧面的加工，该模架由 2 × ϕ32 mm 通孔组成。

二、加工方案的确定

1. 刀具的选择

由于工件材料为 45 钢，两导柱孔的位置有较高要求，选用 ϕ16 mm 麻花钻一把、ϕ20 mm立铣刀一把、可调 ϕ26 ~ ϕ34 mm 精镗刀一把。

2. 夹具及装夹方式的选择

由于工件毛坯为长方形，且加工内容为通孔，结合车间现有夹具设备，决定采用机用平口钳装夹工件。装夹时注意垫铁要避开孔位且足够高。

3. 加工工艺与路线设计

汽车模具模架导柱孔孔径较大，孔表面要求垂直度较高。采用的加工工序可以是钻→扩铣→镗。

加工路线的设计：模架上的导柱孔一般较少，结构较简单。为更好的保证孔距精度，加工导柱孔时可以参考如下图的走刀路线。

4. 工件原点设定

由于工件为对称方形结构，为简化编程，工件原点设定在工件中心上表面处。

三、制订工艺计划

汽车模具模架导柱孔加工工序如图 2—7—8 所示，具体加工内容见表 2—7—2。

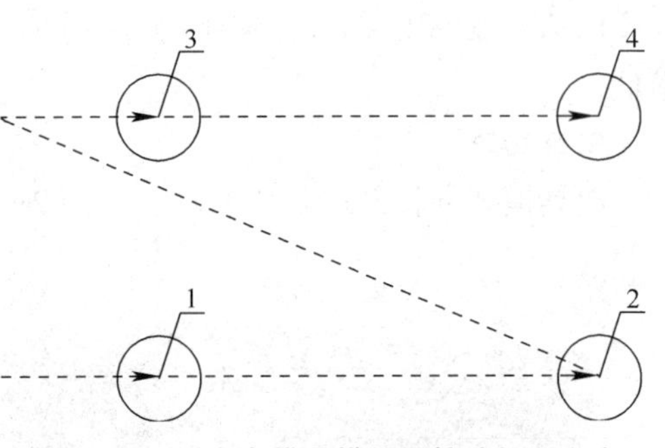

图 2—7—8 汽车模具模架导柱孔加工工序

表 2—7—2 汽车模具模架导柱孔具体加工内容

序号	加工内容	刀具规格		主轴转速 (r/min)	进给速度 (mm/min)
		类型	材料		
1	钻 ϕ32 mm 底通孔	ϕ16 mm 麻花钻	高速钢	280	30
2	扩铣 ϕ32 通孔	ϕ16 mm 立铣刀	高速钢	350	40
3	精镗 ϕ32 通孔	精镗刀	高速钢	150	30

1. 汽车模具模架导注孔钻 ϕ16 mm 底孔加工程序（见表 2—7—3）

表 2—7—3 ϕ16 mm 底孔加工程序

程序号：O0531

程序段号	程序内容	说明
N10	G54 G17 G90 G40 G80 G49 G94 G0 Z150;	建立工件坐标系，*XY* 平面，绝对值编程，取消刀具半径补偿及刀具长度补偿、固定循环，进给速度单位为 mm/min
N20	M03 S280;	主轴正转，转速 280 r/min
N30	G99 G81 X-24.5 Y0 Z-26 R3 F30;	返回 *R* 点平面，选用 G81 钻削循环，进给速度为 30 mm/min
N40	X24.5 Y0;	
N50	G00 Z150;	快速抬刀至 Z150 处
N60	M30;	程序结束

工作原点设定如图 2—7—9 所示。

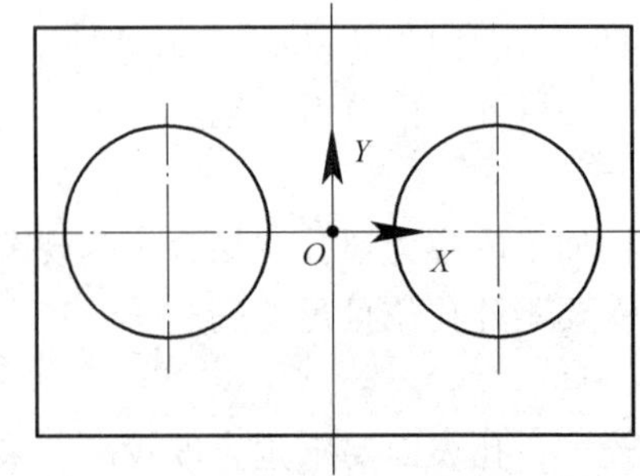

图 2—7—9 工作原点设定

2. 汽车模具模架导柱孔扩铣 ϕ32 mm 通孔加工程序（见表 2—7—4）

表 2—7—4 **ϕ32 mm 通孔加工程序**

程序号：O0532

程序段号	程序内容	说明
N10	G54 G17 G90 G40 G80 G49 G94 G0 Z150；	建立工件坐标系，*XY* 平面，绝对值编程，取消刀具半径补偿及刀具长度补偿、固定循环，进给速度单位为 mm/min
N20	M03 S350；	主轴正转，转速 350 r/min
N30	M08；	切削液开
N40	G0 X-24.5 Y0；	定位
N50	Z5；	*Z* 轴定位到 5 mm
N60	M98 P31001；	选择子程序
N70	G90 G0 Z50；	快速抬刀至 Z50 处
N80	G0 X24.5 Y0；	定位
N90	Z5；	*Z* 轴定位到 5 mm
N100	M98 P31001；	选择子程序
N110	G00 Z150；	快速抬刀至 Z150 处
N120	M30；	程序结束
	O1001	子程序名
N10	G91 G01 Z-10 F100；	加工过程
N20	G91 G41 X-16 Y0 D1；	
N30	G03 I16 J0；	
N40	G40 G01 X16 Y0；	
N80	M99；	子程序结束

3. 车模具模架导柱孔精镗孔加工程序（见表 2—7—5）

表 2—7—5 **精镗孔加工程序**

程序号：O0533

程序段号	程序内容	说明
N10	G54 G17 G90 G40 G80 G49 G94 G0 Z150；	建立工件坐标系，*XY* 平面，绝对值编程，取消刀具半径补偿及刀具长度补偿、固定循环，进给速度单位为 mm/min
N20	M03 S150；	主轴正转，转速 150 r/min
N30	G99 G76 X-24.5 Y0 Z-23 R3 Q2 F30；	返回 *R* 点平面，选用 G76 精镗循环，进给速度为 30 mm/min
N40	X24.5 Y0；	
N50	G00 Z150；	快速抬刀至 Z150 处
N60	M30；	程序结束

四、实施加工

1. 检查机床，确认机床正常，开机并回零。
2. 装刀及工件装夹，注意垫铁要避开孔位位置。
3. 用寻边器对刀（X、Y），将工件坐标系原点设置在工件中心上表面处。

4. 输入并检查加工程序。

5. 将工件坐标系原点抬高 20 ~ 30 mm，以空运行方式检测程序。

6. 取消空运行方式，将工件坐标系原点复原，以单段方式进行钻中心孔加工。

7. 换装 ϕ16 mm 麻花钻，并选择对应程序，对刀（Z 轴），空运行及加工。

8. 换装 ϕ16 mm 立铣刀，并选择对应程序，对刀（Z 轴），空运行及加工。

9. 换装精镗刀，并选择对应程序，对刀（Z 轴），空运行及加工。

10. 确认工件加工合格。

五、检查控制

1. 工件首次加工时，必须用单段方式运行程序，且检查一段运行一段，防止程序中因 G01 指令错误地输成了 G00 指令而产生撞刀。

2. 工件首次加工时，要注意检查刀具轨迹是否合理，快速移动时是否安全。

3. 在精镗首个孔时要进行试加工孔口 3 ~ 5 mm 深度，测量尺寸合格后方能正式加工。

4. 加工过程中注意检测孔距是否合格。

六、任务评价（评价加工质量）

完成工件的加工后，可从以下几方面评估整个加工过程，达到不断优化的目的。

1. 对工件尺寸精度进行评估，找出尺寸超差是机床因素还是测量因素，为工件后续加工时尺寸精度控制提出解决办法或合理化建议。

2. 对工件的加工表面质量进行评估，找出表面质量缺陷的原因，提出刀路优化设计方法。

3. 对加工效率、刀具寿命等方面进行评估，找出加工效率与刀具寿命的内在规律，为进一步优化刀具切削参数夯实基础。

4. 回顾整个加工过程，确定是否有需要改进的操作。

项目八　螺旋铣及螺纹加工

项目目标

1. 铣削螺纹加工指令。

2. 刀具半径补偿、长度补偿的应用。

3. 螺旋铣削孔。

4. 铣削螺纹。

项目描述

在机械加工中，传统的螺纹加工方法主要为采用螺纹车刀车削螺纹或采用丝锥、板牙手工攻螺纹及套扣。随着数控加工技术的发展，尤其是三轴联动数控加工系统的出现，使更先进的螺纹加工方式——螺纹的数控铣削得以实现。螺纹铣削加工具有诸多优势，目前发达国家的大批量螺纹生产已较广泛地采用了铣削工艺。

项目分析

编制如图 2—8—1 所示工件的加工程序，并加工孔和螺纹。采用钻孔、扩孔和铣孔，最后用铣削螺纹的方法来加工此零件。

螺纹铣削加工与传统螺纹加工方式相比，在加工精度、加工效率方面具有极大优势，且加工时不受螺纹结构和螺纹旋向的限制，如一把螺纹铣刀可加工多种不同旋向的内、外螺纹。对于不允许有过渡扣或退刀槽结构的螺纹，采用传统的车削方法或丝锥、板牙很难加工，但采用数控铣削却十分容易实现。此外，螺纹铣刀的耐用度是丝锥的十多倍甚至几十倍，而且在数控铣削螺纹过程中，对螺纹直径尺寸的调整极为方便，这是采用丝锥、板牙难以做到的。

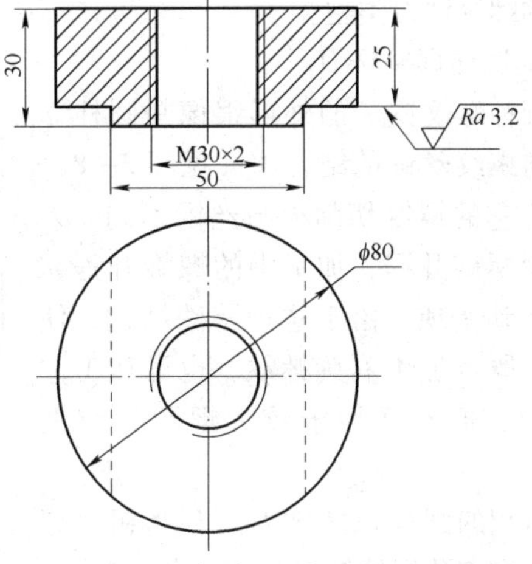

图 2—8—1 螺纹加工零件图

项目知识与技能

一、铣削螺纹加工准备

1. 普通螺纹标注

普通螺纹牙型角为 60°，分为粗牙普通螺纹和细牙普通螺纹。粗牙普通螺纹螺距是标准螺距，其代号用字母“M”及公称直径表示，如 M16、M12 等。细牙普通螺纹代号用字母“M”及公称直径 × 螺距表示，如 M24 ×1.5、M27 ×2 等。

普通螺纹有左旋螺纹和右旋螺纹之分，左旋螺纹应在螺纹标记的末尾处加注“LH”字样，如 M20 ×1.5—LH 等，未注明的是右旋螺纹。

2. 底孔直径的确定

加工螺纹时，螺纹铣刀在切削金属的同时，有较强的挤压作用。因此，金属产生塑性变形形成凸起挤向牙尖，使加工出的螺纹的小径小于底孔直径。

加工螺纹前的底孔直径应稍大于螺纹小径，但底孔直径也不宜过大，否则会使螺纹牙型高度不够，降低强度。

底孔直径的大小通常根据经验公式决定，其公式如下：

$D_{底} = D - P$（加工钢件等塑性金属）

$D_{底} = D - 1.05P$（加工铸铁等脆性金属）

式中 $D_{底}$——钻螺纹底孔用麻花钻直径，mm；

D——螺纹大径，mm；

P——螺距，mm。

对于细牙螺纹，其螺距已在螺纹代号中做了标记。而对于粗牙螺纹，每一种螺纹螺距的尺寸规格也是固定的，如 M8 的螺距为 1.25 mm，M10 的螺距为 1.5 mm，M12 的螺距为 1.75 mm 等，具体请查阅有关螺纹尺寸参数表。

二、螺纹铣刀主要类型（见图 2—8—2）

在螺纹铣削加工中，三轴联动数控机床和螺纹铣削刀具是必备的两要素。以下介绍几种常见的螺纹铣刀类型。

1. 圆柱螺纹铣刀

圆柱螺纹铣刀的外形很像是圆柱立铣刀与螺纹丝锥的结合体（见图 2—8—2），但它的螺纹切削刃与丝锥不同，刀具上无螺旋升程，加工中的螺旋升程靠机床运动实现。由于这种特殊结构，使该刀具既可加工右旋螺纹，也可加工左旋螺纹，但不适用于较大螺距螺纹的加工。

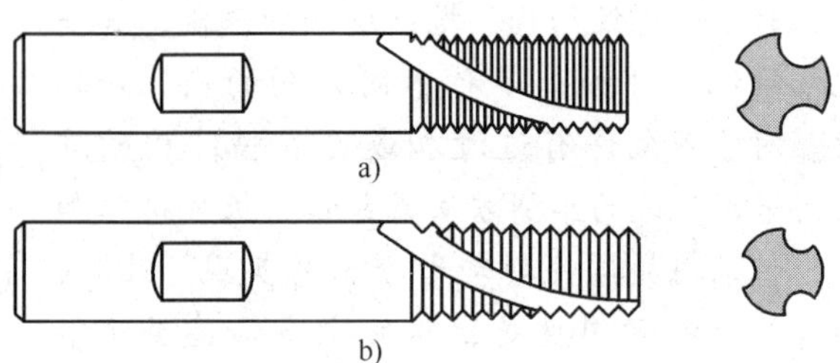

图 2—8—2　圆柱螺纹铣刀和锥管螺纹铣刀

a）圆柱螺纹铣刀　b）锥管螺纹铣刀

常用的圆柱螺纹铣刀可分为粗牙螺纹铣刀和细牙螺纹铣刀两种。出于对加工效率和耐用度的考虑，螺纹铣刀大都采用硬质合金材料制造，并可涂覆各种涂层以适应特殊材料的加工需要。圆柱螺纹铣刀适用于钢、铸铁和有色金属材料的中小直径螺纹铣削，切削平稳，耐用度高。缺点是刀具制造成本较高，结构复杂，价格昂贵。

2. 机夹螺纹铣刀及刀片

机夹螺纹铣刀适用于较大直径（如 >25 mm）的螺纹加工。其特点是刀片易于制造，价格较低，有的螺纹刀片可双面切削，但抗冲击性能较整体螺纹铣刀稍差。因此，该刀具常推荐用于加工铝合金材料。如图 2—8—3 所示为两种机夹螺纹铣刀及刀片。如图 2—8—3a 所示为机夹单刃螺纹铣刀及三角双面刀片，如图 2—8—3b 所示为机夹双刃螺纹铣刀及矩形双面刀片。

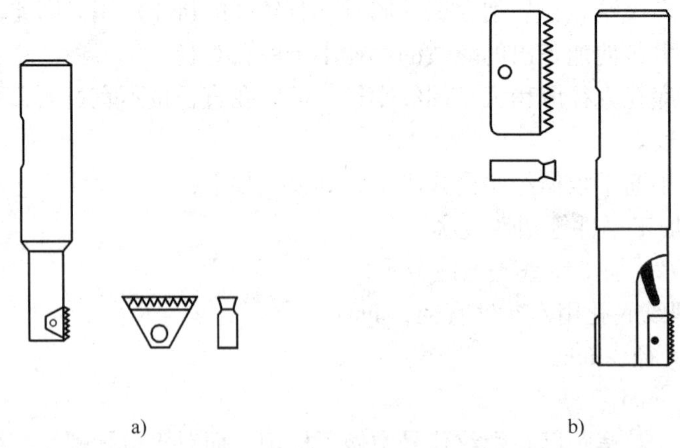

图 2—8—3　机夹螺纹铣刀及刀片

a）机夹单刃螺纹铣刀及三角双面刀片　b）机夹双刃螺纹铣刀及矩形双面刀片

3. 组合式多工位专用螺纹镗铣刀

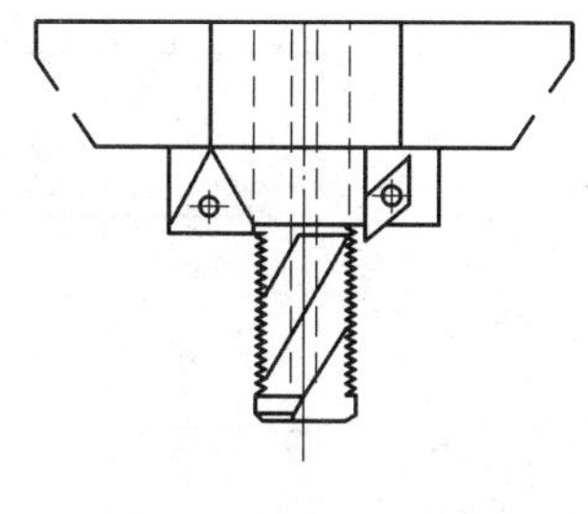

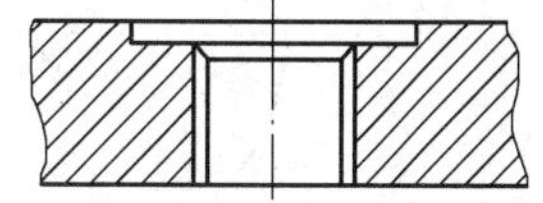

图 2—8—4 组合式多工位专用螺纹镗铣刀加工实例

组合式多工位专用螺纹镗铣刀的特点是一刀多刃，一次完成多工位加工，可节省换刀等辅助时间，显著提高生产率。如图 2—8—4 所示为组合式多工位专用螺纹镗铣刀加工实例。工件需加工内螺纹、倒角和平台。若采用单工位自动换刀方式加工，单件加工用时约 30 s。而采用组合式多工位专用螺纹镗铣刀加工，单件加工用时仅约 5 s。

三、螺纹铣削走刀轨迹

螺纹铣削运动轨迹为一螺旋线，可通过数控机床的三轴联动来实现。如图 2—8—5 所示为左旋和右旋外螺纹的铣削运动。

与一般轮廓的数控铣削一样，螺纹铣削开始进刀时也可采用 1/4 圆弧切入或直线切入。铣削时应尽量选用刀片宽度大于被加工螺纹长度的铣刀，这样，铣刀只需旋转 360°即可完成螺纹加工。

项目实施

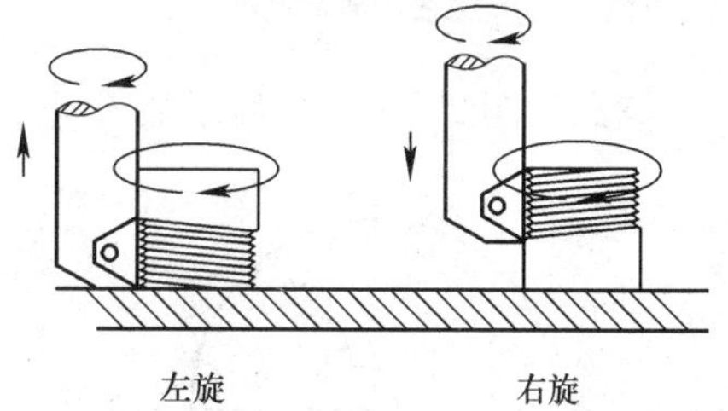

图 2—8—5 左旋和右旋外螺纹的铣削运动

一、毛坯准备

零件的材料为 45 钢，$\phi 80$ mm × 30 mm 圆柱体，表面为已加工。

二、确定工艺方案及加工路线

1. 选择编程零点

由图样的图形结构，确定 80 mm × 80 mm 的对称中心及上表面（O 点）为编程原点。

2. 确定装夹方法

根据图样的图形结构，选用平口虎钳装夹工件。

3. 切削用量的选择

（1）确定主轴转速。选用 $\phi 10$ mm 高速钢麻花钻，根据切削用量表，切削速度选 $v=20$ m/min，由公式 $n=1\,000v/\pi d=1\,000\times 20\div 3.14\div 10\approx 637$ r/min，取 $n=650$ r/min。

（2）确定进给速度。由公式 $v_f=nf=650\times 0.1=65$ mm/min，取 $v_f=100$ mm/min。

同理计算得：

$\phi 22$ mm 高速钢麻花钻，取主轴转速 $n=450$ r/min，进给速度 $v_f=80$ mm/min。

$\phi 18$ mm 高速钢立铣刀，取主轴转速 $n=500$ r/min，进给速度 $v_f=200$ mm/min。

$\phi 27$ mm 单刃螺纹铣刀，取主轴转速 $n=2\,000$ r/min，进给速度 $v_f=500$ mm/min。

4. 确定加工路线

（1）钻 $\phi 10$ mm 孔时，加工路线如图 2—8—6 所示。

（2）用麻花钻扩孔至 $\phi 22$ mm 时，加工路线如图 2—8—7 所示。

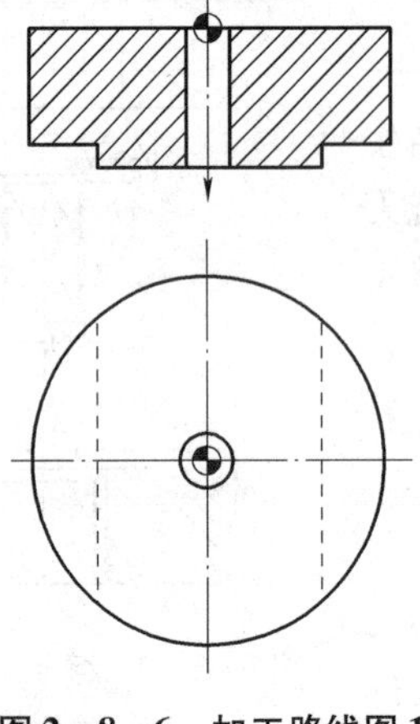

图 2—8—6　加工路线图 1

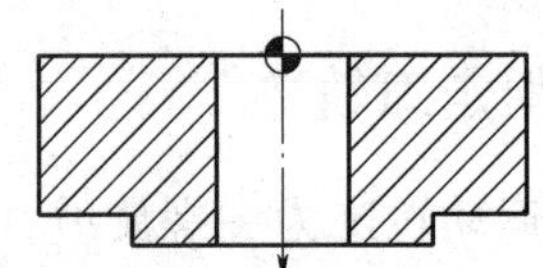

图 2—8—7　加工路线图 2

（3）用 ϕ18 mm 立铣刀扩孔至 ϕ28 mm 时，加工路线如图 2—8—8 所示。

（4）铣螺纹时，加工路线如图 2—8—9 所示。

三、计算基点的坐标值

基点为图 2—8—10 所示的 O 点，坐标为（0，0）。

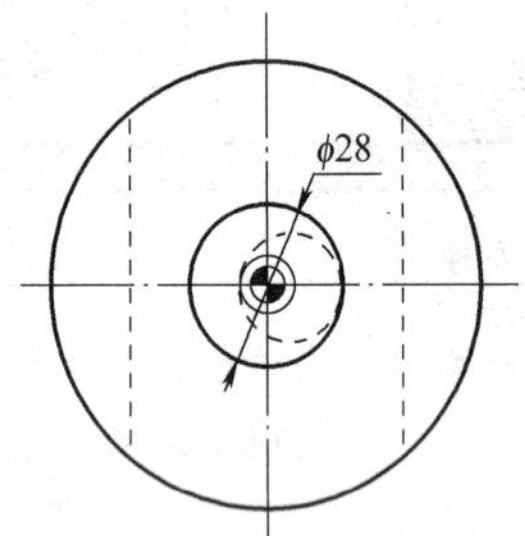

图 2—8—8　加工路线图 3

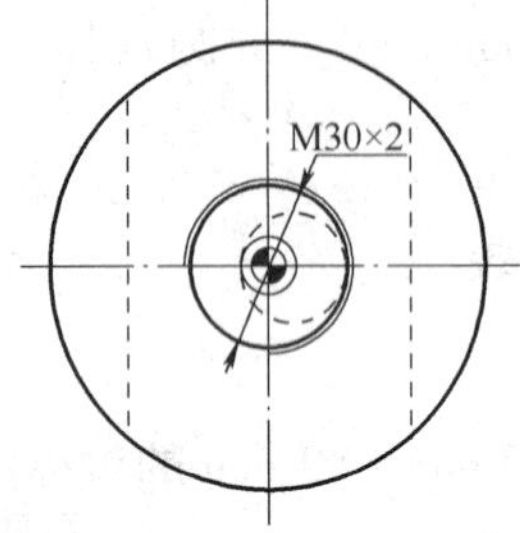

图 2—8—9　加工路线图 4

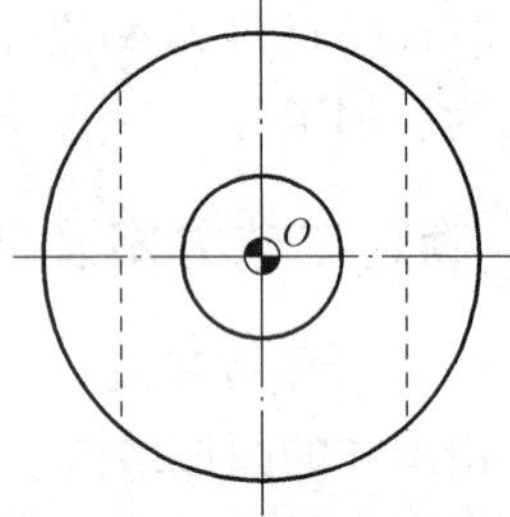

图 2—8—10　基点坐标

四、编程

按 FANUC 系统编程，见表 2—8—1。

表 2—8—1　　编　程

%1　程序号		
程序段号	程序内容	说明
N10	G90 G54 G00 Z100；	G90 绝对值编程，G54 工件坐标系，Z100 安全高度
N20	M06 T01；	换上 1 号刀，钻孔
N30	M03 S650；	主轴正转 650 r/min
N40	X0 Y0；	快速移动到起刀点 X0、Y0 位置
N50	G43 Z50 H01；	建立刀具长度补偿

续表

程序段号	程序内容	说明
N60	G98 G81 X0 Y0 Z-35 R5 F100;	在中心点位置钻 ϕ10 mm 孔，深度为 35 mm（通），返回到初始平面 Z100 的位置
N70	G80;	取消孔加工固定循环
N80	G49 G00 Z100;	取消刀具长度补偿
N90	M05;	主轴停止
N100	M06 T02;	换上 2 号刀，扩孔
N110	M03 S450;	主轴正转 450 r/min
N120	G43 G00 Z50 H02;	建立刀具长度补偿
N130	G98 G81 X0 Y0 Z-25 R5 F80;	在中心点位置钻 ϕ22 mm 孔，深度为 25 mm（通），返回到初始平面 Z100 的位置
N140	G80;	取消孔加工固定循环
N150	G49 G00 Z100;	取消刀具长度补偿
N160	M05;	主轴停止
N170	M06 T03;	换上 3 号刀，铣孔
N180	M03 S500;	主轴正转 500 r/min
N190	G43 G00 Z5 H03;	建立刀具长度补偿，快速移动到 Z5 位置
N200	G01 Z0 F200;	移动到 Z0 位置
N210	G42 G01 X14 Y0 D3;	建立右刀补，移动到 X14、Y0 位置
N220	G91 G02 I-14 Z-1 L31;	螺旋铣 ϕ28 mm 的孔
N230	G90 G49 G00 Z100;	取消刀具长度补偿
N240	G40 X0 Y0;	取消刀具半径补偿
N250	M05;	主轴停止
N260	M06 T04;	换上 4 号刀，镗孔
N270	M03 S2000;	M03 主轴正转 2 000 r/min
N280	G43 G00 Z50 H04;	建立刀具长度补偿
N290	Z2;	下降至 Z2
N300	G00 X1.5;	G00 移动到起始点上方
N310	G91 G02 I-15 Z-2 L17 F500;	加工螺纹
N320	G80 G90;	取消孔加工固定循环
N330	G49 G00 Z100;	取消刀具长度补偿
N340	M05;	主轴停止
N350	M30;	程序结束

五、加工工件

1. 打开机床电源开关。

2. 机床回参考点。

3. 工件装夹

选用平口虎钳正确装夹工件。

4. 对刀

（1）X 轴采用分中法对刀。

（2）*Y* 轴采用分中法对刀。

（3）*Z* 轴采用试切对刀。

（4）将 X、Y、Z 数值输入到机床的自动坐标系 G54 中。

5. 程序输入

将已经编好的程序输入到机床中。

6. 程序校验

（1）打开要加工的程序。

（2）按下机床控制面板上的自动键，进入程序运行方式。

（3）在程序运行菜单下，按程序校验 F5 按键，按循环启动按键，校验开始。

（4）如果程序正确，显示窗口会显示出正确的轮廓轨迹及走刀线路，校验完成后，光标将返回到程序开头。

7. 自动加工

（1）选择并打开零件加工程序，设定刀补值。

（2）按下机床控制面板上的自动按键（指示灯亮），进入程序运行方式。

（3）按下机床控制面板上的循环启动按键（指示灯亮），机床开始自动运行当前的加工程序。

项目九　排孔加工

项目目标

1. 掌握排孔的编程方法。

2. 掌握加工排孔的加工工艺。

项目描述

有一块过滤板表面需要打 40 个 ϕ12H8 的排孔，用于过滤物体。按如图 2—9—1 所示进行加工。

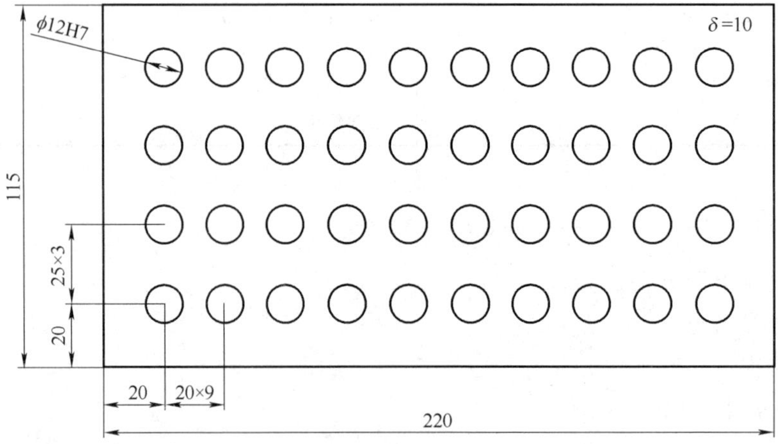

图 2—9—1　过滤板表面

项目知识与技能

一、铰孔的一般加工工艺

铰孔是半精加工基础上进行的一种精加工。一般铰孔的尺寸公差等级可达 IT8 ~ IT7，表面粗糙度 Ra 值可达 3.2 ~ 0.6。

通常情况下，铰刀的加工量为 0.05 ~ 0.15 mm，即前一道工序的余量如果小于 0.05 mm，则加工的孔径、孔表面粗糙度很难保证；前一道工序的余量如果大于 0.15 mm，则加工的铰刀受力较大，刀具容易磨损、断刀，孔径不稳定。

二、铰刀的类型

铰刀材料一般分为高速钢和硬质合金两大类。

根据刀具直径的大小，铰刀刀柄分为直柄和锥柄。直径较小的铰刀，一般做成直柄形式。直径较大的铰刀，一般做成 7∶24 的锥柄形式，如图 2—9—2 所示。

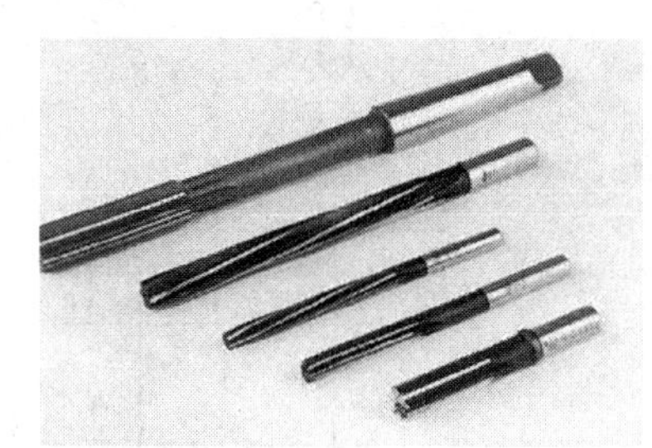

图 2—9—2　锥柄

三、铰刀的参数选择

1. 铰削速度 v 的选择

铰削通常情况下速度 $v = 5 \sim 8$ m/min，受刀具材料的影响不大。

2. 进给速度 v_f 的选择

$$v_f(\text{mm/min}) = n(\text{r/min}) \times f(\text{mm/r})$$

$$n(\text{r/min}) = 1\ 000v/\pi D$$

由以上关系式可知，主轴转速确定的前提下，进给速度 v_f 的大小主要取决于进给量 f(mm/r)。

四、G73 高速深孔钻削循环指令

格式：G73 X __ Y __ Z __ R __ Q __ F __ K __;

执行过程：X、Y 轴定位，Z 轴快进到 R 点，从 R 点到 Z 点的进给是分段完成的，每段切削进给完成后 Z 轴向上抬起一段距离，然后再进行下一段的切削进给，Z 轴每次向上抬起的距离为 d，由 531#参数给定，每次进给的深度由孔加工参数 Q 给定。快速返回初始点（G98）或 R 点（G99），没有孔底动作，如图 2—9—3 所示。

用途：该固定循环主要用于径深比小的深孔钻孔（如 ϕ5 ↧70）的加工，每段切削进给完毕后 Z 轴抬起的动作起到了断屑的作用。

G73 高速深孔钻削循环加工的参数含义见表 2—9—1。

表 2—9—1　　参数含义

被加工孔位置参数 X、Y	以增量值方式或绝对值方式指定被加工孔的位置，刀具向被加工孔运动的轨迹和速度与 G00 的相同
孔加工参数 Z	在绝对值方式下指定沿 Z 轴方向孔底的位置，增量值方式下指定从 R 点到孔底的距离

续表

孔加工参数 R	在绝对值方式下指定沿 Z 轴方向 R 点的位置，增量值方式下指定从初始点到 R 点的距离
孔加工参数 F	用于指定固定循环中的切削进给速率，在固定循环中，从初始点到 R 点及从 R 点到初始点的运动以快速进给的速度进行，从 R 点到 Z 点的运动以 F 指定的切削进给速度进行，而从 Z 点返回 R 点的运动，则根据固定循环的不同，可能以 F 指定的速率或快速进给速率进行
重复次数 K	指定固定循环在当前定位点的重复次数，如果不指令 K，NC 认为 K = 1，如果指令 K0，则固定循环在当前点不执行
孔加工参数 Q	用于指定深孔钻循环 G73 和 G83 中的每次进刀量，精镗循环 G76 和反镗循环 G87 中的偏移量（无论 G90 或 G91 模态，总是增量值指令）

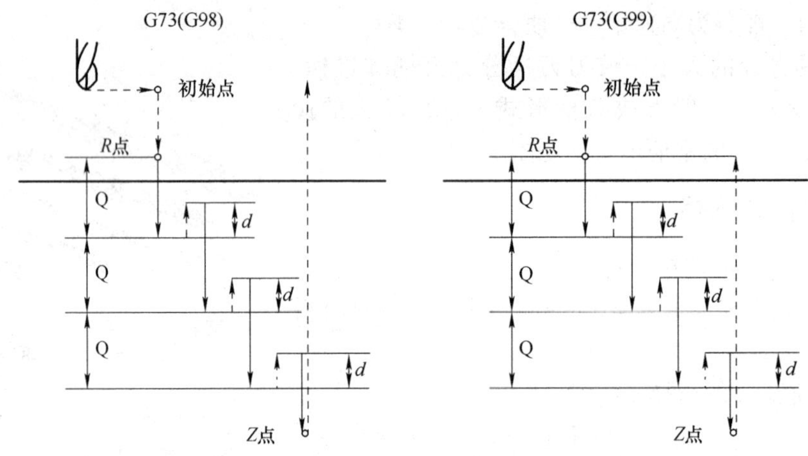

图 2—9—3　G98 和 G99

项目实施

一、加工方案的选择

1. 刀具的选择

由于工件材料为 45 钢，孔系的位置也有一定要求，故选用 A4 中心钻钻中心孔作为麻花钻的引导位，保证孔位置精度要求；选用 ϕ8 mm 钻头钻底孔，孔径较大选用 ϕ11.7 mm 扩孔钻作为半精加工刀具，用等级精度相符的 ϕ12H8 铰刀作为精加工刀具。

2. 夹具及装夹方式的选择

由于工件为圆形且直径较大。结合车间现有夹具设备，决定采用 1 台三爪卡盘，注意爪子位置要避开孔位。

3. 加工工艺与路线设计

根据该加工内容和图样的技术要求，对螺栓孔位置有一定要求，孔径公差等级为 IT8 级。故工艺可选为钻中心孔→钻孔→扩孔→铰孔。

4. 工件原点设定

由于工件为长方形结构，为简化编程，工件原点设定在工件左下角上表面处，如图 2—9—4 所示。

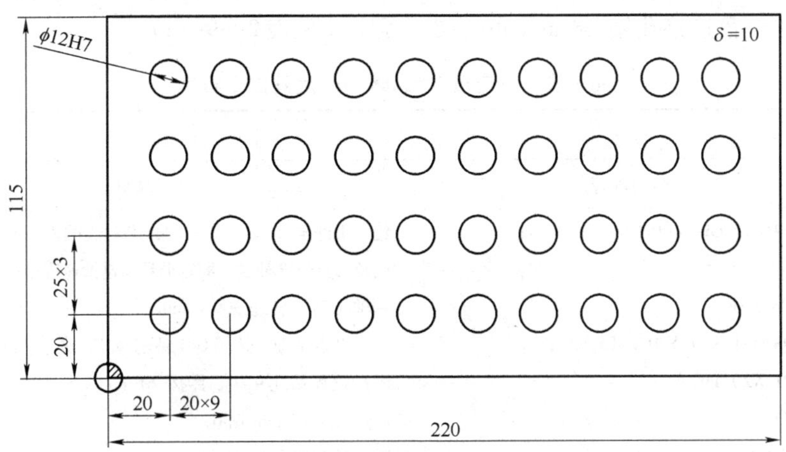

图 2—9—4 工件原点设定

5. 排孔工序清单（见表 2—9—2）

表 2—9—2 排孔工序清单

序号	加工内容	刀具规格		主轴转速（r/min）	进给速度（mm/min）
		类型	材料		
1	钻中心孔	A4 中心钻	高速钢	1200	20
2	钻 φ8 mm 底孔	φ8 mm 麻花钻	高速钢	300	30
3	扩至 φ11.7 mm 孔	φ11.7 mm 扩孔钻	高速钢	250	40
4	铰 φ12 H8 连接孔	φ12 H8 铰刀	高速钢	120	40

二、编制程序

1. 排孔钻中心孔加工程序（见表 2—9—3）

表 2—9—3 排孔钻中心孔加工程序

程序号：O0521

程序段号	程序内容	说明
N10	G54 G17 G90 G40 G80 G49 G94;	建立工件坐标系，*XY* 平面，绝对值编程，取消刀具半径补偿及刀具长度补偿、固定循环，进给速度单位为 mm/min
N20	M03 S1200;	主轴正转，转速 1 200 r/min
N30	G98 G82 X20. Y20. Z-3 F30;	返回 *R* 点平面，选用 G82 钻削循环，进给速度为 30 mm/min
N40	G91 X20. L9;	增量编程钻孔 9 次，距离 20 mm
N50	Y25.;	*Y* 轴移动 25 mm 钻孔
N60	X-20. L9;	增量编程钻孔 9 次，距离 −20 mm
N70	Y25.;	*Y* 轴移动 25 mm 钻孔
N80	X20. L9;	增量编程钻孔 9 次，距离 20 mm
N90	Y25.;	*Y* 轴移动 25 mm 钻孔
N100	X-20. L9;	增量编程钻孔 9 次，距离 −20 mm
N110	G80 G90 G00 Z150. M05;	快速抬刀至 Z150 处，并取消固定循环
N120	M30;	程序结束

2. 汽车法兰盘连接孔钻 ϕ8 mm 底孔加工程序（见表 2—9—4）

表 2—9—4　　汽车法兰盘连接孔钻 ϕ8 mm 底孔加工程序

程序号：O0522

程序段号	程序内容	说明
N10	G54 G17 G90 G40 G80 G49 G94；	建立工件坐标系，XY 平面，绝对值编程，取消刀具半径补偿及刀具长度补偿、固定循环，进给速度单位为 mm/min
N20	M03 S300；	主轴正转，转速 300 r/min
N30	G98 G81 X20. Y20. Z-15. F30；	返回 R 点平面，选用 G81 钻削循环，进给速度为 30 mm/min
N40	G91 X20. L9；	增量编程钻孔 9 次，距离 20 mm
N50	Y25. ；	Y 轴移动 25 mm 钻孔
N60	X-20. L9；	增量编程钻孔 9 次，距离 －20 mm
N70	Y25. ；	Y 轴移动 25 mm 钻孔
N80	X20. L9；	增量编程钻孔 9 次，距离 20 mm
N90	Y25. ；	Y 轴移动 25 mm 钻孔
N100	X-20. L9；	增量编程钻孔 9 次，距离 －20 mm
N110	G80 G90 G00 Z150. M05；	快速抬刀至 Z150 处，并取消固定循环
N120	M30；	程序结束

3. 排孔扩 ϕ11. 7 mm 底孔加工程序（见表 2—9—5）

表 2—9—5　　排孔扩 ϕ11. 7 mm 底孔加工程序

程序号：O0523

程序段号	程序内容	说明
N10	G54 G17 G90 G40 G80 G49 G94；	建立工件坐标系，XY 平面，绝对值编程，取消刀具半径补偿及刀具长度补偿、固定循环，进给速度单位为 mm/min
N20	M03 S300；	主轴正转，转速 300 r/min
N30	G98 G81 X20. Y20. Z-15. Q5 F30；	返回 R 点平面，选用 G81 钻削循环，进给速度为 30 mm/min
N40	G91 X20. L9；	增量编程钻孔 9 次，距离 20 mm
N50	Y25. ；	Y 轴移动 25 mm 钻孔
N60	X-20. L9；	增量编程钻孔 9 次，距离 －20 mm
N70	Y25. ；	Y 轴移动 25 mm 钻孔
N80	X20. L9；	增量编程钻孔 9 次，距离 20 mm
N90	Y25. ；	Y 轴移动 25 mm 钻孔
N100	X-20. L9；	增量编程钻孔 9 次，距离 －20 mm
N110	G80 G90 G00 Z150. M05；	快速抬刀至 Z150 处，并取消固定循环
N120	M30；	程序结束

4. 排孔铰 ϕ12H7 孔加工程序（见表 2—9—6）

表 2—9—6　　排孔铰 ϕ12H7 孔加工程序

程序号：O0524

程序段号	程序内容	说明
N10	G54 G17 G90 G40 G80 G49 G94；	建立工件坐标系，*XY* 平面，绝对值编程，取消刀具半径补偿及刀具长度补偿、固定循环，进给速度单位为 mm/min
N20	M03 S200；	主轴正转，转速 200 r/min
N30	G98 G81 X20. Y20. Z-15. P2 Q5 F30；	返回 *R* 点平面，选用 G81 钻削循环，进给速度为 30 mm/min
N40	G91 X20. L9；	增量编程钻孔 9 次，距离 20 mm
N50	Y25. ；	*Y* 轴移动 25 mm 钻孔
N60	X-20. L9；	增量编程钻孔 9 次，距离 -20 mm
N70	Y25. ；	*Y* 轴移动 25 mm 钻孔
N80	X20. L9；	增量编程钻孔 9 次，距离 20 mm
N90	Y25. ；	*Y* 轴移动 25 mm 钻孔
N100	X-20. L9；	增量编程钻孔 9 次，距离 -20 mm
N110	G80 G90 G00 Z150. M05；	快速抬刀至 Z150 处，并取消固定循环
N120	M30；	程序结束

三、实施加工

1. 检查机床，确认机床正常，开机并回零。
2. 装刀及工件装夹，垫铁要避开孔位位置。
3. 用寻边器对刀（*X* 轴、*Y* 轴），将工件坐标系原点设置在工件中心上表面处。
4. 输入并检查加工程序。
5. 将工件坐标系原点抬高 20～30 mm，以空运行方式检测程序。
6. 取消空运行方式，将工件坐标系原点复原，以单段方式进行钻中心孔加工。
7. 换装 ϕ8 mm 麻花钻，并选择对应程序，对刀（*Z* 轴），空运行及加工。
8. 换装 ϕ11.7 mm 扩孔钻，并选择对应程序，对刀（*Z* 轴），空运行及加工。
9. 换装 ϕ12 mm 铰刀，并选择对应程序，对刀（*Z* 轴），空运行及加工。
10. 确认工件加工合格。

四、检查控制

1. 工件首次加工时，必须用单段方式运行程序，且检查一段运行一段，防止程序中因 G01 指令错误地输成了 G00 指令而产生撞刀。

2. 工件首次加工时，要注意检查刀具轨迹是否合理，快速移动时是否安全。

3. 钻中心孔时，检查孔窝大小、深度是否合理，是否起到定位引导作用。

4. 控制孔径的大小，主要取决于钻头直径的选择，每换一次钻头加工每一个孔必须认真检测孔是否有精加工余量，必要时更换小一号钻头。

5. 加工过程中注意检测孔距是否合格。

五、评价加工质量

完成工件的加工后，可从以下几方面评估整个加工过程，达到不断优化的目的。

1. 对工件尺寸精度进行评估，找出尺寸超差是机床因素还是测量因素，为工件后续加工时尺寸精度控制提出解决办法或合理化建议。

2. 对工件的加工表面质量进行评估，找出表面质量缺陷的原因，提出刀路优化设计方法。

3. 对加工效率、刀具寿命等方面进行评估，找出加工效率与刀具寿命的内在规律，为进一步优化刀具切削参数夯实基础。

4. 回顾整个加工过程，确定是否有需要改进的操作。

六、安全注意事项

1. 刀具的选用，特别是扩孔钻的大小，不能过大或过小。

2. 铰刀的选择要与加工的等级相应，同时在加工首个孔时要认真地测量。

3. 注意刀具加工时转速是否合理。

4. 加工过程中要关上机床防护门。

模块三

复杂零件加工

项目一　法兰盘加工

项目目标

1. 掌握法兰盘零件图进行数控铣削加工的工艺性分析方法。
2. 会拟定法兰盘零件的数控铣削加工工艺路线。
3. 会选择法兰盘零件的数控铣削加工刀具。
4. 会选择法兰盘零件的数控铣削加工夹具，并确定装夹方案。
5. 会按法兰盘零件的数控铣削加工工艺选择合适的切削用量和机床。
6. 能够通过本次实例讲解完成对工件的编程，对工件装夹后进行加工。

项目描述

如图 3—1—1 所示法兰盘零件为半成品，零件材料为 HT200 铸铁，批量 20 件。该零件除孔之外其他工序均已按图样技术要求加工好，只要求加工孔。试设计该法兰盘零件的数控加工工艺，确定装夹方案，编制加工程序。

1. 分析如图 3—1—1 所示法兰盘加工案例零件图样。
2. 制定如图 3—1—1 所示法兰盘加工案例零件数控铣削加工工艺。
3. 编制如图 3—1—1 所示法兰盘加工案例零件数控铣削加工程序。

项目分析

该盘类零件为半成品，零件材料为 HT200 铸铁，小批生产。该零件除孔之外其他工序均已按图样技术要求加工好，只要求加工孔。零件安装采用三爪卡盘，利用压板将三爪卡盘安装在工作台面上。

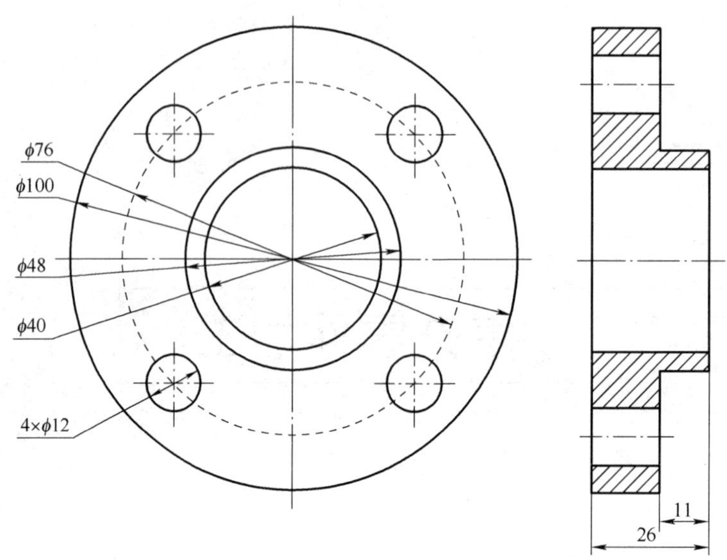

图 3—1—1　法兰盘加工任务图

项目知识与技能

一、固定循环指令

1. 固定循环指令的格式及应用

定义：数控加工中，某些加工动作循环已经典型化。例如，钻孔的动作是孔位平面定位、快速引进、工作进给、快速退回等一系列典型的加工动作，这样就可以预先编好程序，存储在内存中，并可用一个 G 代码程序段调用，称为固定循环，以简化编程。

孔加工通常由下述六个动作构成，如图 3—1—2 所示。

（1）*X* 轴、*Y* 轴快速定位到孔中心。

（2）*Z* 轴快速运行到孔上方 *R* 点。

（3）孔加工。

（4）在孔底的动作。

（5）退回到 *R* 点。

（6）快速返回到初始点。

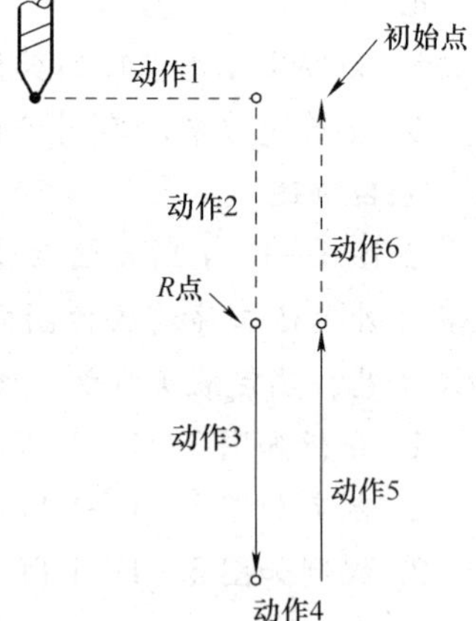

图 3—1—2　孔加工动作

2. 固定循环的平面

（1）初始平面。初始平面是为安全进刀切削而规定的一个平面。初始平面到零件表面的距离可以任意设定在一个安全的高度上，如图 3—1—3 所示。

（2）*R* 点平面。*R* 点平面又叫 *R* 参考平面，这个平面是刀具进刀切削时由快进转为工进的高度平面，距工件表面的距离主要考虑工件表面尺寸的变化，一般可取 2 ~ 5 mm，如图 3—1—3 所示。

（3）孔底平面。加工盲孔时孔底平面就是孔底的 *Z* 轴高度，加工通孔时一般刀具还要伸长超过工件底平面一段距离，主要是保证全部孔深都加工到尺寸。

3. 高速深孔钻削循环指令

格式：G98/G99 G73 X __ Y __ Z __ R __ Q __ __ K __；

功能：在高速深孔钻削循环中，从 *R* 点到 *Z* 点的进给是分段来完成的，每段切削进给完成后 *Z* 轴向上抬起一段距离，然后再进行下一段的切削进给，*Z* 轴每次向上抬起的距离由参数给定，每次进给的深度由孔加工参数 Q 给定。该固定循环主要用于径深比小的孔（如 ϕ6↧60）的加工，每段切削进给完成后 *Z* 轴抬起的动作起到了断屑的作用。

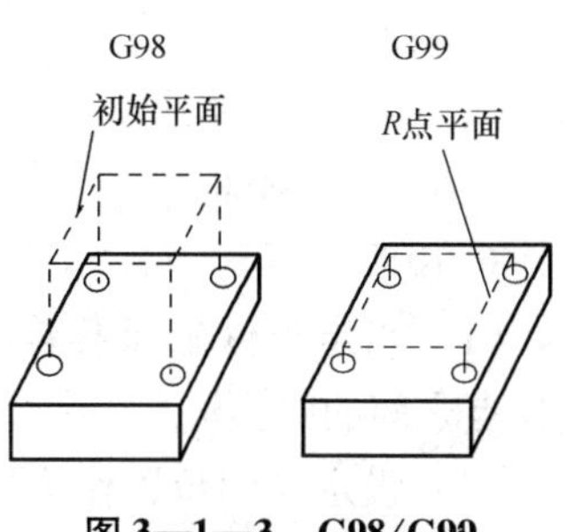

图 3—1—3　G98/G99

各参数的含义：

X、Y—孔中心位置；

Z—孔深；

R—安全平面高度；

Q—每次进给深度；

F—进给速度。

4. 深孔钻削循环指令

格式：G98/G99 G83 X __ Y __ Z __ R __ Q __ __ K __；

功能：和 G73 指令相似，G83 指令下从 *R* 点到 *Z* 点的进给也分段完成，和 G73 指令不同的是，每段进给完成后，*Z* 轴返回的是 *R* 点，然后以快速进给速率运动到距离下一段进给起点上方的位置开始下一段进给运动。

各参数的含义：

X、Y—孔中心位置；

Z—孔深；

R—安全平面高度；

Q—每次进给深度；

F—进给速度。

5. G98 和 G99 使用范围

G98 和 G99 两个模态指令控制孔加工循环结束后，刀具是返回初始平面还是参考平面。G98 返回初始平面，为缺省方式；G99 返回参考平面。当使用同一把刀具加工若干个孔时，只有孔间存在着障碍需要跳跃或全部孔加工完成时，刀具返回初始平面使用 G98 指令。编程时可以采用绝对坐标 G90 和相对坐标 G91 编程，建议尽量采用绝对坐标编程。

6. G80 取消钻孔固定循环

二、极坐标指令

1. 极坐标编程说明

功能：终点的坐标值可以用极坐标（半径和角度）输入。角度的正向是所选平面的第一轴正向的逆时针转向，而负向是沿顺时针转动的转向。半径和角度两者可以用绝对值指令或增量值指令（G90、G91）。

2. 指令

G15——取消极坐标指令，取消极坐标方式。

G16——极坐标指令。

3. 说明

（1）设定工件坐标系零点作为极坐标系的原点。用绝对值编程指令指定半径（零点和编程点之间的距离）。

（2）设定当前位置作为极坐标系的原点。用增量值编程指令指定半径（当前位置和编程点之间的距离）。

（3）用绝对值指令指定角度和半径。

X——半径值。

Y——角度值。

项目实施

一、法兰盘的工艺分析

1. 法兰盘及盘类零件的特点。

法兰盘在数控机床里起支撑和导向作用，是回转体零件。该零件由外圆、圆孔、端面构成主要表面，组成轮廓的各几何要素关系清楚，条件充分，所需要基点坐标容易计算。零件材料为铸铁 HT200，切削工艺性较好。

任务要求：加工 4 × ϕ12 mm 孔。

2. 选择机床

采用数控铣床；加工范围为 400 mm × 400 mm × 500 mm。

3. 毛坯准备

零件的材料为铝，ϕ100 mm × 26 mm 的圆柱体，表面已加工。

4. 工艺分析

该法兰盘加工案例零件加工顺序按照基面先行、先粗后精的原则确定。由于该零件的其他轮廓在前面工序加工完成，孔加工的加工走刀路线如图 3—1—4 所示。

5. 选择刀具

麻花钻是孔加工的主要刀具，根据案例零件结构特点钻孔，应使钻头直径 D 满足 $L/D \leqslant 5$（L 为钻孔深度）。

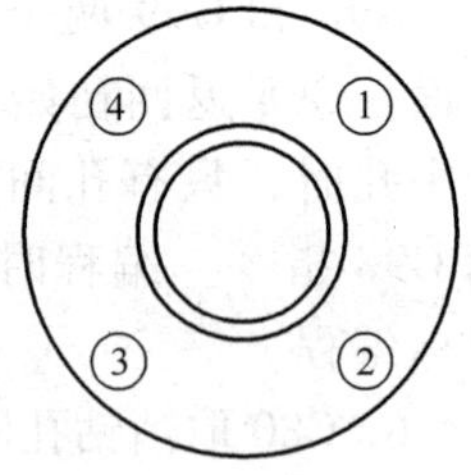

图 3—1—4　孔加工的加工走刀路线

6. 选择编程零点

圆形工件一般将工件坐标系的原点选在圆心上。由图样的图形结构，确定 ϕ100 mm × 26 mm 的对称中心及上表面（O 点）为编程原点。

7. 确定装夹方法

数控铣削加工安装方式。利用零件上 ϕ100 mm 外圆柱面及其下端平面作为定位基准，装夹在三爪自动定心卡盘上，并用螺栓压板等将三爪自动定心卡盘固定在铣床工作台上。

8. 切削用量的选择

选用 ϕ12 mm 高速钢麻花钻，根据刀具及切削用量表（见表 3—1—1），切削速度选 $v=20$ m/min，

由公式 $n=1\ 000v/\pi d=1\ 000\times 20\div 3.14\div 12\approx 530$ r/min，取 $n=600$ r/min

由公式 $v_f=nf=600\times 0.1=60$ mm/min，取进给速度为 60 mm/min。

表 3—1—1　　刀具及切削用量

刀具名称	刀具规格（mm）	主轴转速（r/min）	进给速度（mm/min）	背吃刀量（mm）
钻头	ϕ12	600	60	15

二、编写法兰盘加工程序（见表 3—1—2）

表 3—1—2　　法兰盘加工程序

加工 ϕ12 mm 孔的参考程序		
程序号：O4444		
程序段号	程序内容	说明
N10	G00 G54 G90 X0 Y0;	建立工件坐标系，主轴正转
N20	G43 Z100. H01;	建立刀具长度补偿
N30	Z5. S600 M03;	距离工件上表面 5 mm
N40	G98 G83 G16 X38. Y45.5. R-2. F60;	建立极坐标，钻孔进给速度 60 mm/min，钻第一个孔
N50	Y135.;	钻第二个孔
N60	Y225.;	钻第三个孔
N70	Y315.;	钻第四个孔
N80	G15;	取消极坐标编程
N90	G00 Z100. M05;	
N100	M30;	程序结束

三、法兰盘加工注意事项

1. 钻孔时，不要调整进给修调开关和主轴转速倍率开关，以提高钻孔表面加工质量。

2. 麻花钻的垂直进给量不能太大，为平面进给量的 1/4 ~ 1/3。

3. 孔的正下方不能放置垫铁，并应控制钻头的进刀深度，以免损坏夹具。

项目评价

学生任务完成情况检测评分见表 3—1—3。

表3—1—3　　学生任务完成情况检测评分表

班级：______　姓名：______　学号：______　成绩：______

项目与配分	序号	技术要求	配分	评分标准	检测记录	得分
工件加工评分（60%）	1	尺寸精度	16	超差0.01扣1分		
	2	表面粗糙度	16	超差0.01扣1分		
	3	形状精度	10	超差0.01扣1分		
	4	表面粗糙度	10	每错一处扣1分		
	5	位置精度	8	每错一处扣1分		
程序与加工工艺（20%）	6	程序正确、规范	5	不规范扣2分/处		
	7	工件、刀具装夹	10	不规范扣2分/处		
	8	加工工艺合理	5	不合理扣2分/处		
机床操作（10%）	9	对刀操作正确	5	不规范扣2分/处		
	10	机床操作不出错	5	不规范扣2分/处		
安全文明生产（10%）	11	安全操作	5	出错全扣		
	12	机床维护与保养	5	不合格全扣		

学生任务实施过程的小结及反馈：

教师点评：

项目二　箱体加工

项目目标

1. 能够掌握对工件的装夹。
2. 熟悉掌握箱体加工的编程。

项目描述

箱体是机器中主要零件之一，是数控加工中常见的一种加工类型，一般起到支撑、容纳以及定位的作用，箱体类零件内外结构比较复杂，箱体零件上相互位置要求较高的孔系和平面，其中加工中心是一种集铣床、钻床和镗床三种机床的功能于一体的数控机床，特别适宜加工箱体类零件。

项目分析

如图3—2—1所示，需要对138 mm×80 mm×40mm的零件加工由多个孔系组成的零件，孔与孔之间有位置度要求，零件材料为45钢。

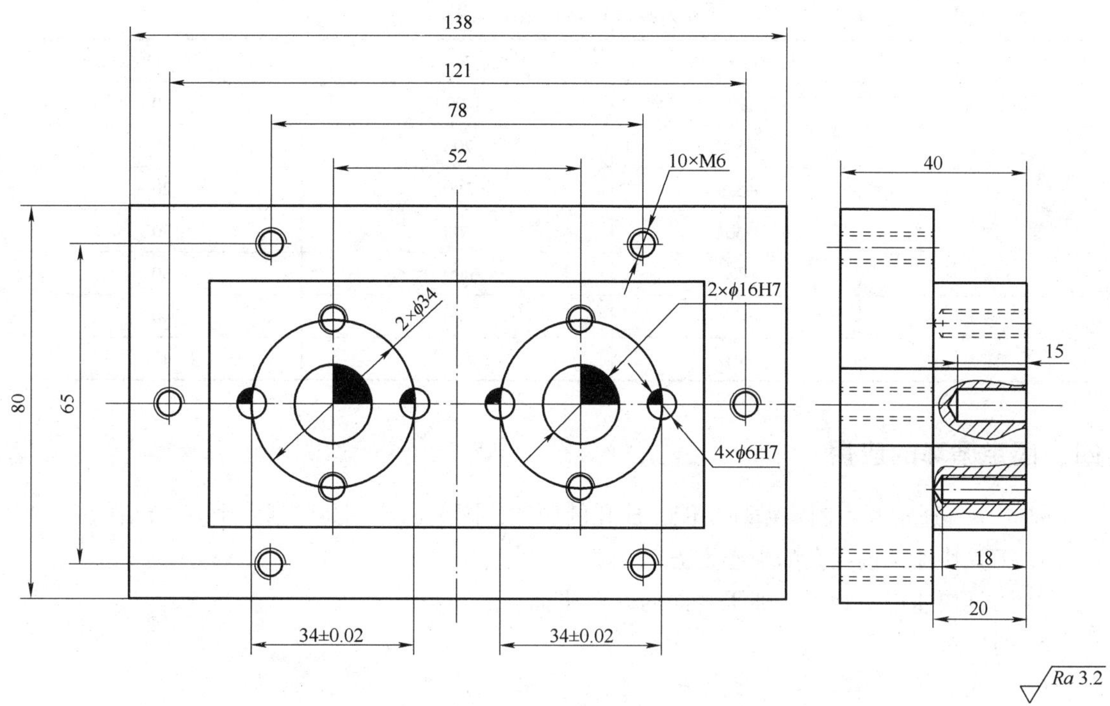

图 3—2—1 箱体加工任务图

项目知识与技能

一、刀具的选择

根据本次加工实例的加工内容，加工销孔和螺纹孔常用刀具为中心钻、钻头、镗刀、铰刀，该零件材料为 45 钢，可以采用普通高速钢中心钻、钻头及铰刀，这种材料刀具本身韧性较好，可用于钻削普通钢材、不锈钢、尼龙等材料。

二、孔的类型及加工顺序

孔一般包括螺纹孔、销钉孔、沉头孔、螺丝过孔等，销钉孔的位置度和孔径的精度通常比其他孔的精度都要严格，有的销钉孔和销钉孔及销钉孔和螺纹孔直接有着位置精度要求，有相互位置精度要求的孔的组合，称为孔系，孔系可分为平行孔系、同轴孔系和交叉孔系。为保证其精度首先要钻中心孔然后钻孔、扩孔最后铰孔，或者钻孔后镗孔。螺纹孔、油孔等次要工序，一般在平面等主要加工表面精加工之后再进行加工。

三、切削用量的选择

本项目选用中心钻、钻头及铰刀进行加工，加工时分为打点、钻、扩、铰、镗五个工序，刀具及切削用量的选用见表 3—2—1。

表 3—2—1　　刀具及切削用量的选用

刀具名称	刀具规格（mm）	主轴转速（r/min）	进给速度（mm/min）
中心钻	ϕ10	1 000	40
钻头	ϕ5.2	700	30
钻头	ϕ5.9	200	20
铰刀	ϕ6	100	20
钻头	ϕ5	800	30
钻头	ϕ15.5	320	40
镗刀	ϕ16	500	40

四、固定循环的应用

加工中心通常利用固定循环功能完成孔的加工，固定循环一共包括六个基本动作。

1. 刀具快速定位到孔的中心上方。
2. 刀具快速进给到工件加工表面的 *R* 点平面。
3. 对孔进行加工。
4. 孔底动作，如暂停、刀具偏移、主轴准停等。
5. 刀具返回到 *R* 点平面。
6. 刀具快退到起始位置。

FANUC Series 0i Mate-MD 系统提供了十多个 G 代码用于孔的加工，如 G81 钻孔循环、G83 钻深孔循环、G84 攻螺纹循环、G86 镗孔循环等。

固定循环的格式：G98/G99 G81 X __ Y __ Z __ R __ F __;

项目实施

一、加工分析

加工箱体时一般尽量集中在一次装夹中加工，以保证其相互位置要求和减少装夹次数。本项目介绍在数控机床上加工销孔和螺纹孔。该零件材料为 45 钢，工件外形 138 mm × 80 mm × 40 mm 已经到尺寸，只需要加工销孔和螺纹孔，工件的加工任务图已经提出相应的精度和表面粗糙度要求。

二、确定加工方案

1. 工件安装装夹准备

本项目加工中有 ϕ16 mm 的销孔，如果采用虎钳装夹容易造成孔的变形，为了保证孔的精度，该工件采用压板装夹工件，工件下垫起平行垫铁，利用杠杆百分表找正工件的平面度及直线度后，利用压板将工件安装。

2. 确定工艺方案及加工路线

（1）选择编程零点。由图样的图形结构，确定 138 mm × 80 mm 的对称中心及上表面（*O* 点）为编程原点。

（2）选择加工路线

1）使用 ϕ10 mm 中心钻定位。

2）使用 ϕ5. 2 mm 钻头钻 ϕ6 mm 销孔底孔。

3）使用 ϕ5. 9 mm 钻头扩孔。

4）使用 ϕ6 mm 铰刀铰孔。

5）使用 ϕ5 mm 钻头钻 M6 螺纹孔底孔。

6）使用 ϕ15. 5 mm 钻头钻 ϕ16 mm 销孔底孔。

7）使用 ϕ16 mm 镗刀镗削 ϕ16 mm 销孔。

三、编写加工程序

本任务采用手动换刀的加工方法进行编程与加工（编程原点为工件中心位置），参考程序见表 3—2—2。

表 3—2—2　　参考程序

采用第一把刀具，ϕ10 mm 中心钻定位		
程序号：O1401		
程序段号	程序内容	说明
N100	G15 G17 G21 G40 G49 G80；	选择 *XY* 平面，毫米输入
N110	G91 G28 Z0；	回机床 *Z* 轴零点
N120	G90 G54 G0 X0 Y0；	NC 快速定位工件 *X*、*Y* 轴原点
N130	S1000 M03；	主轴正转，转速 1 000 r/min
N140	X-26 Y17；	快速移动至首个孔坐标位置
N150	G0 G43 Z100 H01；	建立刀具长度补偿
N160	M08；	切削液开
N170	G98 G81 X-26 Y17 Z-2 R1 F40；	点钻定位第一个孔
N180	X-43 Y0；	点钻定位第二个孔
N190	X-26 Y-17；	点钻定位第三个孔
N200	X-9 Y0；	点钻定位第四个孔
N210	X9；	点钻定位第五个孔
N220	X26 Y17；	点钻定位第六个孔
N230	X43 Y0；	点钻定位第七个孔
N240	X26 Y-17；	点钻定位第八个孔
N250	G98 G81 X60. 5 Y0 Z-22 R-19 F40；	点钻定位第九个孔
N260	X39 Y-30. 25；	点钻定位第十个孔
N270	X-39；	点钻定位第十一个孔
N280	X-60. 5 Y0；	点钻定位第十二个孔
N290	X-39 Y30. 25；	点钻定位第十三个孔
N300	X39；	点钻定位第十四个孔
N310	G80；	取消孔加工固定循环指令
N320	G00 Z200；	抬刀
N330	G00 G49 Z0；	取消刀具长度补偿
N340	M09；	切削液关
N350	M05；	主轴停止
N360	G91 G28 Z0；	回机床 Z 轴零点
N370	M30；	程序停止

续表

手动更换第二把刀具，换 ϕ5.2 mm 麻花钻钻孔		
程序号：O1402		
N100	G90 G54 S800 M03;	选择工件坐标系，主轴正转，转速 800 r/min
N110	G0 X0 Y0;	快速移动到工件原点
N120	X-43;	快速移动至首个孔坐标位置
N130	G0 G43 Z100 H02;	建立刀具长度补偿
N140	M08;	切削液开
N150	G98 G81 X-43 Y0 Z-18 R1 F30;	钻削第一个孔
N160	X-9;	钻削第二个孔
N170	X9;	钻削第三个孔
N180	X43;	钻削第四个孔
N190	G80;	取消孔加工固定循环指令
N200	G00 Z200;	抬刀
N210	G00 G49 Z0;	取消刀具长度补偿
N220	M09;	切削液关
N230	M30;	程序结束
手动更换第三把刀具，换 ϕ5.9 mm 麻花钻扩孔		
程序号：O1403		
N100	G90 G54 S200 M03;	选择工件坐标系，主轴正转，转速 200 r/min
N110	G0 X0 Y0;	快速移动到工件原点
N120	X-43.;	快速移动至首个孔坐标位置
N130	G0 G43 Z100 H03;	建立刀具长度补偿
N140	M08;	切削液开
N150	G98 G81 X-43 Y0 Z-18 R1F30;	扩第一个孔
N160	X-9;	扩第二个孔
N170	X9;	扩第三个孔
N180	X43;	扩第四个孔
N190	G80;	取消孔加工固定循环指令
N200	G00 Z200;	抬刀
N210	G00 G49 Z0;	取消刀具长度补偿
N220	M09;	切削液关
N230	M30;	程序结束
手动更换第四把刀具，换 ϕ6 mm 铰刀铰孔		
程序号：O1404		
N100	G90 G54 S100 M03;	选择工件坐标系，主轴正转，转速 100 r/min
N110	G0 X0 Y0;	快速移动到工件原点
N120	X-43;	快速移动至首个孔坐标位置
N130	G0 G43 Z100 H04;	建立刀具长度补偿
N140	M08;	切削液开
N150	G98 G81 X-43 Y0 Z-15 R1 F20;	铰削第一个孔
N160	X-9;	铰削第二个孔
N170	X9;	铰削第三个孔
N180	X43	铰削第四个孔
N190	G80;	取消孔加工固定循环指令
N200	G00 Z200;	抬刀
N210	G00 G49 Z0;	取消刀具长度补偿
N220	M09;	切削液关
N230	M30;	程序结束

续表

手动更换第五把刀具，换 ϕ5 mm 钻头钻孔		
程序号：O1405		
N100	G90 G54 S700 M03；	选择工件坐标系，主轴正转，转速 700 r/min
N110	G0 X0 Y0；	快速移动到工件原点
N120	X-26 Y17；	快速移动至首个孔坐标位置
N130	G0 G43 Z100 H05；	建立刀具长度补偿
N140	M08；	切削液开
N150	G98 G81 X-26 Y17 Z-21 R1 F30；	钻削第一个孔
N160	Y-17；	钻削第二个孔
N170	X26 Y17；	钻削第三个孔
N180	Y-17；	钻削第四个孔
N190	G98 G81 X60. 5 Y0 Z-22 R-19 F30；	钻削第五个孔
N200	X39 Y-30. 25；	钻削第六个孔
N210	X-39；	钻削第七个孔
N220	X-60. 5Y0；	钻削第八个孔
N230	X-39 Y30. 25；	钻削第九个孔
N240	X39；	钻削第十个孔
N250	G80；	取消孔加工固定循环指令
N260	G00 Z200；	抬刀
N270	G00 G49 Z0；	取消刀具长度补偿
N280	M09；	切削液关
N290	M30；	程序结束
手动更换第六把刀具，换 ϕ15. 5 mm 钻头钻深孔		
程序号：O1406		
N100	G90 G54 S320 M03；	选择工件坐标系，主轴正转，转速 320 r/min
N110	G0 X0 Y0；	快速移动到工件原点
N120	X-26；	快速移动至首个孔坐标位置
N130	G0 G43 Z100 H06；	建立刀具长度补偿
N140	M08；	切削液开
N150	G98 G83 X-26 Y0 Z-45 R1 Q-4 K1 F40；	钻削第一个孔
N160	X26；	钻削第二个孔
N170	G80；	取消孔加工固定循环指令
N180	G00 Z200；	抬刀
N190	G00 G49 Z0；	取消刀具长度补偿
N200	M09；	切削液关
N210	M30；	程序结束

续表

手动更换第七把刀具，换 ϕ16 mm 镗刀镗孔		
程序号：O1407		
N100	G90 G54 S500 M03；	选择工件坐标系，主轴正转，转速 500 r/min
N110	G0 X0 Y0；	快速移动到工件原点
N120	X-26；	快速移动至首个孔坐标位置
N130	G0 G43 Z100 H07；	建立刀具长度补偿
N140	M08；	切削液开
N150	G98 G86 X-26 Y0 Z-41 R1 F40；	镗削第一个孔
N160	X26	镗削第二个孔
N170	G80；	取消孔加工固定循环指令
N180	G00 Z200；	抬刀
N190	G00 G49 Z0；	取消刀具长度补偿
N200	M09；	切削液关
N210	M30；	程序结束

四、加工工件

1. 打开机床电源开关。

2. 机床回参考点。

3. 工件装夹

选用压板正确装夹工件，使用百分表找正工件。

4. 对刀

（1）*X* 轴采用分中法对刀。

（2）*Y* 轴采用分中法对刀。

（3）*Z* 轴采用对刀仪对刀。

（4）将 *X*、*Y*、*Z* 数值输入到机床的自动坐标系 G54 中。

5. 程序输入

将已经编好的程序输入到机床中（详见程序输入）。

6. 程序校验

（1）打开要加工的程序。

（2）按下机床控制面板上的自动键，进入程序运行方式。

（3）在程序运行菜单下，按程序校验按键，按循环启动按键，校验开始。

（4）如果程序正确，显示窗口会显示出正确的轮廓轨迹及走刀线路，校验完成后，光标将返回到程序头。

7. 自动加工

（1）选择并打开零件加工程序，设定刀补值。

（2）按下机床控制面板上的自动按键（指示灯亮），进入程序运行方式。

（3）按下机床控制面板上的循环启动按键（指示灯亮），机床开始自动运行当前的加工程序。

五、操作提示

操作过程中，每一次换刀都要进行一次对刀和设定工件坐标系。通常情况下，*XY* 平面内的工件坐标系不变，只需对刀设定 *Z* 轴方向的坐标系即可。

项目评价

学生任务完成情况检测评分见表 3—2—3。

表 3—2—3　　学生任务完成情况检测评分

班级：__________ 姓名：__________ 学号：__________ 成绩：__________

项目与配分	序号	技术要求	配分	评分标准	检测记录	得分
工件加工评分（60%）	1	ϕ16 mm	8	超差 0.01 扣 1 分		
	2	ϕ6 mm	8	超差 0.01 扣 1 分		
	3	M6	7	超差 0.1 扣 1 分		
	4	34 mm	2×8	超差 0.01 扣 1 分		
	5	ϕ16 mm 的表面粗糙度	7	每错一处扣 1 分		
	6	ϕ6 mm 的表面粗糙度	7	每错一处扣 1 分		
	7	一般尺寸	7	每错一处扣 1 分		
程序与加工工艺（20%）	8	程序正确、规范	5	不规范扣 2 分/处		
	9	工件、刀具装夹	10	不规范扣 2 分/处		
	10	加工工艺合理	5	不合理扣 2 分/处		
机床操作（10%）	11	对刀操作正确	5	不规范扣 2 分/处		
	12	机床操作不出错	5	不规范扣 2 分/处		
安全文明生产（10%）	13	安全操作	5	出错全扣		
	14	机床维护与保养	5	不合格全扣		

学生任务实施过程的小结及反馈：

教师点评：

项目三　凸轮加工

项目目标

1. 掌握凸轮零件的加工方法。
2. 掌握螺旋式下刀的编程方法。
3. 掌握通过改变刀具半径补偿值实现余量去除的方法。

项目描述

如图 3—3—1 所示零件是凸轮机构的常见零件，用普通铣床加工凸轮轮廓比较困难，而用数控机床就容易得多。

项目分析

加工如图 3—3—1 所示零件轮廓，并保证尺寸精度。

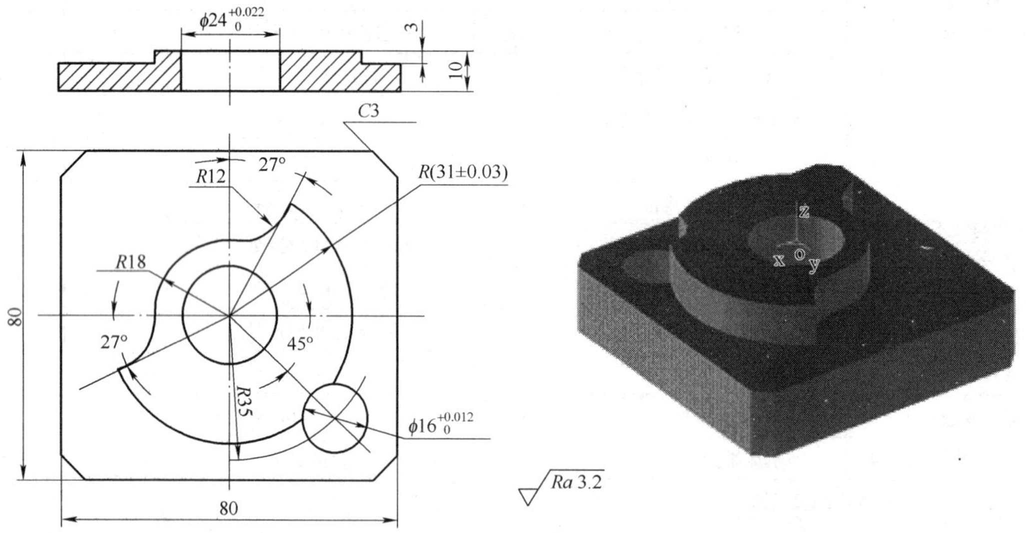

图 3—3—1　凸轮加工零件图

项目知识与技能

平面凸轮零件是数控铣削加工中常见的零件，其轮廓曲线组成不外乎直线—曲线、圆弧—圆弧、圆弧—非圆曲线及非圆曲线等几种。加工所用数控机床多为两轴以上联动的数控铣床，加工工艺过程也大同小异。

工艺要点分析：该零件在数控铣削之前，工件是一个加工过的，长 × 宽为 80 mm × 80 mm，厚度为 10 mm 倒角的方台，需在其上加工一个平面凸轮轮廓，一个圆柱台及两个通孔轮廓，尺寸精度如图 3—3—1 所示要求。

一、螺旋线进给 G02/G03

格式：$G17\begin{Bmatrix}G02\\G03\end{Bmatrix}X\_\ Y\_\ \begin{Bmatrix}I\_\ J\_\\R\_\end{Bmatrix}Z\_\ F\_\ ;$

$$G18\begin{Bmatrix}G02\\G03\end{Bmatrix}X\_\ Y\_\ \begin{Bmatrix}I\_\ K\_\\R\_\end{Bmatrix}Y\_\ F\_\ ;$$

$$G19\begin{Bmatrix}G02\\G03\end{Bmatrix}X\_\ Y\_\ \begin{Bmatrix}J\_\ K\_\\R\_\end{Bmatrix}X\_\ F\_\ ;$$

说明：X、Y、Z 中由 G17/G18/G19 平面选定的两个坐标为螺旋线投影圆弧的终点，意义同圆弧进给，第 3 坐标表示选定平面相垂直的轴终点，其余参数意义同圆弧进给。

该指令对另一个不在圆弧平面上的坐标轴施加移动指令，对于任何小于 360°的圆弧，可附加任一数值的单轴指令。

例：使用 G03 对如图 3—3—2 所示的螺旋线编程，*AB* 为一条螺旋线，起点 *A* 的坐标为（30，0，0），终点 *B* 的坐标为（0，30，10）；圆弧插补平面为 *XY* 平面，圆弧 *AB′*是 *AB* 在 *XY* 平面上的投影，*B′*点坐标值是（0，30，0），从 *A* 点到 *B′*点是逆时针方向。在加工 *AB* 螺旋线前，要把刀具移到螺旋线起点 *A* 处。

加工程序编写如下：

增量值方式编程：

G91 G17 F300;

G03 X-30 Y30 R30 Z10;

绝对值方式编程：

G90 G17 F300;

G03 X0 Y30 R30 Z10;

二、余量的去除方法

1. 修改刀补去余量

此种方法是通过增大刀具半径补偿值，加工比实际尺寸大的轮廓，从而去除余量的方法，如图 3—3—3 所示。

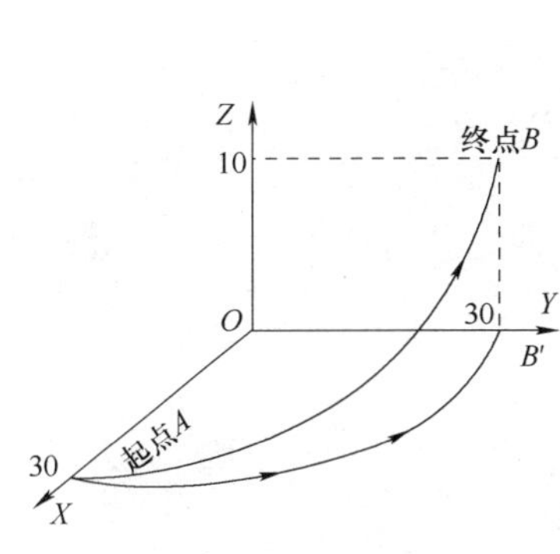

图 3—3—2 螺旋线编程

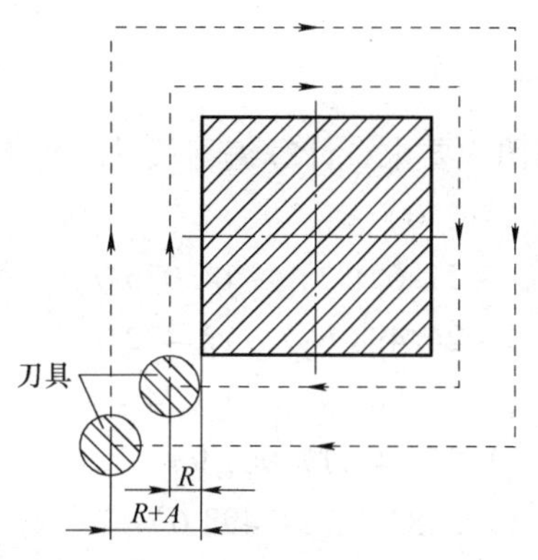

图 3—3—3 修改刀补去余量

2. 编程去余量

当工件余量较为工整时，例如类似一个方形或其他便于编程的轮廓形状，可以用简单的程序将余量去除。

3. 手动去余量

将刀具下到工件所要加工的深度，顺时针和逆时针摇动手轮，从而去除工件上的余量，此种方法最为简单，但要时刻注意坐标轴的移动方向。

项目实施

一、毛坯准备

零件的材料为 45 钢，80 mm × 80 mm × 10 mm 正方体，六面已加工，并且已倒角 *C*3 mm。

二、确定工艺方案及加工路线

1. 选择编程零点

确定 80 mm × 80 mm 的对称中心及上表面（*O* 点）为编程原点，并通过对刀设定零点偏置 G54。

2. 确定装夹方法

根据图样的图形结构，选用平口虎钳装夹工件。

3. 切削用量及加工路线的确定

（1）确定主轴转速。选用 ϕ10 三刃立铣刀，如图 2—5—10 所示，根据切削用量表，切削速度选 $v = 18$ m/min，由公式 $n = 1\ 000v/\pi d = 1\ 000 \times 18 \div 3.14 \div 5 \approx 1\ 146$ r/min，取 $n =$ 1 200 r/min。

（2）确定进给速度。根据切削用量表，选取每个齿进给量 $f_Z = 0.05$ mm，由公式 $v_f = f_Z zn = 0.05 \times 3 \times 1\ 200 = 180$ mm/min，取 $v_f = 180$ mm/min。

（3）确定加工路线。进给路线如图 3—3—4 所示。

三、编程尺寸

根据图样要求，计算编程尺寸，如图 3—3—5 所示。

1 点（31，0）

2 点（－27.621 2，－14.073 7）

3 点（－24.498 6，－12.482 7）

4 点（－17.967 9，－1.074 4）

5 点（1.074 4，17.967 9）

6 点（12.482 7，24.498 6）

7 点（14.073 7，27.621 2）

8 点（12，0）

9 点（32.748 7，－24.748 7）

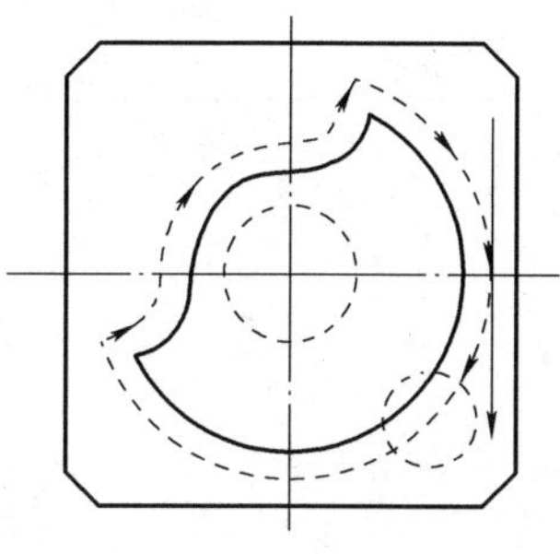

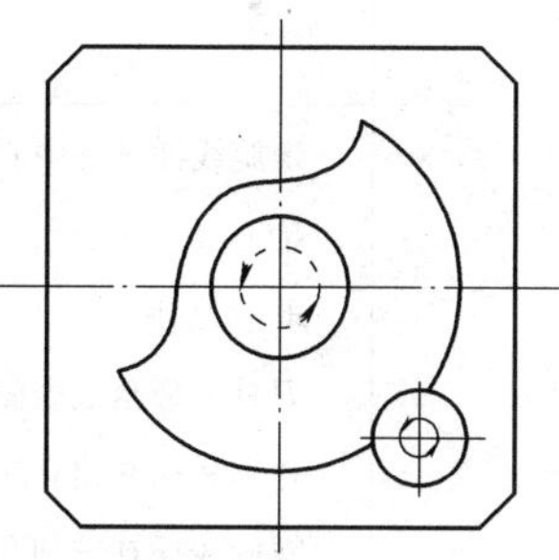

图 3—3—4 加工路线

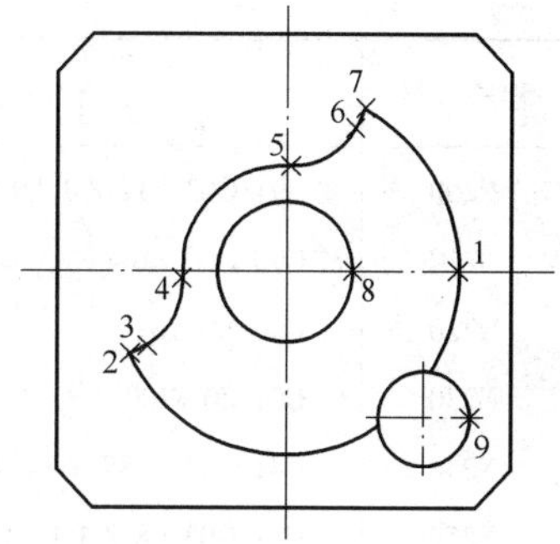

图 3—3—5 加工路线图

四、编程

按 FANUC 系统编程（见表 3—3—1）。

表 3—3—1 编 程

%1	程序号	
程序段号	程序内容	说明
N10	G90 G54 G0 Z100;	绝对值编程，工件坐标系，安全高度
N20	X0 Y0;	快速移动到起刀点 X0、Y0 位置
N30	M03 S600 M08;	主轴正转，切削液开
N40	X31 Y50;	快速移动至起始点
N50	Z5;	快速移动到距工件上表面 5 mm 的位置
N60	G01 Z-3 F200;	以 200 mm/min 进给速度切入工件 3 mm 深
N70	G41 Y0 D1;	移动到 1 点并建立左刀补
N80	G02 X-27.6212 Y-14.0737 R31;	加工至 2 点
N90	G01 X-24.4986 Y-12.4827;	加工至 3 点
N100	G03 X-17.9679 Y-1.0744 R12;	加工至 4 点
N110	G02 X1.0744 Y17.9679 R18;	加工至 5 点
N120	G03 X12.4827 Y24.4986 R12;	加工至 6 点
N130	G01 X14.0737 Y27.6212;	加工至 7 点
N140	G02 X31 Y0 R31;	加工返回至 1 点
N150	G01 Y-50;	退刀
N160	G00 Z10;	抬刀
N170	G40 X0 Y0;	取消刀补
N180	G01 Z0 F200;	刀具下降至上表面
N190	G41 X12 Y0 D1;	移到 8 点并建立左刀补

续表

程序段号	程序内容	说明
N200	G91 G03 I-12 Z-1 L9 F200;	螺旋线插补铣中心圆孔
N210	G90 G00 Z10;	抬刀
N220	G40 X0 Y0;	取消刀补
N230	G01 Z0 F200;	刀具下降至上表面
N240	G41 X32.7487 Y-24.7487 D1;	移到 9 点并建立左刀补
N250	G91 G03 I-8 Z-1 L9 F200;	螺旋线插补铣圆孔
N260	G90 G00 Z10;	抬刀
N270	G40 X0 Y0;	取消刀补
N280	M05;	主轴停转
N290	M30;	程序结束

五、加工工件

1. 打开机床电源开关。

2. 机床回参考点。

3. 工件装夹。

选用平口虎钳正确装夹工件。

4. 对刀

(1) *X* 轴采用分中法对刀。

(2) *Y* 轴采用分中法对刀。

(3) *Z* 轴采用试切对刀。

(4) 将 *X*、*Y*、*Z* 数值输入到机床的自动坐标系 G54 中。

5. 程序输入

将已经编好的程序输入到机床中。

6. 程序校验

(1) 打开要加工的程序。

(2) 按下机床控制面板上的自动键，进入程序运行方式。

(3) 在程序运行菜单下，按程序校验 F5 按键，按循环启动按键，校验开始。

(4) 如果程序正确，显示窗口会显示出正确的轮廓轨迹及走刀线路，校验完成后，光标将返回到程序头。

7. 自动加工，铣轮廓

加工完毕后，用修改刀补方式将余量去除，将刀补 D 地址中的数据改为 12，去除余量。

项目四 四轴孔类加工

项目目标

1. 要求掌握三爪卡盘装夹找正及工件的装夹找正。
2. 熟练掌握四轴加工的编程。
3. 熟悉四轴加工方法思路。

项目描述

在各种机械产品中，四轴加工是数控加工中常见的一种回转体轮廓加工，四轴加工是在三轴的基础上加上一个回转轴，因此，四轴加工可以加工具有回转轴的零件或沿某一轴四周需要加工的零件。CNC 机床中的第四轴可以是绕 *X*、*Y* 或 *Z* 轴旋转的任意一个轴，通常是用 *A*、*B* 或 *C* 表示，具体是哪根轴是根据机床的配置来定的。

四轴机床只提供绕 *A* 或 *B* 轴产生刀具路径的功能，当机床是具有 *C* 轴的四轴 CNC 机床时，可以用绕 *A* 或 *B* 轴产生四轴刀具路径的方法产生刀具路径。

本章将以一个实例介绍一个典型四轴加工零件的设计方法，说明绕 *A* 或 *B* 轴产生四轴粗加工和精加工刀具路径的方法和操作步骤，此实例为某公司中的实际加工零件。

在各种机械产品中，孔是最常见的一种加工要素。对于有些零部件来说，孔的加工质量直接影响着机械产品的最终使用效果。本项目介绍在四轴数控铣上加工各种形式的孔，主要内容如下：

1. 四轴孔加工的基本方法。
2. 四轴孔加工的指令 G81、A。
3. *A* 轴旋转孔的加工方法。

试在数控机床上完成如图 3—4—1、图 3—4—2 所示孔的加工。其中零件材料为 45 钢，生产类型为单件小批量生产。

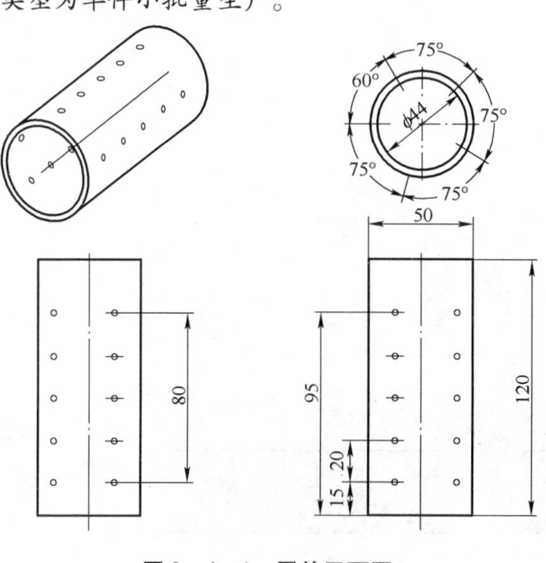

图 3—4—1 零件平面图

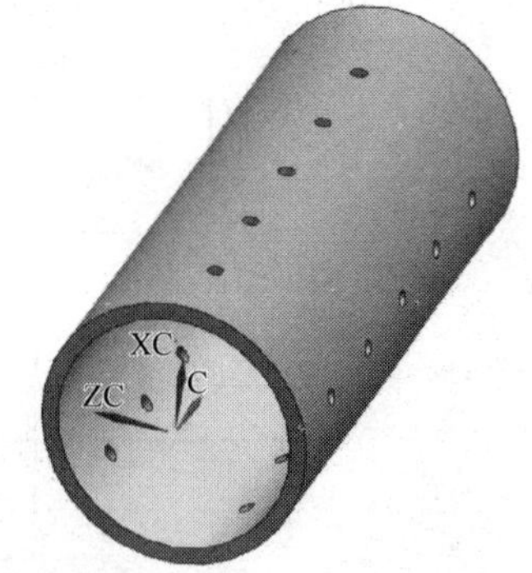

图 3—4—2 零件立体图

项目分析

该图为一圆柱体，其外径为 50 mm，内径为 44 mm，圆柱体的高为 120 mm，所要钻孔的孔径为 3 mm，孔深为 5 mm，5 排孔共计 25 个小孔。

根据所给图样可以看出，这些孔是均匀分布在这个圆柱体的表面上的，首先要确定其 *X*、*Y* 的坐标值和在圆柱体表面所旋转的角度。根据图中的已知条件可以计算出第一排孔所在的位置相对于下一排旋转了 75°，共计 4 排之间的旋转角度为 75°，最后留下 60°到零点。零点所在的 *X*、*Y* 坐标为（15，0）。两个邻近的孔之间距离为 20 mm，每排 5 个孔，通过分析可知在编程时选择相对坐标系更加方便，如图 3—4—3 所示。

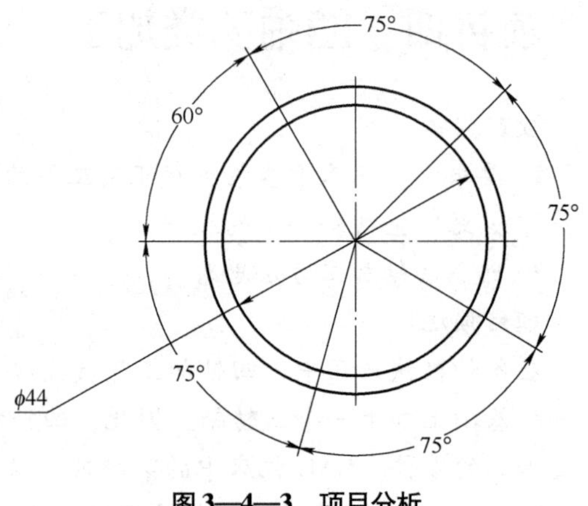

图 3—4—3　项目分析

项目知识与技能

四轴机床与三轴机床的区别，通俗地说只是在三轴的基础上增加了一个 A 轴（也就是第四轴），在编程的基本指令上与三轴机床的差别不大，只需在所编程序中给出所需要旋转的角度即可。

G81 钻孔循环指令

该循环用作正常钻孔。切削进给执行到孔底，执行暂停，然后，刀具从孔底快速移动退回，如图 3—4—4 所示。

1. 指令格式

G81 X_ Y_ Z_ R_ L_ F_ ；

X_ Y_ ：孔位数据，mm；

Z_ ：孔底的位置，mm；

R_ ：*R* 点位置，mm；

L_ ：重复次数（若需要可设置）；

F_ ：切削进给速度，mm/min。

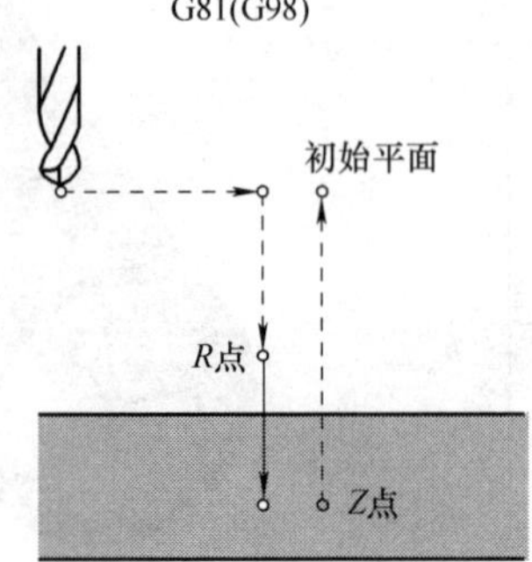

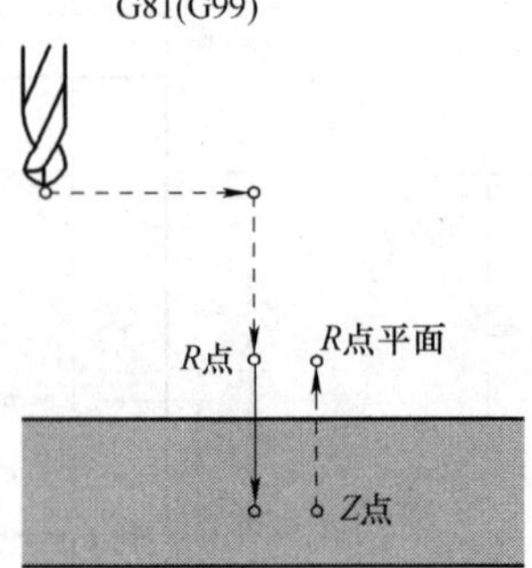

图 3—4—4　G81 指令动作图

2. 固定循环平面

（1）初始平面。初始平面是为了安全下刀而规定的一个平面。初始平面高度可根据加工需要设置，保证刀具在初始平面内的任意移动将不会与工件凸台、夹具等发生干涉，一般设为100 mm。

（2）安全平面。又叫 *R* 点平面。这个平面是刀具下刀时，由快速进给转化为切削进给的高度平面。一般设为2～5 mm。

（3）*Z* 点平面。加工不通孔时，*Z* 点平面就是孔底的 *Z* 轴高度。而加工通孔时除要考虑 *Z* 点平面位置外，还要考虑刀具的超越量，以保证所有孔深都加工到尺寸要求。钻通孔时，钻头的超越量一般取大于 $0.3d+(1\sim3)$ mm，*d* 为钻头直径。

3. 刀具作如下的运动

（1）预运动，沿着 *X* 和 *Y* 轴定位，*A* 轴旋转回到预设位置。

（2）快速移动到 *R* 点，*A* 轴旋转到规定角度。

（3）*Z* 轴以当前进给速率继续向下加工深度，或者加工到位置 *Z*，取二者中较浅的位置。

（4）快速退回到 *R* 点。

（5）*A* 轴快速旋转到下一角度点的位置，*Z*、*Y* 轴移动到下一位置，并进行加工。

（6）重复步骤（2）、（3）、（4）、（5），直至加工孔结束。

（7）快速退回到退出点。

4. 钻孔循环指令 G81

（1）指令格式：G81 X_ Y_ Z_ R_ L_ F_ ；

（2）G81 指令常用于中心钻孔或普通钻孔的加工。

由以上可以总结出使用四轴数控机床打孔时所编写程序的基本格式：

A_ ；

G81/G83 X_ Y_ Z_ R_ Q_ L_ F_ ；

A_ ：相对于基准面所旋转的角度；

X_ Y_ ：孔位数据，mm；

Z：孔底的位置，mm；

R：*R* 点位置，mm；

L：重复次数（若需要可设置）；

F：切削进给速度，mm/min。

使用四轴数控机床打孔时编写程序，应该基本了解四轴数控机床钻孔手工编程的格式，在编程过程中除了需要注意三轴打孔编程时容易出现的错误外，还需要注意的事项有以下几点：

（1）加工孔的过程中，如果孔的深度和高度等条件都没有改变，只是角度发生了变化，可以将打孔程序写成这种形式：

G81/G83 X_ Y_ Z_ R_ Q_ L_ F_ ；

A_ ；

A_ ；

……

（2）注意安全平面的设定要保证一定的高度，如果安全平面设置过低，在零件旋转过程中可能会发生撞刀。

（3）要注意旋转角度 A 的正负问题。

（4）在有些四轴数控铣中出现的第四轴是 *B* 轴而不是 *A* 轴，在编程时将 A 改为 B 即可。

（5）加工完毕后最好将机床旋转回初始位置，以便下一次操作。

项目实施

一、坐标确定

工件坐标确定：在工件一端的第一个孔的位置为工件零点，*X* 向是孔中心，*Y* 向是工件中心，*Z* 向是工件表面，如图 3—4—5 所示。

二、选择毛坯

零件已经完成了基本的内外轮廓的加工，只需要在零件上进行打孔加工即可。所需进行孔加工的零件如图 3—4—6 所示。圆柱体的高为 150 mm，在打孔完成后再将圆柱体的底部在车床上车断，即可得到所需加工的零件。

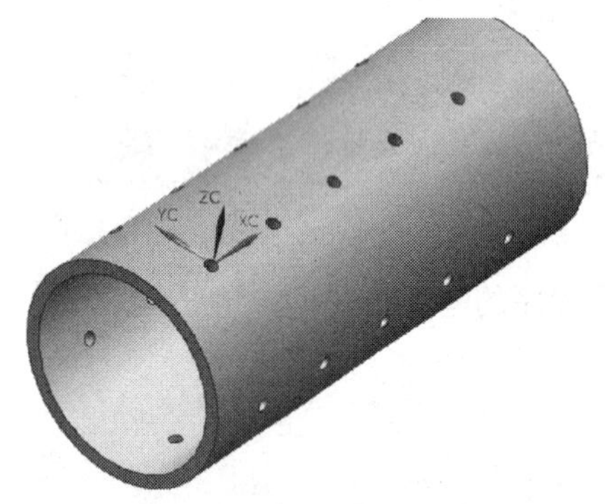

图 3—4—5　工件坐标确定

图 3—4—6　零件图

三、夹具设计

在实际加工中，已没有夹持余量，不可能再用三爪夹持外圆的方法加工，但可设计一阶梯心轴，用三爪夹持心轴，找正后，把毛坯套入心轴，并用顶尖顶牢，由于实际加工过程中，切削力很小，零件内孔与心轴之间为精密配合，顶尖顶牢后，预紧力完全满足加工切削力的要求。装夹方案设计如图 3—4—7 所示。

四、刀具选择及切削用量

1. 中心钻

用于孔加工的预制精确定位，引导麻花钻进行孔加工，减少误差。中心钻有两种类型：A 型：不带护锥的中心钻；B 型：带护锥的中心钻。加工直径 $d=1\sim10$ mm 的中心孔时，通

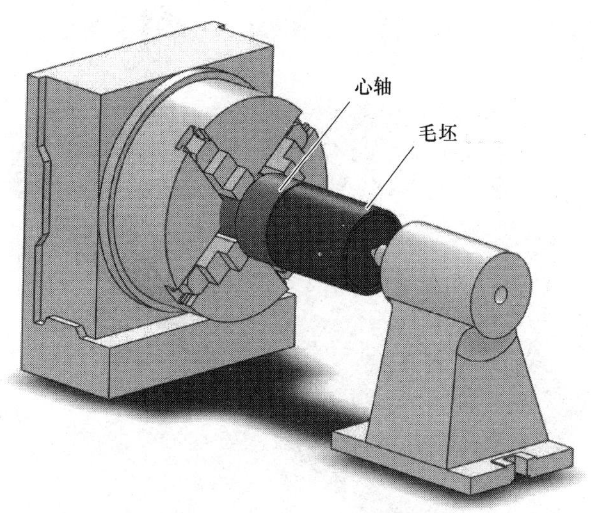

图 3—4—7 装夹方案设计

常采用不带护锥的中心钻（A 型）；工序较长、精度要求较高的工件，为了避免 60°定心锥被损坏，一般采用带护锥的中心钻（B 型）。

2. 麻花钻

为某一特定的孔加工任务选择钻头时，首先需要考虑被加工孔的深度，被加工的孔越深，则加工过程中需要排出的切屑量越大，如果加工中产生的切屑不能及时、有效地排出，则可能阻塞钻头的排屑槽，从而延缓加工进程，并最终影响孔的加工质量。因此，有效排屑是成功完成任何材料的孔加工任务的关键因素。当工艺人员为特定的孔加工任务选择最合适的钻头类型时，需要计算钻头的长径比。长径比为被加工孔的深度与钻头直径之比，例如，钻头直径为 12. 7 mm，需要加工的孔深度为 38. 1 mm，则其长径比为 3∶1。当长径比约为 4∶1 或更小时，大多数标准麻花钻头的排屑槽均能较顺利地排出钻头切削刃切除的切屑。而当长径比超出上述范围时，则需采用专门设计的深孔钻头才能实现有效的加工。

本任务均选用高速钢刀具材料，刀具及切削用量的选用见表 3—4—1。

表 3—4—1 刀具及切削用量的选用

刀具名称	刀具规格	切削速度（r/min）	进给速度（mm/min）	背吃刀量（mm）
中心钻	A1	1 000	100	1. 25
标准麻花钻	ϕ3 mm	900	150	4. 5

五、四轴数控铣打孔程序编写

在四轴数控铣中，打孔程序除了使用手工编写钻孔循环指令外，还可以使用宏程序来进行编写，也可以使用各种编程软件来进行程序的编辑，如图 3—4—8 所示，程序见表 3—4—2。

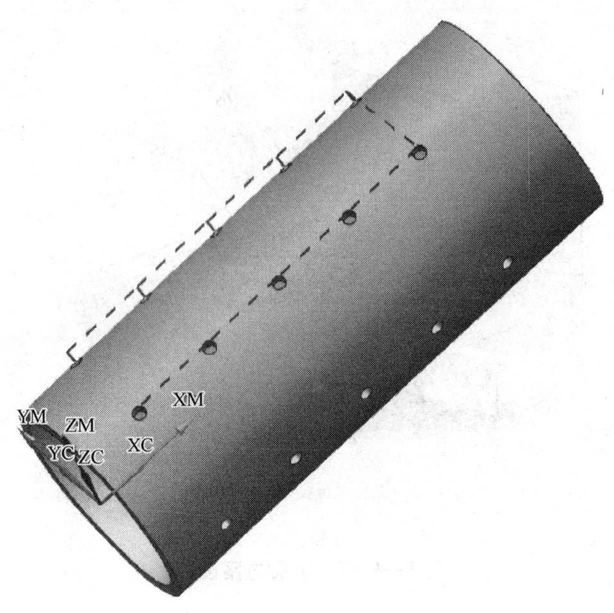

图 3—4—8　程序刀路

表 3—4—2　　**加 工 程 序**

第一条程序		
主程序号：001　中心定位	刀具：中心钻	
程序段号	程序内容	说明
N10	%001	主程序号
N20	G90 G54 G0 X0. Y0. Z100. A0. ;	程序开始，刀具移动到 G54 坐标系 *X*、*Y* 零位
N30	G5. 1 Q1;	
N40	M3 S1000;	主轴正转，转速 1 000 r/min
N50	G0 Z5. M8;	刀具移动到安全平面，打开切削液
N60	M98 P002 L1;	调用子程序 002（孔坐标定位）
N70	G90 G0 Z100. G80;	刀具 *Z* 向移动 100 mm
N80	M30;	程序结束
子程序		
N220	%002	子程序号
N230	G91 G98 G81 X0. Y0. Z-0. 5 R3 F100;	相对值编写程序打孔定位，深度 0. 5 mm
N240	G91 X20. L4;	孔的距离，调用四次
N250	G0 A75;	旋转角度
N260	G91 G98 G81 X0. Y0. Z-0. 5 R3 F100;	相对值编写程序打孔定位，深度 0. 5 mm
N270	X-20. L4;	孔的距离，调用四次
N280	G0 A75. ;	旋转角度
N290	G91 G98 G81 X0. Y0. Z-0. 5 R3 F100;	相对值编写程序打孔定位，深度 0. 5 mm
N300	G91 X20. L4;	孔的距离，调用四次
N310	G0 A75;	旋转角度
N320	G91 G98 G81 X0. Y0. Z-0. 5 R3 F100;	相对值编写程序打孔定位，深度 0. 5 mm

续表

程序段号	程序内容	说明
N330	X-20. L4;	孔的距离，调用四次
N340	G0 A60.;	旋转角度
N350	G91 G98 G81 X0. Y0. Z-0.5 R3 F100;	相对值编写程序打孔定位，深度 0.5 mm
N360	G91 X20. L4;	孔的距离，调用四次
N370	M99;	子程序结束

第二条程序

主程序号：003　　钻孔　　　　　刀具：钻头 D3

程序段号	程序内容	说明
N10	%003	主程序号
N20	G90 G55 G0 X0. Y0. Z100. A0.;	程序开始，刀具移动到 G55 坐标系 X、Y 零位
N30	G5.1 Q1;	
N40	M3 S1000;	主轴正转，转速 1 000 r/min
N50	G0 Z5. M8;	刀具移动到刀具安全平面，打开切削液
N60	M98 P002 L1;	调用子程序 004（孔坐标定位）
N70	G90 G0 Z100. G80;	刀具 Z 向移动 100 mm
N80	M30;	程序结束

子程序

程序段号	程序内容	说明
N220	%004	子程序号
N230	G91 G98 G81 X0. Y0. Z-5 R3 F100;	相对值编写程序打孔定位，深度 5 mm
N240	G91 X20. L4;	孔的距离，调用四次
N250	G0 A75;	旋转角度
N260	G91 G98 G81 X0. Y0. Z-5 R3 F100;	相对值编写程序打孔定位，深度 5 mm
N270	X-20. L4;	孔的距离，调用四次
N280	G0 A75.;	旋转角度
N290	G91 G98 G81 X0. Y0. Z-5 R3 F100;	相对值编写程序打孔定位，深度 5 mm
N300	G91 X20. L4;	孔的距离，调用四次
N310	G0 A75;	旋转角度
N320	G91 G98 G81 X0. Y0. Z-5 R3 F100;	相对值编写程序打孔定位，深度 5 mm
N330	X-20. L4;	孔的距离，调用四次
N340	G0 A60.;	旋转角度
N350	G91 G98 G81 X0. Y0. Z-5 R3 F100;	相对值编写程序打孔定位，深度 5 mm
N360	G91 X20. L4;	孔的距离，调用四次
N370	M99;	子程序结束

提示：

在操作过程中要注意前文所提到的四轴数控机床编程时的注意事项。

项目五　四轴槽类加工

项目目标

1. 要求掌握三爪卡盘装夹找正及工件的装夹找正。
2. 熟练掌握四轴加工的编程。
3. 熟悉四轴加工方法思路。

项目描述

本项目将以一个实例介绍一个典型四轴加工零件的设计方法，说明绕 *A* 轴或 *B* 轴产生四轴粗加工和精加工刀具路径的方法和操作步骤，此实例为某公司中的实际加工零件。

在各种机械产品中，螺旋槽是很常见的一种加工要素。对于有些零部件来说，螺旋槽的加工质量直接影响着机械产品的最终使用效果。本项目介绍在四轴数控机床上加工各种形式的槽，主要内容如下：

1. 四轴槽加工的基本方法。
2. 四轴槽加工的指令。
3. *A* 轴旋转槽的加工方法。

项目分析

试在数控机床上完成如图 3—5—1 所示螺旋槽的加工。其中零件材料为 45 钢，生产类型为单件小批量生产。

该图为一圆柱体，其外径为 88 mm，内径为 82 mm，壁厚 3 mm，圆柱体的高为 77 mm，槽长度 26 mm，所要加工的是旋转槽，槽宽 3 mm，孔深为 3 mm，一个整圆只有一处槽。

根据所给图样可以看出这是个旋转槽在圆柱体的表面上旋转一周形成的，首先要确定其 *X*、*Y* 的坐标值和在圆柱体表面所旋转的角度。根据图中的已知条件可以计算出工件坐标所在的位置相对于基准面旋转了 133°，起点所在的 *X*、*Y* 坐标为如图 3—5—2 所示。工件端面到槽口距离为 25. 5 mm，通过分析可知在编程时选择相对坐标系更加方便。

项目知识与技能

四轴机床与三轴机床的区别，通俗地说，只是在三轴的基础上增加了一个 *A* 轴（也就是第四轴），在编程的基本指令上与三轴机床的差别不大，只需在所编程序中给出所需要旋转的角度即可。

一、*A* 轴手工编程

对于带 *A* 轴的四轴数控铣，可以用来加工圆周面上的螺旋槽等零件。

指令格式：G01 X_ Y_ Z_ A_ F_ ；

说明：X_ 、Y_ 、Z_ 为目标点坐标；F_ 为进给速度；A_ 为旋转轴坐标值，G94 的进给速度单位为 °/min。

如图 3—5—3 所示为等槽深的槽型结构，可以按展开图中所示，编制成 *X*、*Y* 轴的 3D 岛屿挖槽的刀路程序，然后再以 *Y* 轴保持不动，将其转换成 *A* 轴回转加工的刀路程序。

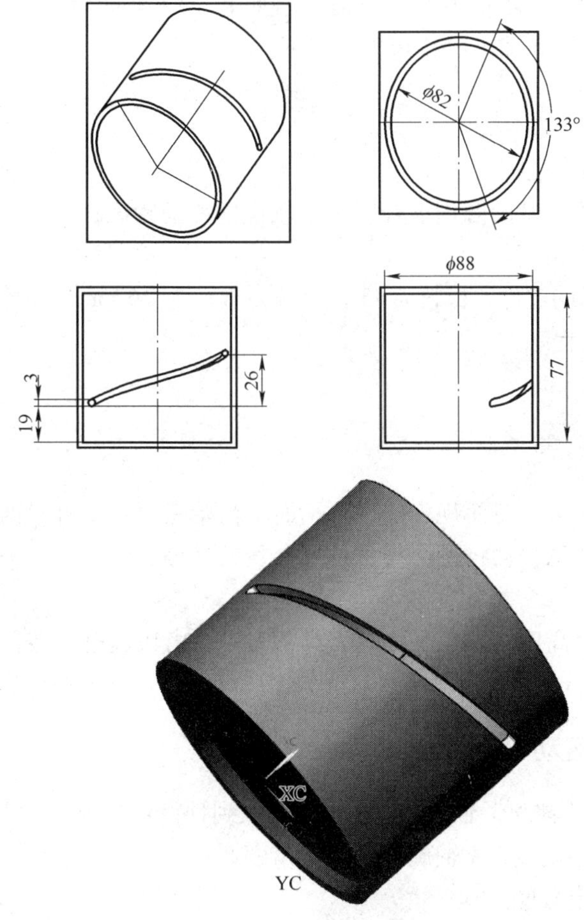

图 3—5—1　螺旋槽

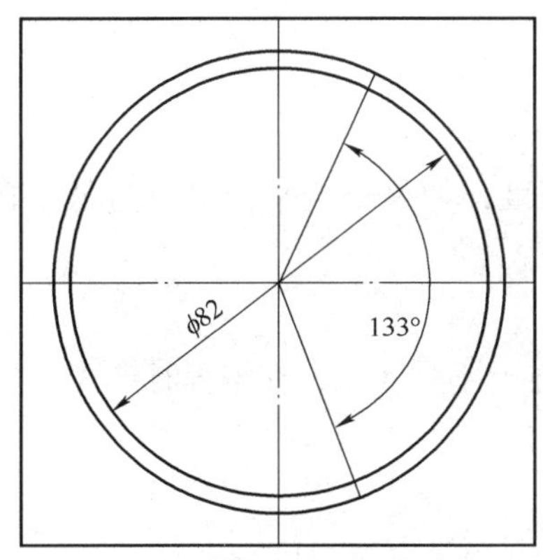

图 3—5—2　起点坐标计算

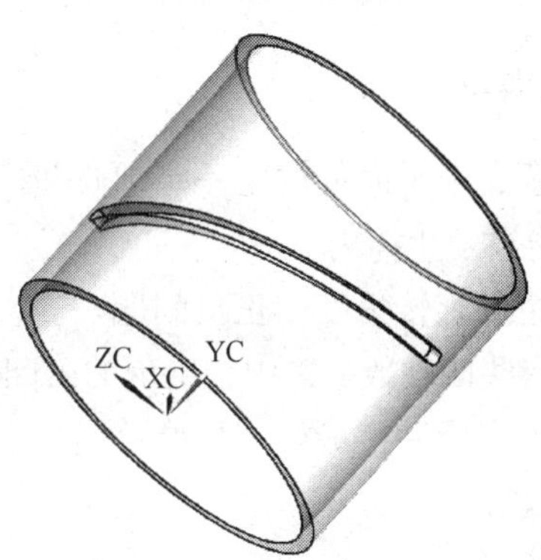

图 3—5—3　旋转槽及展开图

从 3D 刀路转换到回转四轴刀路，只需要将所有 Y 轴坐标向对应切削深度基圆（图中 ϕ20）圆周上进行包络换算即可。换算公式如下：

$$An = \frac{360Yn}{\pi D}$$

式中 D——基圆直径；

Yn——刀路在基圆圆周展开图中 Y 轴上的移动距离；

An——回转角度。

如图 3—5—3 所示的零件，材料为 45 钢，铣刀直径为 ϕ6 mm，硬质合金，槽深为 3 mm。编制零件环形槽的加工程序。

二、固定循环平面

1. 初始平面

初始平面是为了安全下刀而规定的一个平面。初始平面高度可根据加工需要设置，保证刀具在初始平面内的任意移动将不会与工件凸台、夹具等发生干涉，一般设为 100 mm。

2. 安全平面

安全平面又叫安全高度。这个平面是刀具下刀时，由快速进给转化为切削进给的高度平面。一般设为 5 ~ 10 mm。

三、刀具作如下的运动

1. 预运动，沿着 X 轴和 Y 轴定位，A 轴旋转回到预设位置。
2. 快速移动到安全高度，A 轴旋转到规定角度。
3. Z 轴下降到指定深度。
4. X 轴和 A 轴同时移动，Y 轴不移动。
5. Z 轴抬起。
6. 快速退回到退出安全位置点。

四、注意事项

1. 注意安全平面的设定一定要保证一定的高度，如果安全平面设置过低，在零件旋转过程中可能会发生撞刀。
2. 要注意旋转角度的正负问题。
3. 在有些四轴数控铣中，出现的第四轴是 B 轴而不是 A 轴，在编程时将 A 改为 B 即可。
4. 加工完毕后，最好将机床旋转回初始位置，以便下一次操作。

项目实施

一、确定坐标

确定工件的加工坐标：大端直径为 88 mm 的一端，X 向为大端寻单边，Y 向为工件分中，Z 向为工件中心，如图 3—5—4 所示。

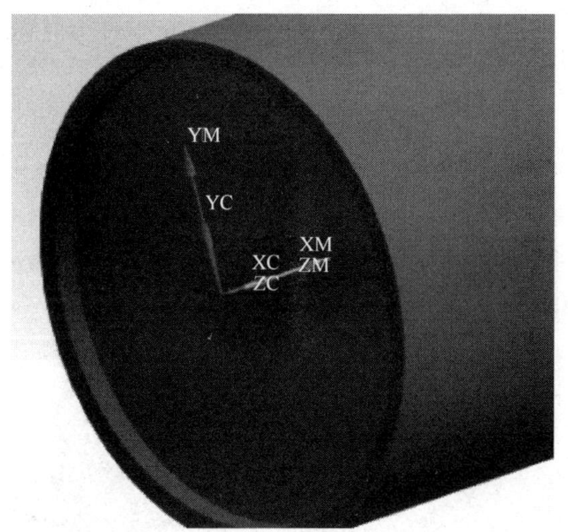

图 3—5—4 确定工件的加工坐标

二、选择毛坯

零件已经完成了基本的内外轮廓的加工，只需要在零件上进行旋转槽加工即可。所需进行槽加工的零件如图 3—5—5 所示。圆柱体的高为 77 mm，加工长度为 26 mm，在铣槽完成后再将圆柱体的底部在车床上车断，即可得到所需加工的零件。

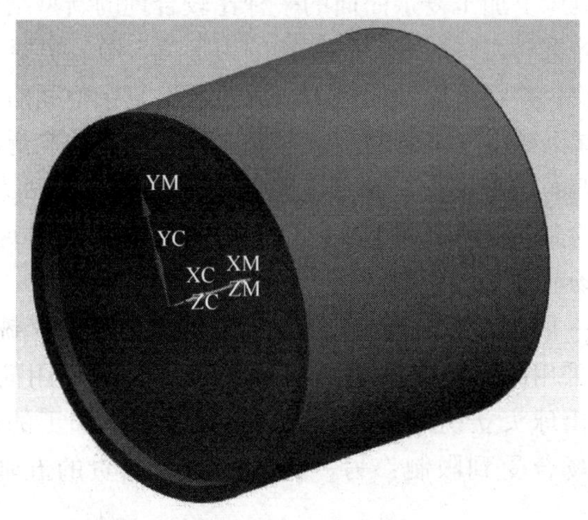

图 3—5—5 零件毛坯

三、夹具设计

在实际加工中，已没有夹持余量，不可能再用三爪夹持外圆的方法加工，但可设计一阶工艺台，用三爪夹持工艺台，找正后，并用顶尖顶牢，由于实际加工过程中，切削力很小，零件内孔与心轴之间为精密配合，顶尖顶牢后，预紧力完全满足加工切削力的要求。装夹方案设计如图 3—5—6 所示。

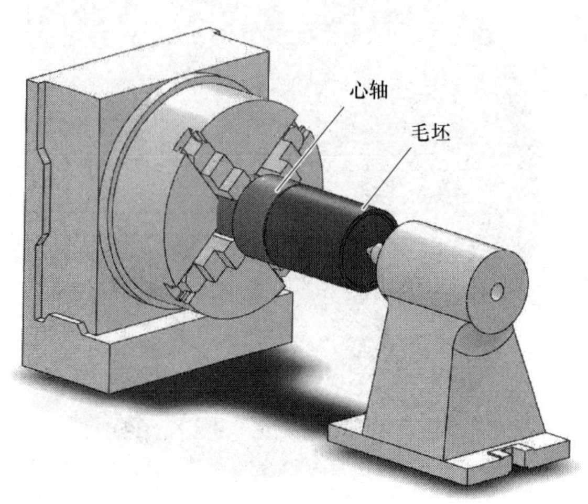

图 3—5—6　装夹方案

四、刀具选择及切削用量

硬质合金铣刀具有高硬度，高耐磨性，高的红硬性，高的热稳定性和抗氧化性。适用于各种高速切削刀具，各种高温下工作的耐磨件，如热拉丝模等。

球头立铣刀是数控机床上加工复杂曲面的一种比较合理的新型结构刀具，它也是复杂三维曲面精加工中所用到的重要刀具之一，其独特的刃形（S 形、螺旋形）使得球头立铣刀的加工精度高、刀具寿命长，并且可以轴向进刀，满足了对复杂空间曲面自动加工的需要。在模具制造、汽车制造、航天航空、电子通信产品制造等行业有着广泛的应用。资料表明，在模具加工中，球头立铣刀的加工量占全部加工量的 70%～80%，随着数控机床在我国制造业的普及，球头立铣刀的需求量越来越大，目前国内的消耗量在 150 万个以上。因此球头立铣刀的生产具有广阔市场前景。

球头立铣刀的制造一般都是采用磨制加工，其刃磨是球头立铣刀生产中的一个非常关键的工序。目前国内采用的刃磨方法主要有两类：一类是采用简单的刃磨设备进行刃磨，这种方法不能刃磨出球头立铣刀所需的结构参数，用其加工的产品精度和质量较差，因此球头立铣刀的使用场合受到限制：另一类采用进口昂贵的五轴四联动刃磨机床进行刃磨。

本任务均选用合金刀具材料，刀具及切削用量的选用见表 3—5—1。

表 3—5—1　　刀具及切削用量的选用

刀具名称	刀具规格	切削速度（r/min）	进给速度（mm/min）	背吃刀量（mm）
硬质合金球刀	D3	4 500	1 500	0. 5

五、四轴数控铣加工圆弧螺旋槽程序编写

在四轴数控加工中心中，铣圆弧螺旋槽程序除了使用手工编写外，还可以使用宏程序来进行编写，也可以使用各种编程软件来进行程序的编辑，如图3—5—7所示，加工程序见表3—5—2。

图3—5—7 程序刀路

表3—5—2　　加工程序

程序号：001	刀具：D6R3合金球刀	
程序段号	程序内容	说明
N10	%001	主程序号
N20	G90 G54 G00 X0. Y0. Z100. A0.;	程序开始，刀具移动到G54坐标系原点
N30	G5.1 Q1;	
N40	M3 S1000;	主轴正转，转速1 000 r/min
N50	G00 X25.5 Z54. M8;	刀具移动到刀具安全平面，打开切削液
N60	M98 P002 L3;	调用子程序002（三次）
N70	G90 G00 Z100. G80;	刀具 *Z* 向移动100 mm
N80	M30;	程序结束
子程序		
N220	%002	子程序号
N230	G90 G01 Z44. A0. F600;	*A* 轴回零，*Z* 轴接近工件
N240	Z30.;	
N250	G91 G01 X0 Y0 Z-0.5 F200;	相对值编写，背吃刀量1 mm
N260	M98 P003 L1;	调用子程序003（一次）
N270	M99;	子程序结束

续表

子程序		
N220	%003	子程序号
N230	G90 G00 A0.；	A 轴回零
N240	G90 G01 X51.5 Y0. A133. F500；	绝对值编写程序 X 轴、A 轴联动
N250	G00 Z44.；	回到安全高度
N260	M99；	子程序结束

提示：

在操作过程中要注意上面所提到的四轴数控机床编程时的注意事项。

模块四

技能大赛样件加工

项目一　大赛样件加工（一）

项目目标

1. 根据零件加工的特点，理解零件的加工工艺方案。

2. 掌握零件的装夹方法。

项目描述

项目一是一件技能大赛的样件，如图 4—1—1 所示，正面是一个飞机的曲面造型，由斜面、椭圆曲面、型槽组成，底面有薄壁和凹槽，具有精度较高、装夹容易变形的特点。工件为 45 钢。毛坯尺寸为 120 mm×100 mm×30 mm，加工时间为 3 h。

项目分析

大赛样题一般都具有薄壁、曲面、凹槽、复杂轮廓、凸台等基本的形状要求，有些样题对样件的装夹有一定的要求，特别是在夹紧力、夹紧方向上都有要求，在几面加工的赛件中，要首先选取没有曲面的一面进行加工，这样在下道工序安装上相对容易些，项目一是市级赛的一个单一赛件，精度较高，两面加工，安装相对简单，使用刀具种类较多，在加工过程中，要进行多次对刀，孔要按照孔加工的基本方法进行加工。

项目知识与技能

技能比赛一般考核以下内容：

1. 考查选手对机械制图各种标准符号的识图、理解能力

比赛可以使用软件进行后置处理，这样大大地提高了赛件的加工难度，对选手的识图能力要求更高。由于加工难度的增加，在识图过程中需要综合考虑赛件的加工要素。

2. 考查选手合理运用切削参数的水平及其掌握程度

由于采用了软件编程，对选手的切削用量各种后置处理参数的使用有了新的要求，切削参数的合理性会影响加工进度。

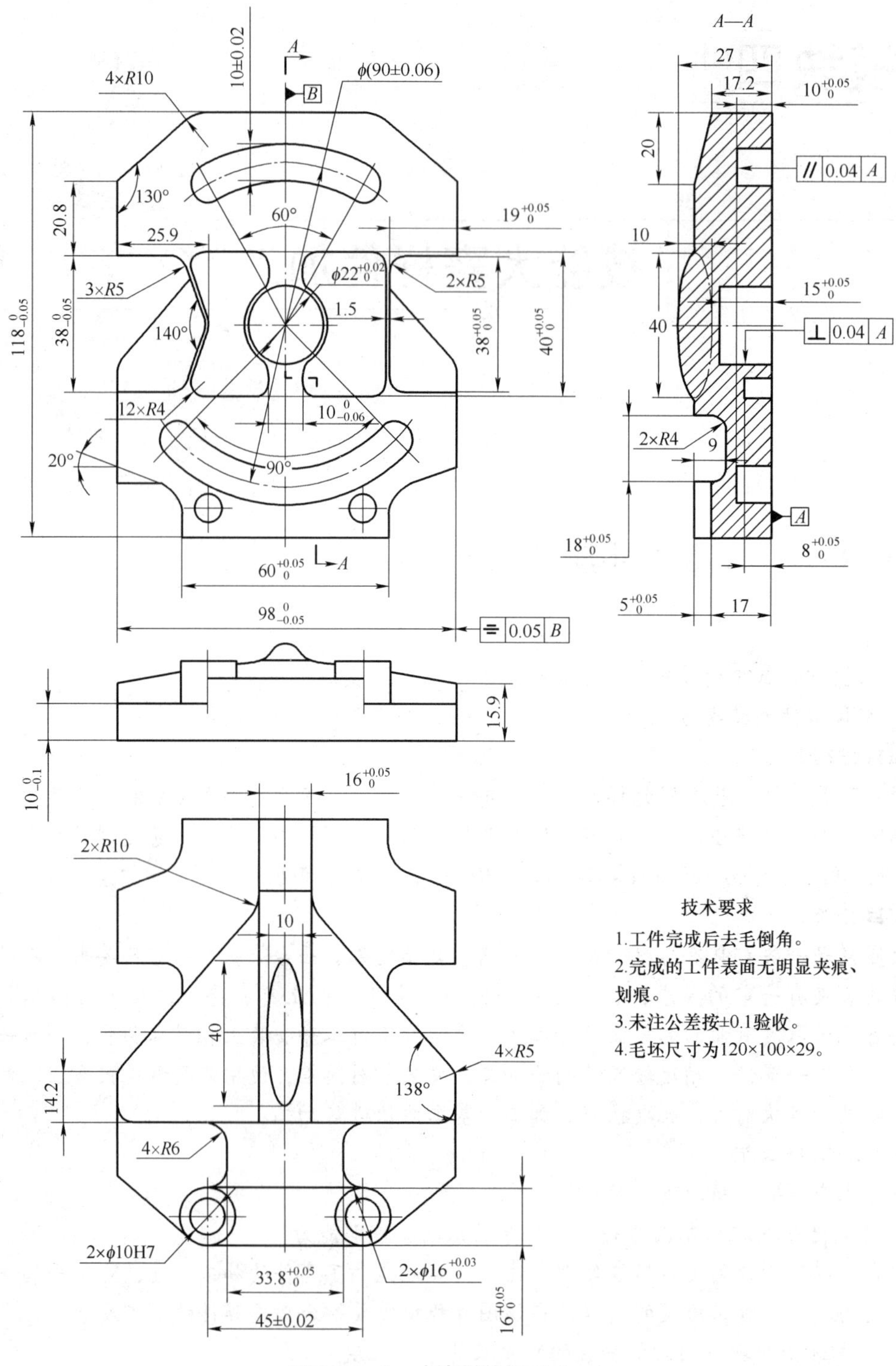

图4—1—1　大赛样件加工（一）

3. 考查选手装夹、找正工件等加工技能

赛件除了增加加工要素的难度，也增加了装夹和找正的难度，不规则的图形元素对找正有一定的影响，确定找正的位置可减少找正的次数。

4. 考查选手使用 CAXA 制造工程师软件的熟练程度

CAXA 制造工程师软件是本届比赛指定的软件，选手可以选择软件编程也可以选择手工编程，第一次使用软件进行比赛的选手使用的熟练程度将影响加工速度。

5. 考查选手在选择刀具、定位基准和考虑零件加工精度、表面粗糙度的要求、机床主轴刚度等方面的能力

选手在加工时要根据加工部位的不同选择相应的刀具，刀具选择不合理会影响零件加工精度、表面粗糙度等赛件的要求。

6. 考查选手减少刀具安装的伸出长度、工件安装位置的刚度等方面的考虑

合理选择刀具的安装长度、工件安装位置对快速加工有很大的帮助，选手在选择赛件安装的位置时要考虑 G54 工件坐标系的确定，要本着方便快捷的原则来确定赛件安装的位置。刀具的长度将影响切削用量的选择。

7. 考查选手按分值高低进行工艺安排的能力

比赛中要在同一加工面上尽量先完成分值较高的加工要素，在几个加工面的选择上应先选择分值较高的加工面进行加工。

项目实施

由于正面有飞机的曲面造型，加工底面时不容易找正，可以采用先加工反面再加工正面的加工方案。

一、底面加工工艺方案

（1）平口虎钳装夹毛坯，底面垫好垫铁。上表面进行平面找正。由于毛坯材料比较厚，用 ϕ100 mm 面铣刀将厚度加工到 29 mm，见表 4—1—1。

（2）用 ϕ16 mm 立铣刀进行对刀设 G54 的原点，对 118 mm × 98 mm 和与其相关的外形尺寸进行粗加工。

（3）用 ϕ8 mm 立铣刀对中间的型腔、圆槽、外侧的开放槽及两边的圆弧凹槽进行粗加工。

（4）用 ϕ8 mm 立铣刀对各轮廓进行精加工。

二、正面加工工艺方案

（1）平口虎钳装夹已加工好的底面，安装时注意夹紧力的大小，由于底面已加工完成，在装夹时虎钳钳口要垫铜皮以免夹伤表面。用 ϕ100 mm 面铣刀将厚度加工到 27 mm。

（2）用 ϕ8 mm 立铣刀进行对刀设 G54 的原点，对外轮廓及薄壁和两个圆进行粗加工。

（3）用 ϕ8 mm 立铣刀对各轮廓进行精加工。

（4）用 ϕ8 mm 球头铣刀对飞机各部分曲面进行分别加工，曲面精度不高的可以一次加工到尺寸。

表 4—1—1　　刀具及切削用量参考

刀具名称	刀具规格（mm）	材质	切削转速（r/min）	进给速度（mm/min）	背吃刀量（mm）
端铣刀	ϕ100	硬质合金	2 000	400	2
立铣刀	ϕ16	硬质合金	2 500	500	1
立铣刀	ϕ8	硬质合金	3 000	400	1
球头铣刀	ϕ8	硬质合金	3 000	400	1

项目二　大赛样件加工（二）

项目目标

1. 根据零件加工的特点，理解零件的加工工艺方案。
2. 掌握零件的装夹方法。

项目描述

项目二是一件技能大赛的试题，如图 4—2—1 所示，底面有薄壁和凹槽，具有精度较高、装夹容易变形的特点。工件为 45 钢。毛坯尺寸为 150 mm×100 mm×50 mm，加工时间为 3 h。

项目分析

大赛样题一般都具有较复杂的轮廓、凸台等基本的形状要求，有些样题会对样件的装夹有一定的要求，特别是在夹紧力、夹紧方向上都有要求，在多面加工的赛件中，要选取容易装夹并且装夹后不影响反面加工的面首先进行加工，装夹要考虑夹持面是否能承受足够的夹紧力。项目二是一个单一赛件，精度较高，两面加工，安装相对简单，使用刀具种类较多，在加工过程中，要进行多次对刀，孔要按照孔加工的基本方法进行加工。

项目实施

一、正面加工工艺方案

（1）平口虎钳装夹毛坯，底面垫好垫铁。上表面进行平面找正。由于毛坯材料较厚，用 ϕ100 mm 面铣刀将厚度加工到 49 mm，见表 4—2—1。

（2）用 ϕ16 mm 立铣刀进行对刀设 G54 的原点，对 148 mm 及圆弧组成的最外轮廓、130 mm×84 mm、六方台阶及两条状凸台外形尺寸进行粗加工。

（3）加工 ϕ12 mm 的孔。

（4）用 ϕ10 mm 立铣刀对各个已粗加工轮廓进行精加工。

（5）用 ϕ6 mm 立铣刀对两条状凸台、小的六方凹槽进行粗加工和精加工。

（6）倒角刀对六方进行倒角。

二、反面加工工艺方案

1. 平口虎钳装夹已加工好的底面，安装时注意夹紧力的大小，由于底面已加工完成，在装夹时虎钳钳口要垫铜皮以免夹伤表面。用 ϕ100 mm 的面铣刀将厚度加工到 47 mm。

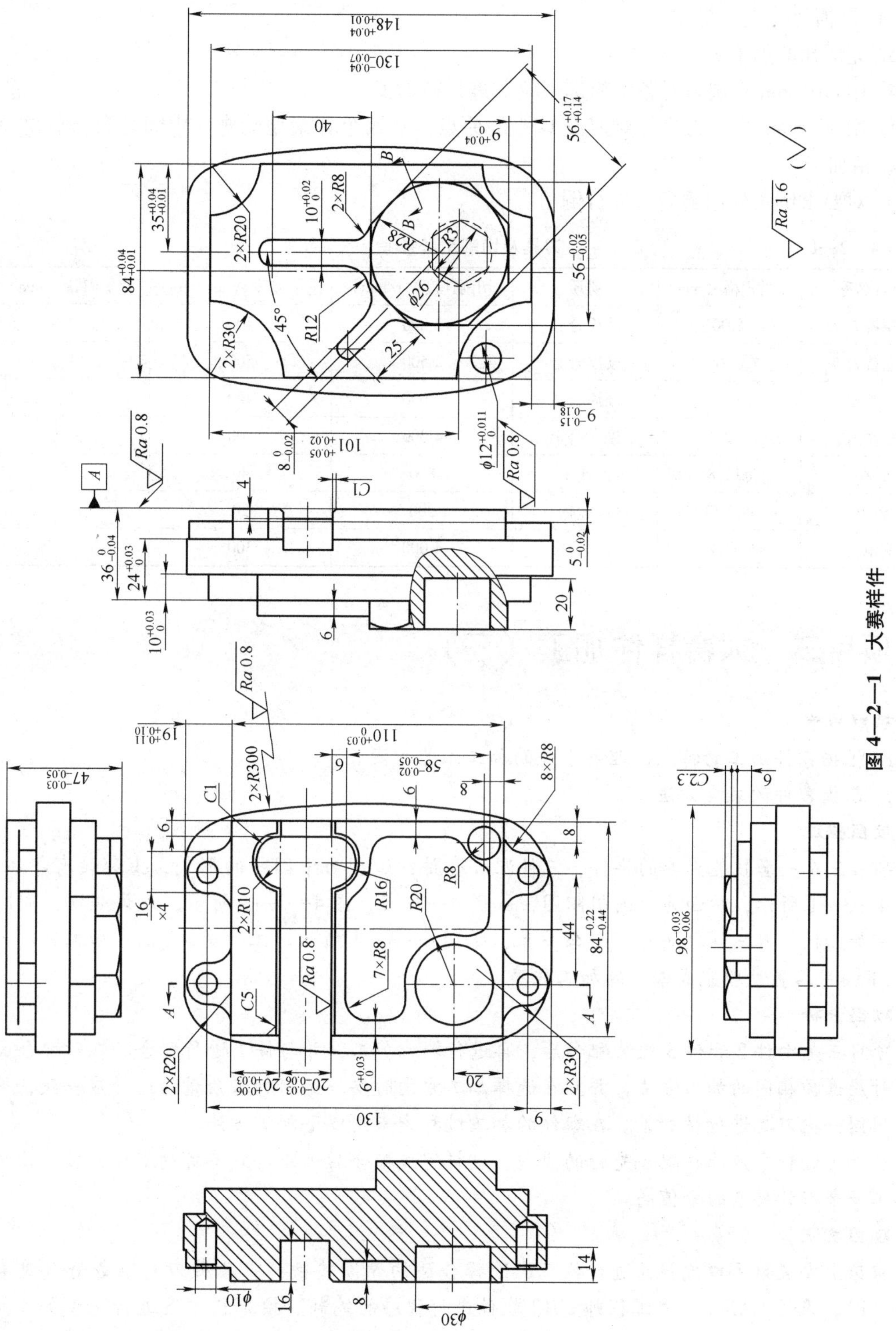

图 4—2—1 大赛样件

2. 用 ϕ16 mm 立铣刀进行对刀设 G54 的原点，对 110 mm × 84 mm 外形、20 mm 宽槽、*R*20 mm 圆槽尺寸进行粗加工。

3. 完成孔的加工工序。

4. 用 ϕ10 mm 立铣刀对各已粗加工轮廓进行精加工。

5. 用 ϕ10 mm 立铣刀进行对刀设 G54 的原点，对四个耳朵型轮廓、中间复杂槽轮廓进行粗、精加工。

6. 对要求倒角处用倒角刀进行倒角。

表 4—2—1　　刀具及切削用量参考

刀具名称	刀具规格（mm）	材质	切削速度（r/min）	进给速度（mm/min）	背吃刀量（mm）
端铣刀	ϕ100	硬质合金	2 000	400	2
立铣刀	ϕ16	硬质合金	2 500	500	1
立铣刀	ϕ10	硬质合金	3 000	400	1
立铣刀	ϕ6	硬质合金	4 000	500	
钻头	ϕ11.8	高速钢	800	40	
铰刀	ϕ12H7	高速钢	200	30	
倒角刀	ϕ6（90°）	硬质合金	4 000	300	

项目三　大赛样件加工（三）

项目目标

1. 根据零件加工的特点，理解零件的加工工艺方案。

2. 掌握零件的装夹方法。

项目描述

项目三是一套技能大赛的样件，三件配合套件，造型为中国印的形式，上部设有印纽，如图 4—3—1 所示，印面为中国阴阳图，如图 4—3—2、图 4—3—3 所示，设计美观，同时具有可加工性，且三件之间具有配合关系，如图 4—3—4 所示。工件为 45 钢。加工时间为 5 h，下面用后置处理完成零件的加工程序。

项目分析

项目三是由件 2 和件 3 组装配合后，再进行轮廓加工，并与件 1 进行配合。在对配合面加工时应选择相同的加工方法，并且在选择加工方向时要一致。加工余量的选择应一致，尽量采用同一把刀具进行精加工。在零件的加工过程中采用以下加工方法。

在加工过程中应选择配合先行的原则，这样完成配合后可以得到赛件的配合分数，比单纯加工一个形状要素的分值高。

项目实施

机床上安装好平口虎钳并进行找正，选择合适的等高垫铁，将各种刀具准备好（见表 4—3—1），采用 CAXA 制造工程师 2013 软件进行程序的编制。按工艺方案进行逐步加工完成零件。

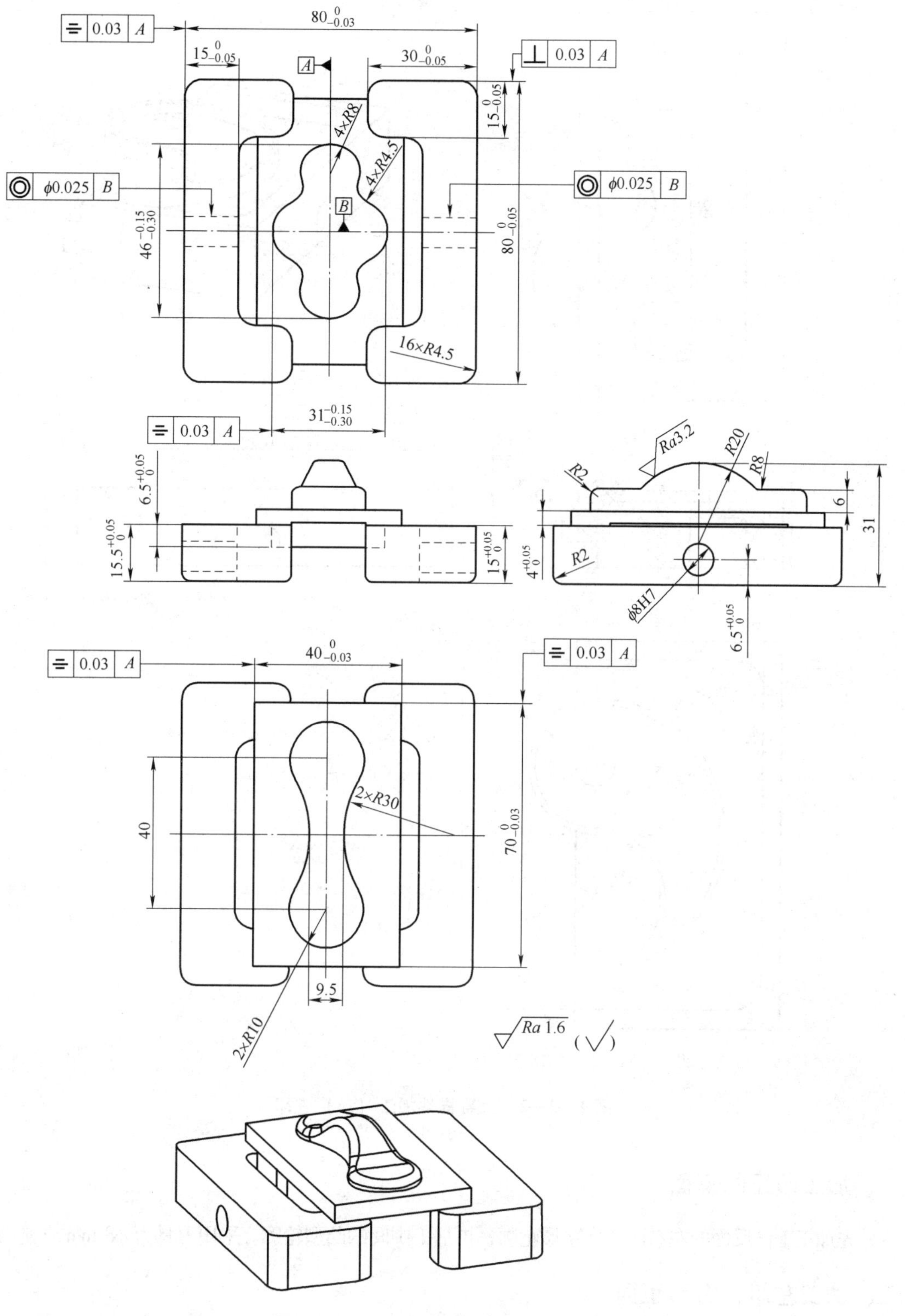

图 4—3—1 大赛样件加工（三）印纽

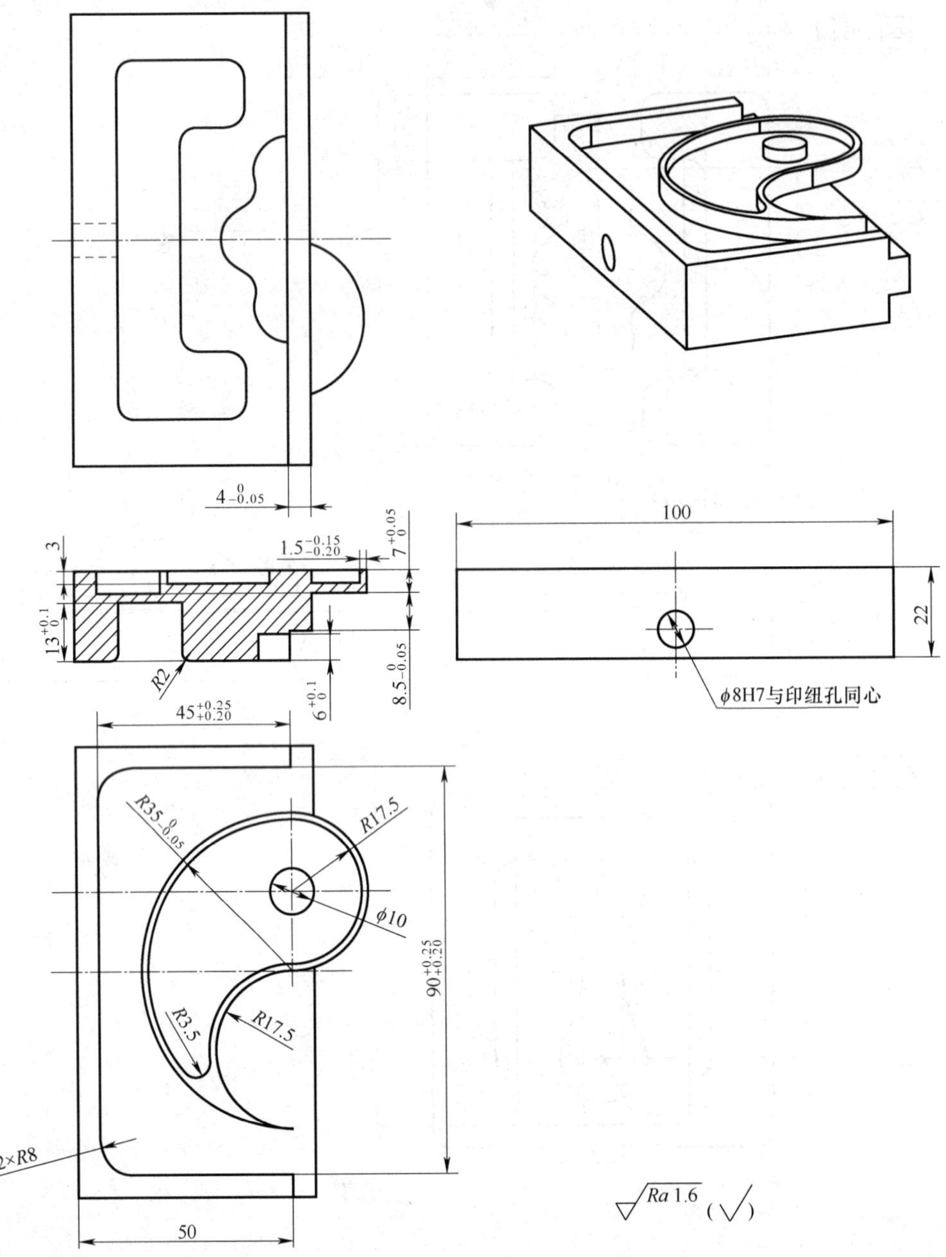

图 4—3—2　大赛样件加工（三）左印

一、加工印纽的反面

先加工工件反面的左右两个弓字形轮廓，再加工中间的凸型轮廓。采用刀具为 ϕ8 mm 立铣刀。

二、加工左印、右印正面

（1）先加工 U 字形轮廓，再加工太极轮廓和中间的圆柱及凹台。采用刀具为 ϕ8 mm 立铣刀。

（2）加工零件侧面，零件侧面装夹在平口虎钳上，进行太极侧面的浅台和立面的加工。采用刀具为 ϕ8 mm 立铣刀。

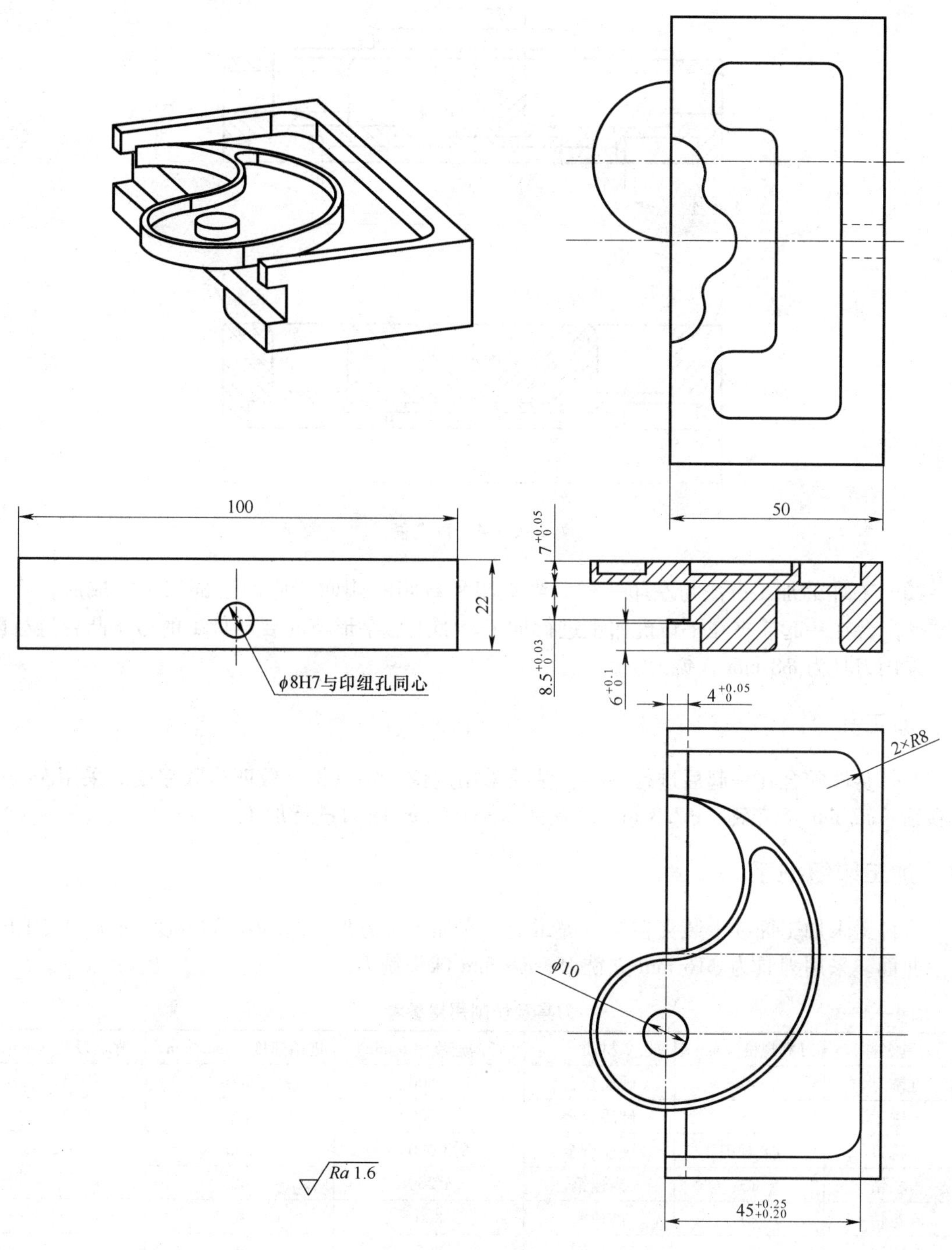

图 4—3—3　大赛样件加工（三）右印

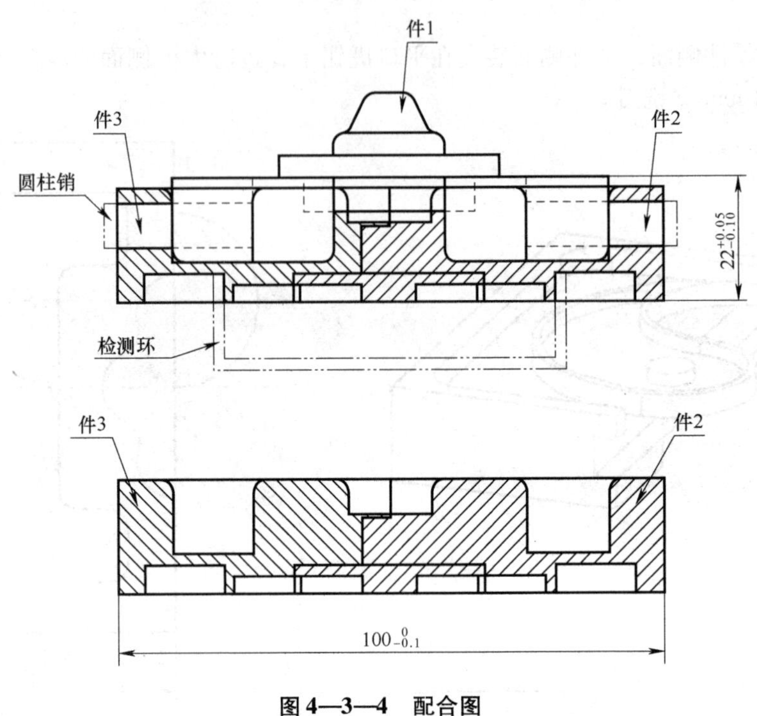

图 4—3—4　配合图

（3）右印的加工方法与左印一样。当左印和右印的侧面与底面全部加工完成后，将两个零件配合在一起装夹在平口虎钳上进行加工，加工弓字形槽时要与件 1 的弓字凸台进行配作。采用刀具为 ϕ8 mm 立铣刀。

三、加工孔

三件赛件配合在一起后进行钻孔，钻孔采用定位、钻、扩、铰四步骤完成。采用ϕ3 mm 中心钻、ϕ7 mm 麻花钻、ϕ7. 8 mm 麻花钻、ϕ8H7 mm 铰刀进行加工。

四、加工印纽把手

将件 1 未加工面朝上装夹在平口虎钳上，先加工长方形，再加工 8 字形，最后加工印纽把手曲面。采用刀具为 ϕ16 mm 立铣刀、ϕ8 mm 球头铣刀。

表 4—3—1　　刀具及切削用量参考

刀具名称	刀具规格（mm）	材质	切削速度（r/min）	进给速度（mm/min）	背吃刀量（mm）
立铣刀	ϕ16	硬质合金	2 500	500	1
立铣刀	ϕ8	硬质合金	3 000	400	1
立铣刀	ϕ8 球刀	硬质合金	3 000	500	0. 2
中心钻	ϕ3	高速钢	1 200	40	
麻花钻	ϕ7	高速钢	800	40	
麻花钻	ϕ7. 8	高速钢	800	40	
铰刀	ϕ8H7	高速钢	200	40	

项目四　大赛样件加工（四）

项目目标

1. 掌握根据不同零件选用不同加工方法的技能。

2. 掌握配合件的加工工艺。

项目描述

项目四是一套技能大赛的样件，三件配合套件，有五种配合的方法，工件为45钢，毛坯尺寸 ϕ110 mm×50 mm 两块，ϕ70 mm×30 mm 一块。加工时间为5 h，用后置处理完成零件的加工程序。如图4—4—1、图4—4—2、图4—4—3、图4—4—4 所示。

项目分析

此样题是三件配合套件，并且有五种配合的方法，如图4—4—4 为配合图。在对配合面加工时应选择相同的加工方法，并且在选择加工方向时要一致。加工余量的选择也应一致。尽量采用同一把刀具进行精加工，采用先粗后精的原则，先进行粗加工，再进行精加工，这样可确保尺寸精度，并且可以减少换刀次数。

项目知识与技能

五种装配形式对单件加工精度要求较高，否则将影响配合。圆柱销配合形式对加工要求较高，件3 加工位置基准、件1 与件2 销孔的加工精度影响配合精度。

件3 在这套赛题配合部分起决定作用，该样件与其他两个样件之间都有单独的配合，并且在三件上下连配时属于定位限制的限位块，如该样件四个轮廓完成质量较差时，不能完成三件之间的配合，同时也会影响最后的圆柱销配合。由于件3 体积较小，在适配时可以用件3 作为基准件与其他两件进行互配，并完成最后的配合关系，以确保赢得较好的配合分数。

项目实施

一、按单件加工的工艺方案

1. 件1 的加工方案

（1）加工工件侧面。使用刀具为 ϕ80 mm 端铣刀和 ϕ10 mm 立铣刀，先将平面用端铣刀加工好后再用立铣刀加工凹型轮廓。

工件两侧都有此凹型轮廓，另一面需要重新装夹和对刀，可采用相同的工艺进行加工。

（2）将工件竖立装夹在平口虎钳上，装夹面为刚才已加工过的两个侧面，分别加工外圆轮廓、六边形轮廓、孔和圆角，采用 ϕ20 mm 立铣刀和 ϕ10 mm 球头铣刀。

（3）将工件翻面，加工两个凹型腔及两个腰形凸台。采用 ϕ20 mm 立铣刀和 ϕ10 mm 立铣刀。

2. 件2 的加工方案

（1）以工件的底面为粗基准装夹在平口虎钳上，使待加工部分伸出虎钳钳口 20 mm 左右。工件中心为 G54 原点对刀，分别加工凹型腔和两个腰形槽，采用 ϕ20 mm 立铣刀、ϕ10 mm立铣刀和 ϕ6 mm 立铣刀进行加工。

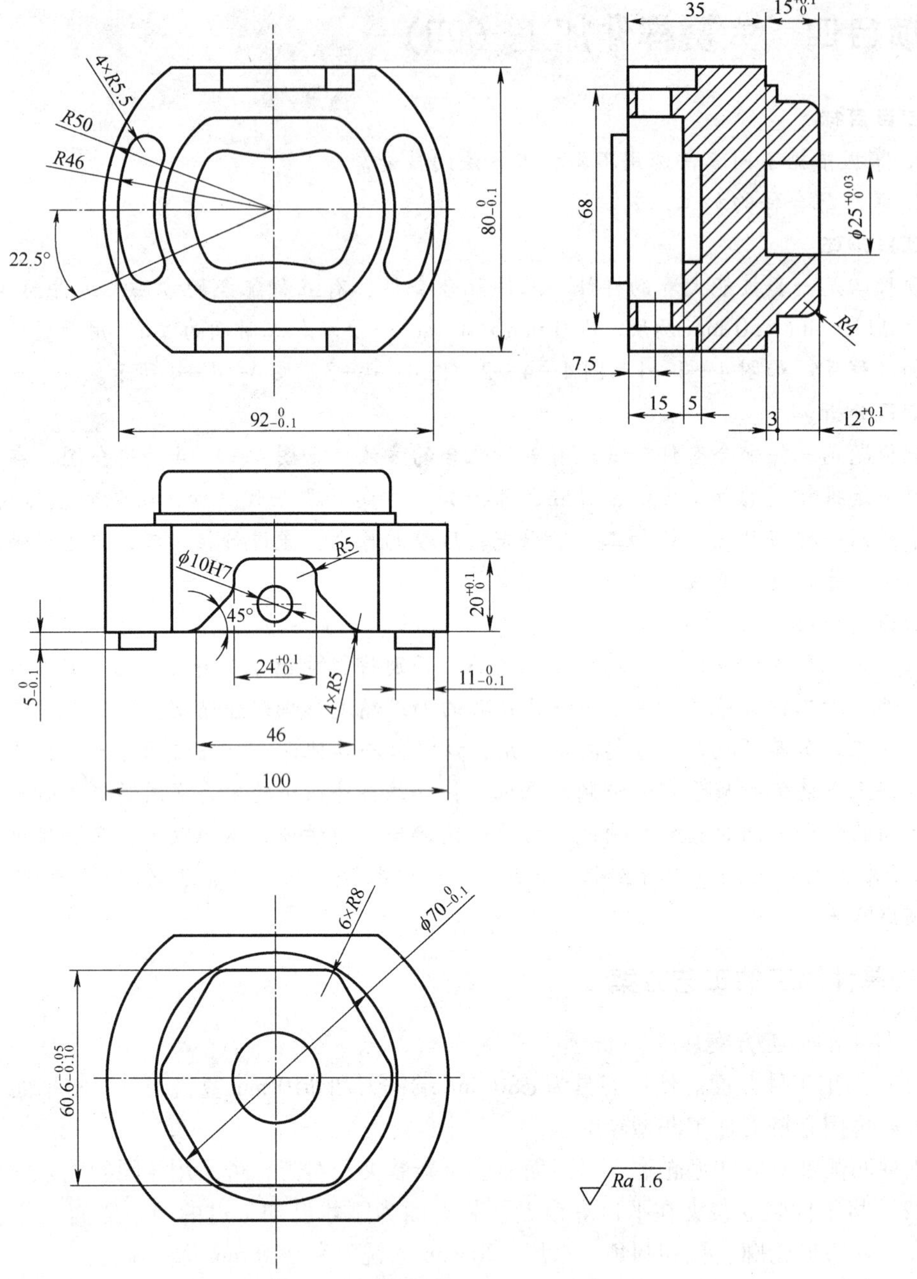

图4—4—1 大赛样件加工（四）样件一

（2）装夹工件侧面，以底面为基准，加工耳朵和凸型轮廓，然后翻面用同样的方法加工另一面，采用 ϕ10 mm 立铣刀和 ϕ6 mm 立铣刀进行加工，在加工两侧耳朵时深度要大于实际深度，这样有利于下次加工。

（3）将工件朝上装夹在平口虎钳上，加工耳朵中间部分和十字轮廓及圆，采用 ϕ20 mm 立铣刀、ϕ10 mm 立铣刀和 ϕ6 mm 立铣刀进行加工。

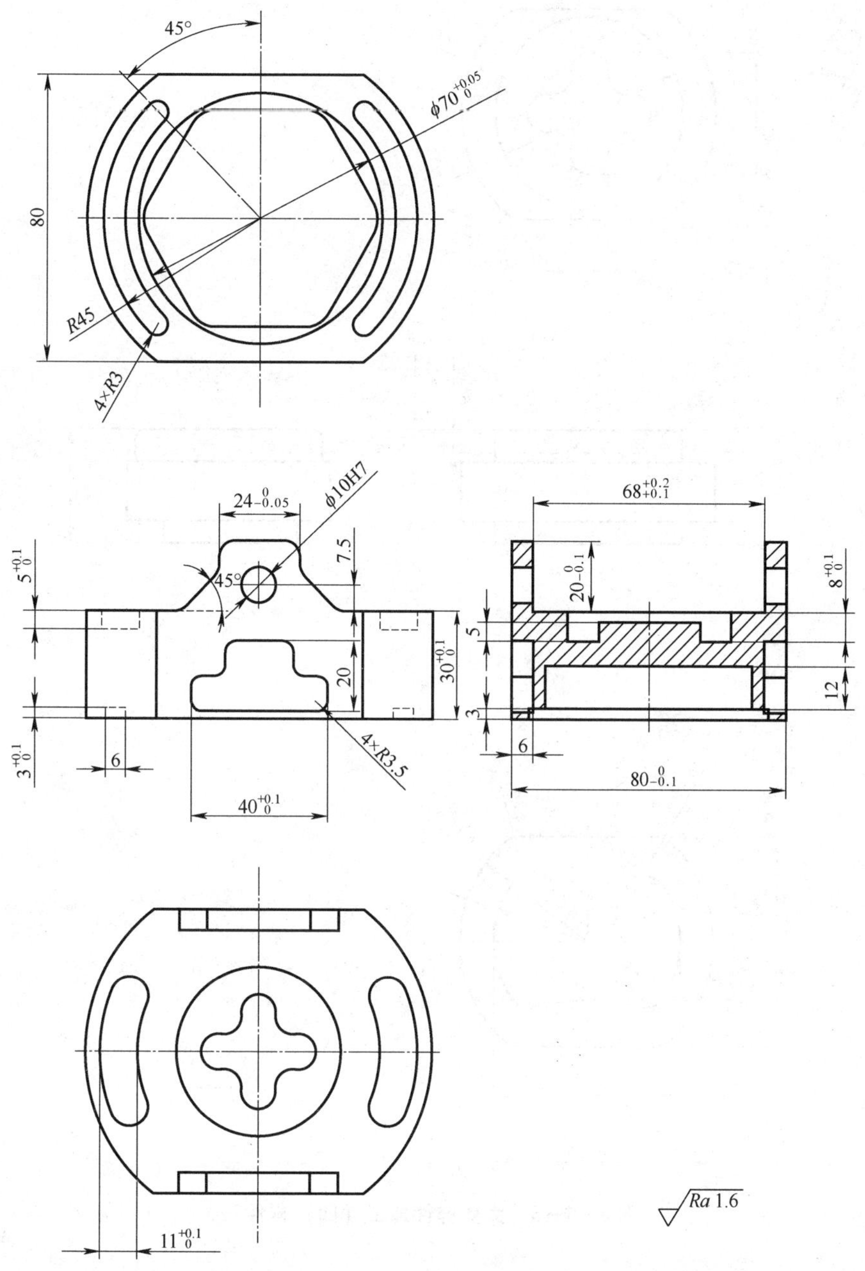

图 4—4—2 大赛样件加工（四）样件二

3. 件 3 的加工方案

工件装夹在平口虎钳上，伸出钳口部分要高于中间台的深度，工件中心为 G54 原点，加工腰形台及中间图形，再翻面加工十字轮廓、圆和圆角，采用 ϕ20 mm 立铣刀、ϕ10 mm 立铣刀和 ϕ10 mm 球头铣刀进行加工。

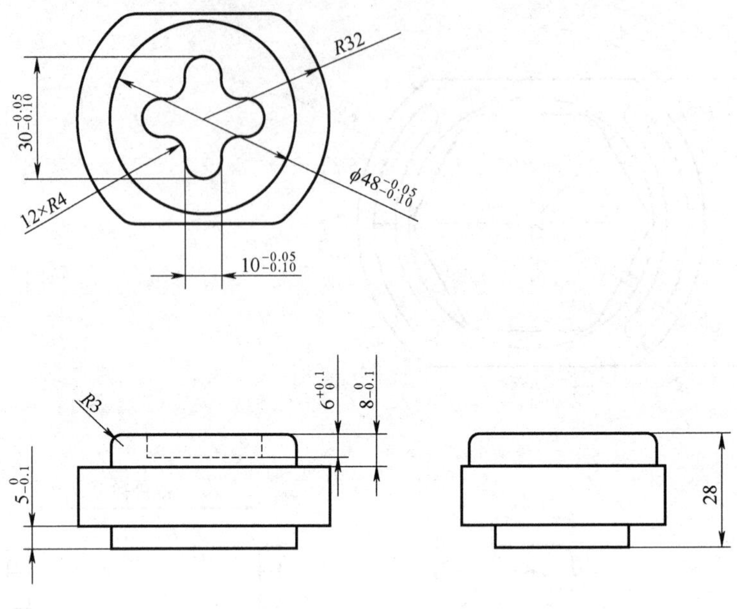

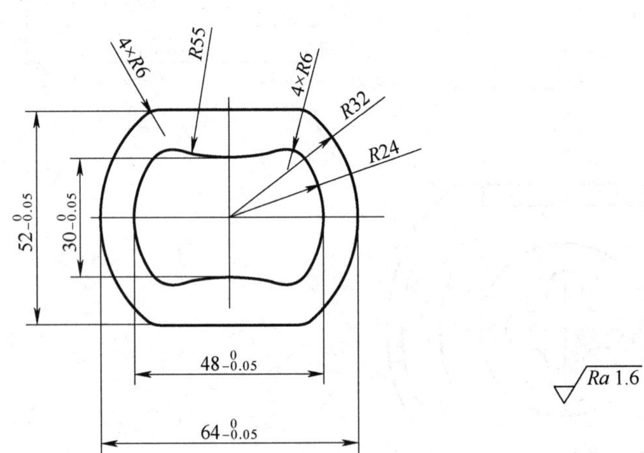

图 4—4—3　大赛样件加工（四）样件三

二、按配合的加工方案

如按配合原则加工，则先加工件3，再加工件1，最后加工件2。件3 作为配合的基准件应先进行加工，件 1 的两侧有耳朵形凹台，在加工时要两面翻转进行加工，不好进行配合，应先进行加工，然后与件 2 两个耳朵形凸台进行配合，这样便于加工。

其单件加工步骤与按单件加工方案一样，不再进行介绍。

三个工件完成后，将件 2 和件 3 配合在一起进行钻孔，钻孔采用定位、钻、扩、铰四个步骤。

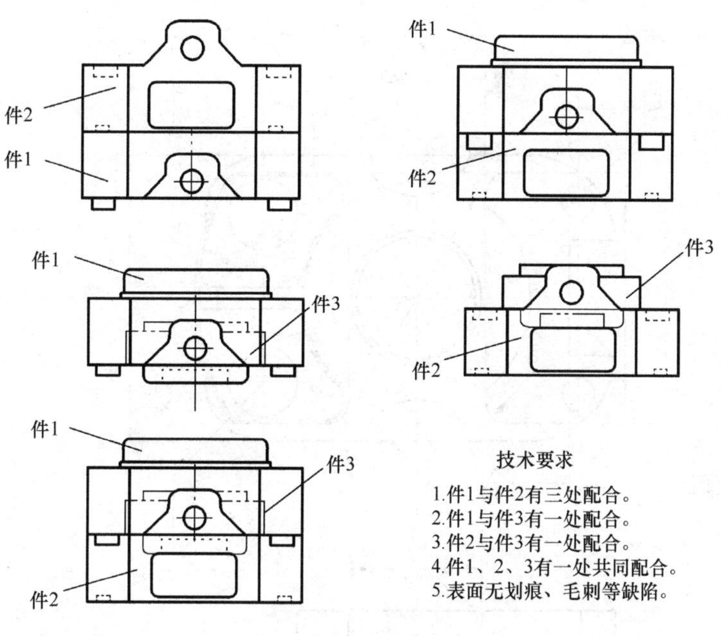

图 4—4—4 配合图

表 4—4—1 为刀具及切削用量参考。

表 4—4—1 刀具及切前用量参考

刀具名称	刀具规格（mm）	材质	切削速度（r/min）	进给速度（mm/min）	背吃刀量（mm）
端铣刀	ϕ80	硬质合金	2 000	400	2
立铣刀	ϕ20	硬质合金	2 500	500	1
立铣刀	ϕ10	硬质合金	3 000	400	1
立铣刀	ϕ6	硬质合金	3 500	500	0. 5
球头铣刀	ϕ10	硬质合金	3 000	500	0. 2
中心钻	ϕ3	高速钢	1 200	40	
麻花钻	ϕ8. 5	高速钢	800	40	
麻花钻	ϕ9. 8	高速钢	800	40	
铰刀	ϕ10H7	高速钢	200	40	

项目五　大赛样件加工（五）

项目目标

1. 根据零件的加工特点，掌握零件的工艺方案。
2. 掌握零件的装夹方法。

项目描述

项目五是一件技能大赛的样件，如图 4—5—1 所示，工件精度较高，有些轮廓上有几个不同的公差要求。工件为 45 钢。毛坯尺寸为 100 mm × 150 mm × 50 mm，加工时间为 3 h。

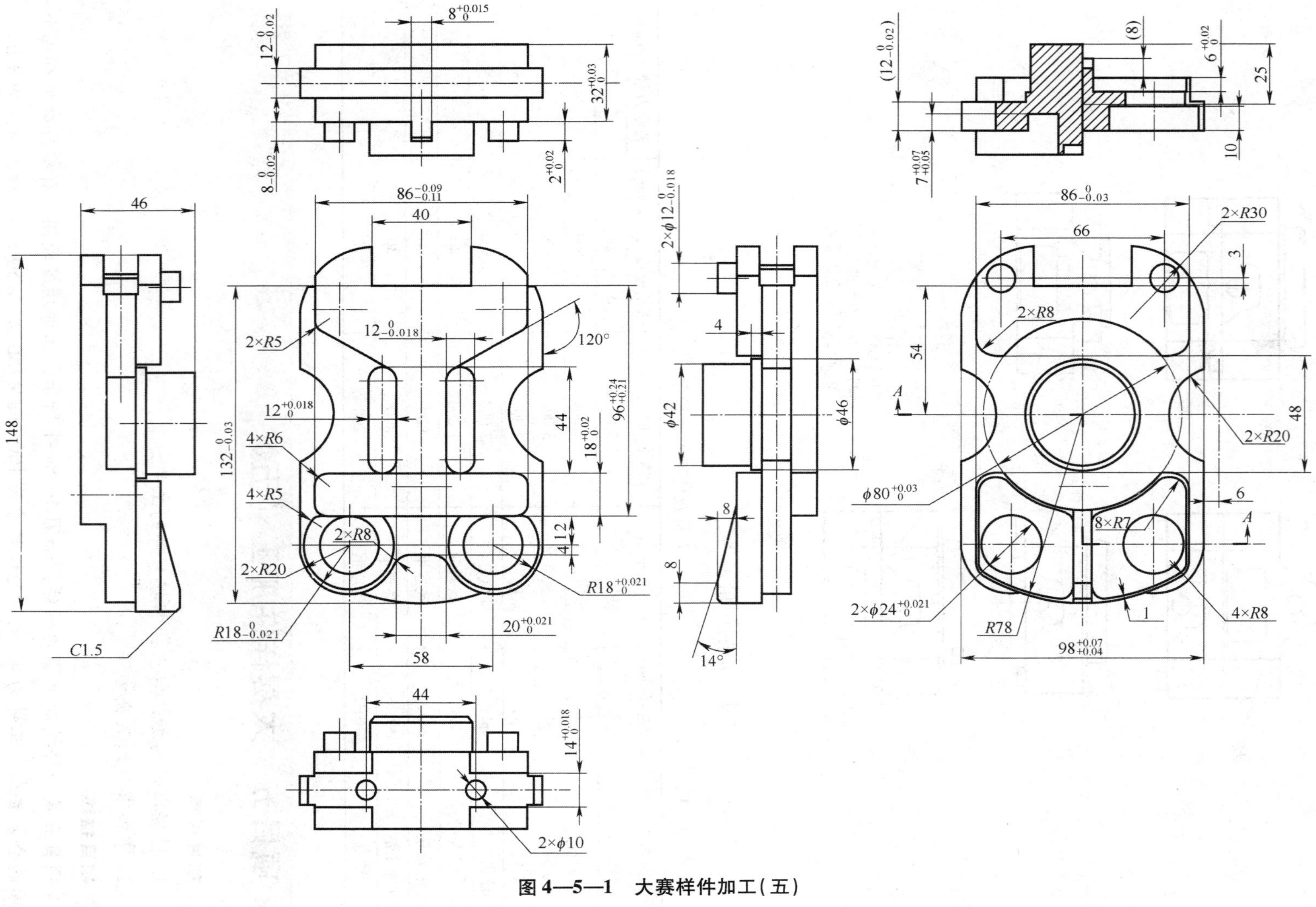

图 4—5—1 大赛样件加工（五）

项目分析

大赛样题一般都具有复杂的轮廓和工艺安排的过程，对于复杂的零件图一般使用刀具种类较多，在加工过程中，要进行多次的对刀，孔要按照孔加工的基本方法进行加工。在有曲面加工的赛件中，要首先选取没有曲面的一面进行加工，这样在下道工序安装上相对容易些，项目五是一个单一赛件，精度较高，三面加工，安装相对简单，使用刀具种类较多，在加工过程中，要进行多次的对刀，孔要按照孔加工的基本方法进行加工。

项目实施

一、正面加工工艺方案

（1）平口虎钳装夹毛坯，底面垫好垫铁。上表面进行平面找正。由于毛坯材料较厚，用 ϕ100 mm 面铣刀将厚度加工到 46 mm。

（2）用 ϕ16 mm 立铣刀进行对刀设 G54 的原点，对 148 mm × 98 mm 外形尺寸、两头的外形凸台、中间 ϕ42 圆的外形尺寸及 8 mm 高的斜面、ϕ24 mm 圆孔、ϕ12 mm 两个小的圆柱台进行粗加工。

（3）用 ϕ10 mm 立铣刀对各个轮廓进行精加工。

（4）用合适尺寸的倒角刀进行倒角。

二、反面加工工艺方案

（1）平口虎钳装夹已加工好的底面，安装时注意夹紧力的大小，由于底面已加工完成，在装夹时虎钳钳口要垫铜皮以免夹伤表面。用 ϕ100 mm 的面铣刀将厚度加工到 46 mm。

（2）用 ϕ16 mm 立铣刀进行对刀设 G54 的原点，对 96 mm × 86 mm、R18 圆台、R20 外形尺寸进行粗加工。

（3）用 ϕ10 mm 的立铣刀加工中间的两条形槽。

（4）用 ϕ10 mm 的立铣刀对已粗加工的各轮廓进行精加工。

三、侧面加工工艺方案

（1）用 ϕ10 mm 立铣刀对中间 14 mm 槽进行粗、精加工。

（2）对 ϕ10 mm 的孔进行加工。

刀具及切削用量参考见表 4—5—1。

表 4—5—1　　刀具及刀削用量参考

刀具名称	刀具规格（mm）	材质	切削速度（r/min）	进给速度（mm/min）	背吃刀量（mm）
端铣刀	ϕ100	硬质合金	2 000	400	2
立铣刀	ϕ16	硬质合金	2 500	500	1
立铣刀	ϕ10	硬质合金	3 000	400	1
立铣刀	ϕ6	硬质合金	4 000	500	
钻头	ϕ10	高速钢	800	40	
90°倒角刀	ϕ6	硬质合金	4 000	300	

模块五

实 战 篇

项目 打孔机制作

项目目标

1. 掌握圆弧齿轮、齿条的加工方法。
2. 掌握圆弧齿轮、齿条的配合间隙的调整方法。
3. 掌握装配的要求。

项目描述

如图5—1—1所示是一台小型的手动打孔器，主要用于书本、试卷、卷宗、报纸等纸质物品的装订，采用圆弧齿轮、齿条的配合完成由圆周运动到直线运动的转换，采用了轴承配合、销配合、螺栓连接等方法组装在一起。本项目中对圆弧齿轮、齿条的加工方法进行分析，图样如图5—1—2、图5—1—3所示。

项目知识与技能

圆弧齿廓是指齿廓形状呈圆弧状。根据圆弧制造的齿形也是有各式各样的，通过齿条和小齿轮配合，齿条的线性平移会引起小齿轮做圆周旋转，反之亦然。在配合中，圆弧齿轮、齿条配合相对啮合精度较低，这样便于零件的加工与装配，圆弧齿轮、齿条的应用也相当广泛，适用于各种精度不高的旋转运动与直线运动的变换部件，如图5—1—4所示。

项目实施

一、圆弧齿轮的加工工艺方案

（1）圆弧齿轮的毛坯是已经加工过的半成品。可做一个与内方孔相配合的心轴，在数控机床工作台上安装一个三爪卡盘，找正后，夹持心轴，用心轴进行G54的设定，设定好后，安装半成品毛坯。

图 5—1—1　手动打孔器

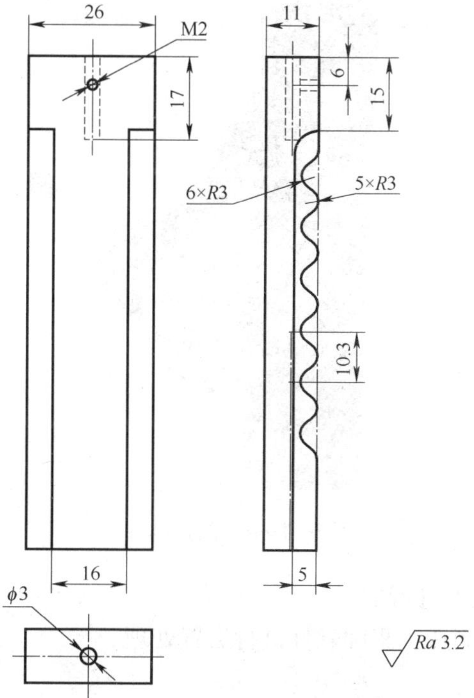

图 5—1—2　手动打孔器齿条图样

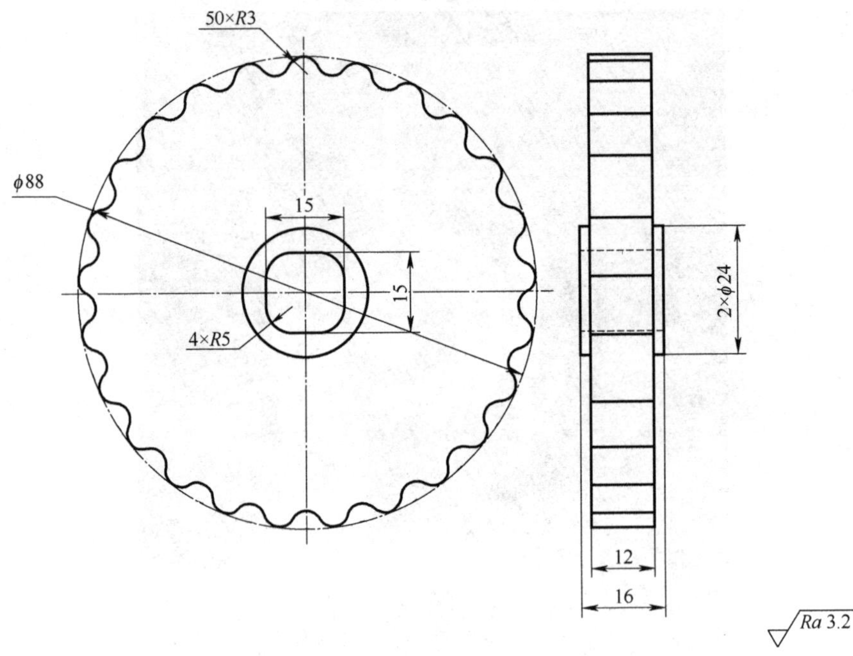

图 5—1—3　手动打孔器圆弧齿轮图样

图 5—1—4　圆弧齿廓

（2）选用 ϕ5 mm 立铣刀进行加工。

（3）程序采用 CAXA 制造工程师软件进行后置处理。

二、齿条的加工工艺方案

（1）先进行齿条外形加工，选用 ϕ16 mm 立铣刀进行加工，加工成 11 mm × 26 mm 的长方形，长度可根据需要自定。

（2）将长方形竖着装夹在平口虎钳上，选用 ϕ3 mm 麻花钻打孔。

（3）将长方形平放装夹在平口虎钳上，选用 ϕ2.3 mm 麻花钻打 M3 mm 底孔，并攻螺纹。选用 ϕ5 mm 球头铣刀加工圆弧齿面。

（4）将长方形已加工好的齿面竖放装夹在平口虎钳上，选用 ϕ5 mm 立铣刀加工 5 mm 阶台。然后，翻面再加工另一侧的阶台。

三、装配方案

（1）在加工悬臂时应注意圆弧齿轮孔中心到齿条之间的距离，这个距离影响圆弧齿轮与齿条间的啮合度和传动精度。

（2）装配时要注意各配合间隙。

（3）两悬臂在装配时应注意位置精度，减小配合之间的误差。

附录　铣削切削用量选择表

刀具：立铣刀（条件：粗铣）

材料	铣削平面及凸台				铣削槽			
	背吃刀量 (mm)	铣削速度 v (m/min)	铣刀直径 d_0 (mm)	每齿进给量 f_z (mm/z)	背吃刀量 (mm)	铣削速度 v (m/min)	槽宽 d_0 (mm)	每齿进给量 f_z (mm/z)
低碳钢 125 ~ 225HBW	0. 5	52 ~ 64	10	0. 025	0. 75	30 ~ 34	10	0. 025
	1. 5	38 ~ 49	10	0. 05	3	29 ~ 32	10	0. 038
	$d_0/4$	34 ~ 43	10	0. 025	$d_0/2$	26 ~ 29	10	0. 018 ~ 0. 025
	$d_0/2$	20 ~ 37	10	0. 018	d_0	21 ~ 24	10	0. 013
	0. 5	52 ~ 64	12	0. 05	0. 75	30 ~ 34	12	0. 038
	1. 5	38 ~ 49	12	0. 075	3	29 ~ 32	12	0. 063
	$d_0/4$	34 ~ 43	12	0. 05	$d_0/2$	26 ~ 29	12	0. 038
	$d_0/2$	20 ~ 37	12	0. 025	d_0	21 ~ 24	12	0. 025
	0. 5	52 ~ 64	18	0. 075 ~ 0. 102	0. 75	30 ~ 34	18	0. 075
	1. 5	38 ~ 49	18	0. 102 ~ 0. 13	3	29 ~ 32	18	0. 102
	$d_0/4$	34 ~ 43	18	0. 075 ~ 0. 102	$d_0/2$	26 ~ 29	18	0. 063
	$d_0/2$	20 ~ 37	18	0. 05 ~ 0. 075	d_0	21 ~ 24	18	0. 05
	0. 5	52 ~ 64	25 ~ 50	0. 102 ~ 0. 13	0. 75	30 ~ 34	25 ~ 50	0. 102
	1. 5	38 ~ 49	25 ~ 50	0. 13 ~ 0. 15	3	29 ~ 32	25 ~ 50	0. 13
	$d_0/4$	34 ~ 43	25 ~ 50	0. 102 ~ 0. 13	$d_0/2$	26 ~ 29	25 ~ 50	0. 089
	$d_0/2$	20 ~ 37	25 ~ 50	0. 075 ~ 0. 102	d_0	21 ~ 24	25 ~ 50	0. 075
中碳钢 175 ~ 275HBW	0. 5	34 ~ 49	10	0. 025	0. 75	26 ~ 29	10	0. 018
	1. 5	26 ~ 37	10	0. 05	3	24 ~ 27	10	0. 025
	$d_0/4$	23 ~ 32	10	0. 025	$d_0/2$	21 ~ 24	10	0. 013
	$d_0/2$	20 ~ 27	10	0. 018	d_0	18 ~ 20	10	
	0. 5	34 ~ 49	12	0. 05	0. 75	26 ~ 29	12	0. 025 ~ 0. 038
	1. 5	26 ~ 37	12	0. 075	3	24 ~ 27	12	0. 05 ~ 0. 063
	$d_0/4$	23 ~ 32	12	0. 05	$d_0/2$	21 ~ 24	12	0. 025
	$d_0/2$	20 ~ 27	12	0. 025	d_0	18 ~ 20	12	0. 018
	0. 5	34 ~ 49	18	0. 075	0. 75	26 ~ 29	18	0. 05 ~ 0. 075
	1. 5	26 ~ 37	18	0. 102	3	24 ~ 27	18	0. 075 ~ 0. 102
	$d_0/4$	23 ~ 32	18	0. 075	$d_0/2$	21 ~ 24	18	0. 05

续表

材料	铣削平面及凸台				铣削槽			
	背吃刀量（mm）	铣削速度 v（m/min）	铣刀直径 d_0（mm）	每齿进给量 f_z（mm/z）	背吃刀量（mm）	铣削速度 v（m/min）	槽宽 d_0（mm）	每齿进给量 f_z（mm/z）
中碳钢 175~275HBW	$d_0/2$	20~27	18	0.05	d_0	18~20	18	0.038
	0.5	34~49	25~50	0.102	0.75	26~29	25~50	0.075~0.102
	1.5	26~37	25~50	0.13	3	24~27	25~50	0.102~0.13
	$d_0/4$	23~32	25~50	0.102	$d_0/2$	21~24	25~50	0.075
	$d_0/2$	20~27	25~50	0.075	d_0	18~20	25~50	0.063
高碳钢 175~275HBW	0.5	32~46	10	0.025	0.75	24~27	10	0.018
	1.5	24~34	10	0.05	3	23~26	10	0.025
	$d_0/4$	21~29	10	0.025	$d_0/2$	20~23	10	0.013
	$d_0/2$	18~24	10	0.018	d_0	17~18	10	
	0.5	32~46	12	0.05	0.75	24~27	12	0.025
	1.5	24~34	12	0.075	3	23~26	12	0.05
	$d_0/4$	21~29	12	0.05	$d_0/2$	20~23	12	0.025
	$d_0/2$	18~24	12	0.025	d_0	17~18	12	0.018
	0.5	32~46	18	0.075	0.75	24~27	18	0.063
	1.5	24~34	18	0.102	3	23~26	18	0.089
	$d_0/4$	21~29	18	0.075	$d_0/2$	20~23	18	0.05
	$d_0/2$	18~24	18	0.05	d_0	17~18	18	0.038
	0.5	32~46	25~50	0.102	0.75	24~27	25~50	0.089
	1.5	24~34	25~50	0.13	3	23~26	25~50	0.102
	$d_0/4$	21~29	25~50	0.102	$d_0/2$	20~23	25~50	0.075
	$d_0/2$	18~24	25~50	0.075	d_0	17~18	25~50	0.063
合金钢（低碳）125~225HBW	0.5	37~38	10	0.025	0.75	27~30	10	0.025
	1.5	27~29	10	0.05	3	26~29	10	0.025
	$d_0/4$	24~26	10	0.038	$d_0/2$	23~26	10	0.018
	$d_0/2$	21~23	10	0.025	d_0	18~21	10	0.013
	0.5	37~38	12	0.05	0.75	27~30	12	0.038
	1.5	27~29	12	0.075	3	26~29	12	0.063
	$d_0/4$	24~26	12	0.05	$d_0/2$	23~26	12	0.038
	$d_0/2$	21~23	12	0.038	d_0	18~21	12	0.025
	0.5	37~38	18	0.075~0.102	0.75	27~30	18	0.075
	1.5	27~29	18	0.102~0.13	3	26~29	18	0.102
	$d_0/4$	24~26	18	0.075~0.102	$d_0/2$	23~26	18	0.063
	$d_0/2$	21~23	18	0.05~0.075	d_0	18~21	18	0.05

续表

材料	铣削平面及凸台				铣削槽			
	背吃刀量（mm）	铣削速度 v（m/min）	铣刀直径 d_0（mm）	每齿进给量 f_z（mm/z）	背吃刀量（mm）	铣削速度 v（m/min）	槽宽 d_0（mm）	每齿进给量 f_z（mm/z）
合金钢（低碳）125～225HBW	0.5	37～38	25～50	0.102～0.13	0.75	27～30	25～50	0.102
	1.5	27～29	25～50	0.13～0.15	3	26～29	25～50	0.13
	$d_0/4$	24～26	25～50	0.102～0.13	$d_0/2$	23～26	25～50	0.089
	$d_0/2$	21～23	25～50	0.075～0.102	d_0	18～21	25～50	0.075
合金钢（中碳）175～275HBW	0.5	30～37	10	0.025	0.75	20～23	10	0.018
	1.5	23～27	10	0.05	3	18～21	10	0.025
	$d_0/4$	20～24	10	0.038	$d_0/2$	15～18	10	0.013
	$d_0/2$	18～21	10	0.025	d_0	12～14	10	
	0.5	30～37	12	0.05	0.75	20～23	12	0.038
	1.5	23～27	12	0.075	3	18～21	12	0.05
	$d_0/4$	20～24	12	0.05	$d_0/2$	15～18	12	0.025
	$d_0/2$	18～21	12	0.038	d_0	12～14	12	0.013～0.018
	0.5	30～37	18	0.075	0.75	20～23	18	0.05～0.075
	1.5	23～27	18	0.102	3	18～21	18	0.075～0.102
	$d_0/4$	20～24	18	0.075	$d_0/2$	15～18	18	0.05
	$d_0/2$	18～21	18	0.05	d_0	12～14	18	0.038
	0.5	30～37	25～50	0.102	0.75	20～23	25～50	0.075～0.102
	1.5	23～27	25～50	0.13	3	18～21	25～50	0.102～0.13
	$d_0/4$	20～24	25～50	0.102	$d_0/2$	15～18	25～50	0.075
	$d_0/2$	18～21	25～50	0.075	d_0	12～14	25～50	0.063
合金钢（高碳）175～275HBW	0.5	30～34	10	0.025	0.75	18～20	10	0.018
	1.5	23～26	10	0.05	3	17～18	10	0.025
	$d_0/4$	20～21	10	0.025	$d_0/2$	14～15	10	0.013
	$d_0/2$	18	10	0.018	d_0	12	10	
	0.5	30～34	12	0.05	0.75	18～20	12	0.038
	1.5	23～26	12	0.075	3	17～18	12	0.05
	$d_0/4$	20～21	12	0.05	$d_0/2$	14～15	12	0.025
	$d_0/2$	18	12	0.025	d_0	12	12	0.018
	0.5	30～34	18	0.075	0.75	18～20	18	0.05～0.075
	1.5	23～26	18	0.102	3	17～18	18	0.075～0.102
	$d_0/4$	20～21	18	0.075	$d_0/2$	14～15	18	0.05
	$d_0/2$	18	18	0.05	d_0	12	18	0.038
	0.5	30～34	25～50	0.102	0.75	18～20	25～50	0.075～0.102

续表

材料	铣削平面及凸台				铣削槽			
	背吃刀量 (mm)	铣削速度 v (m/min)	铣刀直径 d_0 (mm)	每齿进给量 f_z (mm/z)	背吃刀量 (mm)	铣削速度 v (m/min)	槽宽 d_0 (mm)	每齿进给量 f_z (mm/z)
合金钢（高碳）175 ~ 275HBW	1.5	23 ~ 26	25 ~ 50	0.13	3	17 ~ 18	25 ~ 50	0.102 ~ 0.13
	$d_0/4$	20 ~ 21	25 ~ 50	0.102	$d_0/2$	14 ~ 15	25 ~ 50	0.075
	$d_0/2$	18	25 ~ 50	0.075	d_0	12	25 ~ 50	0.063
高强度钢 225 ~ 350HBW	0.5	18 ~ 26	10	0.018	0.75	15 ~ 18	10	0.013 ~ 0.018
	1.5	14 ~ 20	10	0.025	3	14 ~ 17	10	0.018 ~ 0.025
	$d_0/4$	12 ~ 17	10	0.018	$d_0/2$	12 ~ 14	10	0.013
	$d_0/2$	11 ~ 15	10	0.013	d_0	11 ~ 12	10	
	0.5	18 ~ 26	12	0.038 ~ 0.05	0.75	15 ~ 18	12	0.025
	1.5	14 ~ 20	12	0.05 ~ 0.075	3	14 ~ 17	12	0.038 ~ 0.05
	$d_0/4$	12 ~ 17	12	0.038 ~ 0.05	$d_0/2$	12 ~ 14	12	0.025
	$d_0/2$	11 ~ 15	12	0.025 ~ 0.038	d_0	11 ~ 12	12	0.013
	0.5	18 ~ 26	18	0.075	0.75	15 ~ 18	18	0.05
	1.5	14 ~ 20	18	0.102	3	14 ~ 17	18	0.075
	$d_0/4$	12 ~ 17	18	0.075	$d_0/2$	12 ~ 14	18	0.038
	$d_0/2$	11 ~ 15	18	0.05	d_0	11 ~ 12	18	0.025
	0.5	18 ~ 26	25 ~ 50	0.102	0.75	15 ~ 18	25 ~ 50	0.075
	1.5	14 ~ 20	25 ~ 50	0.13	3	14 ~ 17	25 ~ 50	0.102
	$d_0/4$	12 ~ 17	25 ~ 50	0.102	$d_0/2$	12 ~ 14	25 ~ 50	0.063
	$d_0/2$	11 ~ 15	25 ~ 50	0.075	d_0	11 ~ 12	25 ~ 50	0.05
高速钢 200 ~ 275HBW	0.5	18 ~ 26	10	0.013 ~ 0.018	0.75	9 ~ 15	10	0.013
	1.5	14 ~ 20	10	0.018 ~ 0.025	3	8 ~ 14	10	0.018
	$d_0/4$	12 ~ 17	10	0.013	$d_0/2$	6 ~ 12	10	0.013
	$d_0/2$	11 ~ 15	10	0.013	d_0	5 ~ 11	10	
	0.5	18 ~ 26	12	0.025	0.75	9 ~ 15	12	0.038
	1.5	14 ~ 20	12	0.025 ~ 0.05	3	8 ~ 14	12	0.05
	$d_0/4$	12 ~ 17	12	0.013 ~ 0.025	$d_0/2$	6 ~ 12	12	0.018 ~ 0.025
	$d_0/2$	11 ~ 15	12	0.013	d_0	5 ~ 11	12	0.013
	0.5	18 ~ 26	18	0.038 ~ 0.05	0.75	9 ~ 15	18	0.05
	1.5	14 ~ 20	18	0.038 ~ 0.075	3	8 ~ 14	18	0.075
	$d_0/4$	12 ~ 17	18	0.025 ~ 0.05	$d_0/2$	6 ~ 12	18	0.038 ~ 0.05
	$d_0/2$	11 ~ 15	18	0.013 ~ 0.025	d_0	5 ~ 11	18	0.025
	0.5	18 ~ 26	25 ~ 50	0.05 ~ 0.075	0.75	9 ~ 15	25 ~ 50	0.075
	1.5	14 ~ 20	25 ~ 50	0.063 ~ 0.102	3	8 ~ 14	25 ~ 50	0.102

续表

材料	铣削平面及凸台				铣削槽			
	背吃刀量（mm）	铣削速度 v（m/min）	铣刀直径 d_0（mm）	每齿进给量 f_z（mm/z）	背吃刀量（mm）	铣削速度 v（m/min）	槽宽 d_0（mm）	每齿进给量 f_z（mm/z）
高速钢 200～275HBW	$d_0/4$	12～17	25～50	0.05～0.075	$d_0/2$	6～12	25～50	0.075
	$d_0/2$	11～15	25～50	0.025～0.05	d_0	5～11	25～50	0.05
工具钢 150～250HBW	0.5	20～30	10	0.013～0.018	0.75	12～17	10	0.013～0.018
	1.5	15～23	10	0.025	3	11～15	10	0.018
	$d_0/4$	12～20	10	0.013～0.018	$d_0/2$	9～12	10	0.013
	$d_0/2$	11～18	10	0.013	d_0	8～9	10	
	0.5	20～30	12	0.025	0.75	12～17	12	0.038
	1.5	15～23	12	0.038～0.05	3	11～15	12	0.05
	$d_0/4$	12～20	12	0.025	$d_0/2$	9～12	12	0.025～0.038
	$d_0/2$	11～18	12	0.013	d_0	8～9	12	0.013～0.025
	0.5	20～30	18	0.038～0.05	0.75	12～17	18	0.05
	1.5	15～23	18	0.05～0.075	3	11～15	18	0.075
	$d_0/4$	12～20	18	0.038～0.05	$d_0/2$	9～12	18	0.038～0.05
	$d_0/2$	11～18	18	0.025	d_0	8～9	18	0.025～0.05
	0.5	20～30	25～50	0.05～0.075	0.75	12～17	25～50	0.075～0.102
	1.5	15～23	25～50	0.075～0.102	3	11～15	25～50	0.102～0.13
	$d_0/4$	12～20	25～50	0.05～0.075	$d_0/2$	9～12	25～50	0.075～0.102
	$d_0/2$	11～18	25～50	0.038～0.05	d_0	8～9	25～50	0.05～0.075
不锈钢（奥氏体）135～275HBW	0.5	27～34	10	0.025	0.75	12～18	10	0.013～0.018
	1.5	20～24	10	0.05	3	11～17	10	0.018～0.025
	$d_0/4$	17～21	10	0.025	$d_0/2$	9～15	10	0.013
	$d_0/2$	15～18	10	0.025	d_0	8～12	10	
	0.5	27～34	12	0.05	0.75	12～18	12	0.025
	1.5	20～24	12	0.075	3	11～17	12	0.038～0.05
	$d_0/4$	17～21	12	0.05	$d_0/2$	9～15	12	0.025
	$d_0/2$	15～18	12	0.025～0.038	d_0	8～12	12	0.013
	0.5	27～34	18	0.102	0.75	12～18	18	0.05
	1.5	20～24	18	0.13	3	11～17	18	0.063～0.075
	$d_0/4$	17～21	18	0.102	$d_0/2$	9～15	18	0.038～0.05
	$d_0/2$	15～18	18	0.075	d_0	8～12	18	0.025
	0.5	27～34	25～50	0.13	0.75	12～18	25～50	0.075
	1.5	20～24	25～50	0.15	3	11～17	25～50	0.102
	$d_0/4$	17～21	25～50	0.13	$d_0/2$	9～15	25～50	0.063～0.075
	$d_0/2$	15～18	25～50	0.102	d_0	8～12	25～50	0.038～0.05

续表

材料	铣削平面及凸台				铣削槽			
	背吃刀量 (mm)	铣削速度 v (m/min)	铣刀直径 d_0 (mm)	每齿进给量 f_z (mm/z)	背吃刀量 (mm)	铣削速度 v (m/min)	槽宽 d_0 (mm)	每齿进给量 f_z (mm/z)
不锈钢（马氏体 175 ~ 325HBW	0.5	21 ~ 40	10	0.018 ~ 0.025	0.75	12 ~ 20	10	0.013
	1.5	17 ~ 30	10	0.025 ~ 0.05	3	11 ~ 18	10	0.018
	$d_0/4$	14 ~ 27	10	0.018 ~ 0.025	$d_0/2$	9 ~ 15	10	0.013
	$d_0/2$	12 ~ 23	10	0.013 ~ 0.025	d_0	8 ~ 12	10	
	0.5	21 ~ 40	12	0.025 ~ 0.05	0.75	12 ~ 20	12	0.025 ~ 0.038
	1.5	17 ~ 30	12	0.05 ~ 0.075	3	11 ~ 18	12	0.038 ~ 0.05
	$d_0/4$	14 ~ 27	12	0.025 ~ 0.05	$d_0/2$	9 ~ 15	12	0.025 ~ 0.038
	$d_0/2$	12 ~ 23	12	0.018 ~ 0.025	d_0	8 ~ 12	12	0.013
	0.5	21 ~ 40	18	0.05 ~ 0.075	0.75	12 ~ 20	18	0.05
	1.5	17 ~ 30	18	0.075 ~ 0.102	3	11 ~ 18	18	0.063 ~ 0.075
	$d_0/4$	14 ~ 27	18	0.05 ~ 0.075	$d_0/2$	9 ~ 15	18	0.038 ~ 0.05
	$d_0/2$	12 ~ 23	18	0.038 ~ 0.05	d_0	8 ~ 12	18	0.018 ~ 0.025
	0.5	21 ~ 40	25 ~ 50	0.075 ~ 0.102	0.75	12 ~ 20	25 ~ 50	0.075
	1.5	17 ~ 30	25 ~ 50	0.102 ~ 0.13	3	11 ~ 18	25 ~ 50	0.102
	$d_0/4$	14 ~ 27	25 ~ 50	0.075 ~ 0.102	$d_0/2$	9 ~ 15	25 ~ 50	0.05 ~ 0.075
	$d_0/2$	12 ~ 23	25 ~ 50	0.063 ~ 0.075	d_0	8 ~ 12	25 ~ 50	0.025 ~ 0.05
灰铸铁 160 ~ 260HBW	0.5	27 ~ 43	10	0.025	0.75	14 ~ 23	10	0.038
	1.5	21 ~ 35	10	0.05	3	12 ~ 21	10	0.05
	$d_0/4$	18 ~ 29	10	0.038	$d_0/2$	11 ~ 18	10	0.025 ~ 0.038
	$d_0/2$	15 ~ 24	10	0.025	d_0	9 ~ 14	10	0.013 ~ 0.018
	0.5	27 ~ 43	12	0.038 ~ 0.05	0.75	14 ~ 23	12	0.038 ~ 0.05
	1.5	21 ~ 35	12	0.063 ~ 0.075	3	12 ~ 21	12	0.05 ~ 0.075
	$d_0/4$	18 ~ 29	12	0.05	$d_0/2$	11 ~ 18	12	0.038 ~ 0.05
	$d_0/2$	15 ~ 24	12	0.038	d_0	9 ~ 14	12	0.025
	0.5	27 ~ 43	18	0.05 ~ 0.102	0.75	14 ~ 23	18	0.05 ~ 0.102
	1.5	21 ~ 35	18	0.075 ~ 0.13	3	12 ~ 21	18	0.075 ~ 0.13
	$d_0/4$	18 ~ 29	18	0.063 ~ 0.102	$d_0/2$	11 ~ 18	18	0.05 ~ 0.075
	$d_0/2$	15 ~ 24	18	0.05 ~ 0.075	d_0	9 ~ 14	18	0.036 ~ 0.05
	0.5	27 ~ 43	25 ~ 50	0.075 ~ 0.15	0.75	14 ~ 23	25 ~ 50	0.075 ~ 0.13
	1.5	21 ~ 35	25 ~ 50	0.102 ~ 0.18	3	12 ~ 21	25 ~ 50	0.102 ~ 0.15
	$d_0/4$	18 ~ 29	25 ~ 50	0.089 ~ 0.13	$d_0/2$	11 ~ 18	25 ~ 50	0.075 ~ 0.13
	$d_0/2$	15 ~ 24	25 ~ 50	0.075 ~ 0.102	d_0	9 ~ 14	25 ~ 50	0.05 ~ 0.102

续表

材料	铣削平面及凸台				铣削槽			
	背吃刀量 (mm)	铣削速度 v (m/min)	铣刀直径 d_0 (mm)	每齿进给量 f_z (mm/z)	背吃刀量 (mm)	铣削速度 v (m/min)	槽宽 d_0 (mm)	每齿进给量 f_z (mm/z)
可锻铸铁 160 ~ 240HBW	0.5	34 ~ 43	10	0.025	0.75	18 ~ 21	10	0.018
	1.5	27 ~ 34	10	0.05	3	17 ~ 20	10	0.025
	$d_0/4$	21 ~ 23	10	0.025	$d_0/2$	14 ~ 17	10	0.018
	$d_0/2$	18 ~ 24	10	0.018	d_0	11 ~ 14	10	0.013
	0.5	34 ~ 43	12	0.05	0.75	18 ~ 21	12	0.025
	1.5	27 ~ 34	12	0.075	3	17 ~ 20	12	0.038 ~ 0.05
	$d_0/4$	21 ~ 23	12	0.05	$d_0/2$	14 ~ 17	12	0.025
	$d_0/2$	18 ~ 24	12	0.025	d_0	11 ~ 14	12	0.018
	0.5	34 ~ 43	18	0.075 ~ 0.102	0.75	18 ~ 21	18	0.05 ~ 0.063
	1.5	27 ~ 34	18	0.102 ~ 0.13	3	17 ~ 20	18	0.063 ~ 0.075
	$d_0/4$	21 ~ 23	18	0.075 ~ 0.102	$d_0/2$	14 ~ 17	18	0.05
	$d_0/2$	18 ~ 24	18	0.05 ~ 0.075	d_0	11 ~ 14	18	0.025 ~ 0.038
	0.5	34 ~ 43	25 ~ 50	0.102 ~ 0.15	0.75	18 ~ 21	25 ~ 50	0.063 ~ 0.075
	1.5	27 ~ 34	25 ~ 50	0.13 ~ 0.18	3	17 ~ 20	25 ~ 50	0.075 ~ 0.102
	$d_0/4$	21 ~ 23	25 ~ 50	0.102 ~ 0.13	$d_0/2$	14 ~ 17	25 ~ 50	0.063 ~ 0.075
	$d_0/2$	18 ~ 24	25 ~ 50	0.075 ~ 0.102	d_0	11 ~ 14	25 ~ 50	0.038 ~ 0.05
铝合金 30 ~ 150HBW	0.5	245 ~ 305	10	0.075	0.75	115 ~ 150	10	0.075
	1.5	185 ~ 245	10	0.102	3	100 ~ 135	10	0.102
	$d_0/4$	150 ~ 185	10	0.075	$d_0/2$	84 ~ 120	10	0.075
	$d_0/2$	120 ~ 150	10	0.05	d_0	69 ~ 105	10	0.05
	0.5	245 ~ 305	12	0.102	0.75	115 ~ 150	12	0.13
	1.5	185 ~ 245	12	0.15	3	100 ~ 135	12	0.15
	$d_0/4$	150 ~ 185	12	0.102	$d_0/2$	84 ~ 120	12	0.13
	$d_0/2$	120 ~ 150	12	0.075	d_0	69 ~ 105	12	0.075
	0.5	245 ~ 305	18	0.13	0.75	115 ~ 150	18	0.15
	1.5	185 ~ 245	18	0.2	3	100 ~ 135	18	0.2
	$d_0/4$	150 ~ 185	18	0.15	$d_0/2$	84 ~ 120	18	0.15
	$d_0/2$	120 ~ 150	18	0.13	d_0	69 ~ 105	18	0.13
	0.5	245 ~ 305	25 ~ 50	0.18	0.75	115 ~ 150	25 ~ 50	0.25
	1.5	185 ~ 245	25 ~ 50	0.25	3	100 ~ 135	25 ~ 50	0.3
	$d_0/4$	150 ~ 185	25 ~ 50	0.2	$d_0/2$	84 ~ 120	25 ~ 50	0.2
	$d_0/2$	120 ~ 150	25 ~ 50	0.15	d_0	69 ~ 105	25 ~ 50	0.15

续表

材料	铣削平面及凸台				铣削槽			
	背吃刀量 (mm)	铣削速度 v (m/min)	铣刀直径 d_0 (mm)	每齿进给量 f_z (mm/z)	背吃刀量 (mm)	铣削速度 v (m/min)	槽宽 d_0 (mm)	每齿进给量 f_z (mm/z)
铜合金	0.5	46~150	10	0.025~0.05	0.75	30~87	10	0.025~0.05
	1.5	38~120	10	0.038~0.075	3	26~79	10	0.05~0.075
	$d_0/4$	30~105	10	0.025~0.05	$d_0/2$	23~72	10	0.025~0.05
	$d_0/2$	23~90	10	0.018~0.038	d_0	20~64	10	0.025~0.038
	0.5	46~150	12	0.025~0.075	0.75	30~87	12	0.05
	1.5	38~120	12	0.038~0.13	3	26~79	12	0.063~0.075
	$d_0/4$	30~105	12	0.025~0.075	$d_0/2$	23~72	12	0.038~0.05
	$d_0/2$	23~90	12	0.018~0.075	d_0	20~64	12	0.025~0.038
	0.5	46~150	18	0.102~0.13	0.75	30~87	18	0.075
	1.5	38~120	18	0.13~0.2	3	26~79	18	0.102~0.13
	$d_0/4$	30~105	18	0.075~0.103	$d_0/2$	23~72	18	0.063~0.075
	$d_0/2$	23~90	18	0.05~0.102	d_0	20~64	18	0.05
	0.5	46~150	25~50	0.13~0.18	0.75	30~87	25~50	0.102~0.13
	1.5	38~120	25~50	0.18~0.25	3	26~79	25~50	0.13~0.18
	$d_0/4$	30~105	25~50	0.102~0.15	$d_0/2$	23~72	25~50	0.089~0.102
	$d_0/2$	23~90	25~50	0.075~0.13	d_0	20~64	25~50	0.063~0.075
钛合金 300~350HBW	0.5	15~34	10	0.025	0.75	11~20	10	0.018~0.025
	1.5	14~30	10	0.035~0.05	3	9~18	10	0.018~0.025
	$d_0/4$	8~17	10	0.025	$d_0/2$	8~15	10	0.013~0.018
	$d_0/2$	6~12	10	0.018~0.025	d_0	6~12	10	0.013
	0.5	15~34	12	0.05	0.75	11~20	12	0.025~0.05
	1.5	14~30	12	0.075	3	9~18	12	0.025~0.05
	$d_0/4$	8~17	12	0.038~0.05	$d_0/2$	8~15	12	0.018~0.038
	$d_0/2$	6~12	12	0.025~0.038	d_0	6~12	12	0.013~0.025
	0.5	15~34	18	0.102	0.75	11~20	18	0.05~0.075
	1.5	14~30	18	0.13	3	9~18	18	0.05~0.075
	$d_0/4$	8~17	18	0.05~0.075	$d_0/2$	8~15	18	0.05
	$d_0/2$	6~12	18	0.038~0.05	d_0	6~12	18	0.038
	0.5	15~34	25~50	0.102~0.13	0.75	11~20	25~50	0.075~0.102
	1.5	14~30	25~50	0.13~0.15	3	9~18	25~50	0.075~0.102
	$d_0/4$	8~17	25~50	0.075~0.13	$d_0/2$	8~15	25~50	0.063~0.075
	$d_0/2$	6~12	25~50	0.05~0.075	d_0	6~12	25~50	0.05~0.075

续表

材料	铣削平面及凸台				铣削槽			
	背吃刀量 (mm)	铣削速度 v (m/min)	铣刀直径 d_0 (mm)	每齿进给量 f_z (mm/z)	背吃刀量 (mm)	铣削速度 v (m/min)	槽宽 d_0 (mm)	每齿进给量 f_z (mm/z)
高温合金 200 ~ 475HBW	0.5	3 ~ 12	10	0.025	0.75	2.1 ~ 1.6	10	0.013 ~ 0.018
	1.5	2.4 ~ 9	10	0.038 ~ 0.05	3	1.8 ~ 1.55	10	0.013 ~ 0.025
	$d_0/4$	2.1 ~ 8	10	0.025 ~ 0.038	$d_0/2$	1.5 ~ 5	10	
	$d_0/2$	2 ~ 6	10	0.013 ~ 0.025	d_0		10	
	0.5	3 ~ 12	12	0.025	0.75	2.1 ~ 1.6	12	0.013 ~ 0.05
	1.5	2.4 ~ 9	12	0.038 ~ 0.05	3	1.8 ~ 1.55	12	0.018 ~ 0.038
	$d_0/4$	2.1 ~ 8	12	0.025 ~ 0.038	$d_0/2$	1.5 ~ 5	12	0.018 ~ 0.025
	$d_0/2$	2 ~ 6	12	0.018 ~ 0.025	d_0		12	
	0.5	3 ~ 12	18	0.038 ~ 0.05	0.75	2.1 ~ 1.6	18	0.018 ~ 0.05
	1.5	2.4 ~ 9	18	0.05 ~ 0.075	3	1.8 ~ 1.55	18	0.025 ~ 0.075
	$d_0/4$	2.1 ~ 8	18	0.038 ~ 0.063	$d_0/2$	1.5 ~ 5	18	0.018 ~ 0.05
	$d_0/2$	2 ~ 6	18	0.025 ~ 0.05	d_0		18	
	0.5	3 ~ 12	25 ~ 50	0.05	0.75	2.1 ~ 1.6	25 ~ 50	0.025 ~ 0.075
	1.5	2.4 ~ 9	25 ~ 50	0.075 ~ 0.102	3	1.8 ~ 1.55	25 ~ 50	0.038 ~ 0.089
	$d_0/4$	2.1 ~ 8	25 ~ 50	0.05 ~ 0.075	$d_0/2$	1.5 ~ 5	25 ~ 50	0.025 ~ 0.075
	$d_0/2$	2 ~ 6	25 ~ 50	0.038 ~ 0.063	d_0		25 ~ 50	

铣削切削用量选择表

刀具：端铣刀、圆柱形铣刀、圆盘铣刀（条件：半精铣）

要求表面粗糙度 Ra (μm)	铣刀类型	铣刀直径 d_0 (mm)	加工材料	进给量 f (mm/r)
6.3	圆盘和镶齿端铣刀			1.2 ~ 2.7
3.2	圆盘和镶齿端铣刀			0.5 ~ 1.2
1.6	圆盘和镶齿端铣刀			0.23 ~ 0.5
3.2	圆柱形铣刀	40 ~ 80		1.0 ~ 2.7
1.6	圆柱形铣刀	40 ~ 80	钢及铸铁	0.6 ~ 1.5
3.2	圆柱形铣刀	100 ~ 125	钢及铸铁	1.7 ~ 3.8
1.6	圆柱形铣刀	100 ~ 125	钢及铸铁	1.0 ~ 2.1
3.2	圆柱形铣刀	160 ~ 250	钢及铸铁	2.3 ~ 5.0
1.6	圆柱形铣刀	160 ~ 250	钢及铸铁	1.3 ~ 2.8
3.2	圆柱形铣刀	40 ~ 80	铸铁、铜及铝合金	1.0 ~ 2.3
1.6	圆柱形铣刀	40 ~ 80	铸铁、铜及铝合金	0.6 ~ 1.3

续表

要求表面粗糙度 Ra（μm）	铣刀类型	铣刀直径 d_0（mm）	加工材料	进给量 f（mm/r）
3.2	圆柱形铣刀	100~125	铸铁、铜及铝合金	1.4~3.0
1.6	圆柱形铣刀	100~125	铸铁、铜及铝合金	0.8~1.7
3.2	圆柱形铣刀	160~250	铸铁、铜及铝合金	1.9~3.7
1.6	圆柱形铣刀	160~250	铸铁、铜及铝合金	1.1~2.1

注：1. 表中大进给量用于小的背吃刀量和侧吃刀量，小进给量用于大的背吃刀量和侧吃刀量。

2. 铣削耐热钢时，进给量与铣削钢时相同，但不大于0.3 mm/z。